# Ovid
## Liebesbriefe

PUBLIUS OVIDIUS NASO

# LIEBESBRIEFE

## HEROIDES – EPISTULAE

Lateinisch-deutsch

Aus dem Lateinischen übertragen und herausgegeben
von Bruno W. Häuptli

ALBATROS

© 1995, ²2001 Patmos Verlag GmbH & Co. KG
Artemis & Winkler Verlag, Düsseldorf


Bibliographische Information der Deutschen Nationalbibliothek

Die Deutsche Nationalbibliothek verzeichnet diese Publikation
in der Deutschen Nationalbibliographie;
detaillierte bibliographische Daten sind im Internet
über http://dnb.d-nb.de abrufbar.


© 2009 Patmos Verlag GmbH & Co. KG
Albatros Verlag, Düsseldorf
Alle Rechte vorbehalten.
Umschlaggestaltung: butenschoendesign.de
Umschlagmotiv: Portrait of Aphrodite, variant of the Aphrodite
of Knidos by Praxiletes and known as the Kaufmann head.
Printed in Czech Republic
ISBN 978-3-491-96239-2
www.patmos.de

# INHALT

Brief 1        Penelope an Ulixes . . . . . . . . . . . . . .        9
Brief 2        Phyllis an Demophoon . . . . . . . . . . .        17
Brief 3        Briseis an Achilles . . . . . . . . . . . . . .        25
Brief 4        Phaedra an Hippolytus . . . . . . . . . . .        35
Brief 5        Oenone an Paris . . . . . . . . . . . . . . .        45
Brief 6        Hypsipyle an Jason . . . . . . . . . . . . . .        55
Brief 7        Dido an Aeneas . . . . . . . . . . . . . . . .        65
Brief 8        Hermione an Orestes . . . . . . . . . . . .        77
Brief 9        Deianira an Hercules . . . . . . . . . . . .        85
Brief 10       Ariadne an Theseus . . . . . . . . . . . . .        95
Brief 11       Canace an Macareus . . . . . . . . . . . .        105
Brief 12       Medea an Jason . . . . . . . . . . . . . . .        113
Brief 13       Laodamia an Protesilaus . . . . . . . . . .        125
Brief 14       Hypermestra an Lynceus . . . . . . . . . .        135
Brief 15 (21)  Sappho an Phaon . . . . . . . . . . . . . .        143
Brief 16 (15)  Paris an Helena . . . . . . . . . . . . . . .        155
Brief 17 (16)  Helena an Paris . . . . . . . . . . . . . . .        177
Brief 18 (17)  Leander an Hero . . . . . . . . . . . . . .        193
Brief 19 (18)  Hero an Leander . . . . . . . . . . . . . .        205
Brief 20 (19)  Acontius an Cydippe . . . . . . . . . . . .        217
Brief 21 (20)  Cydippe an Acontius . . . . . . . . . . . .        231

UXORI FILIOQUE CARIS ADIUTORIBUS

# PUBLI OVIDI NASONIS
## HEROIDES VEL EPISTULAE

# I
## PENELOPE ULIXI

Haec tua Penelope lento tibi mittit, Ulixe –
    nil mihi rescribas tu tamen – ipse veni!
Troia iacet certe Danais invisa puellis;
    vix Priamus tanti totaque Troia fuit.
o utinam tum, cum Lacedaemona classe petebat,     5
    obrutus insanis esset adulter aquis!
non ego deserto iacuissem frigida lecto,
    non quererer tardos ire relicta dies;
nec mihi quaerenti spatiosam fallere noctem
    lassaret viduas pendula tela manus.     10
quando ego non timui graviora pericula veris?
    res est solliciti plena timoris amor.
in te fingebam violentos Troas ituros;
    nomine in Hectoreo pallida semper eram.
sive quis Antilochum narrabat ab Hectore victum,     15
    Antilochus nostri causa timoris erat;
sive Menoetiaden falsis cecidisse sub armis,
    flebam successu posse carere dolos.
sanguine Tlepolemus Lyciam tepefecerat hastam;
    Tlepolemi leto cura novata mea est.     20
denique, quisquis erat castris iugulatus Achivis,
    frigidius glacie pectus amantis erat.
sed bene consuluit casto deus aequus amori.
    versa est in cineres sospite Troia viro.
Argolici rediere duces, altaria fumant;     25
    ponitur ad patrios barbara praeda deos.
grata ferunt nymphae pro salvis dona maritis;
    illi victa suis Troica fata canunt.
mirantur iustique senes trepidaeque puellae;
    narrantis coniunx pendet ab ore viri.     30
atque aliquis posita monstrat fera proelia mensa,
    pingit et exiguo Pergama tota mero:
«hac ibat Simois; haec est Sigeïa tellus;
    hic steterat Priami regia celsa senis.

# BRIEF 1
## PENELOPE AN ULIXES

Dies schickt deine Penelope dir, saumselger Ulixes.
  Doch schreib nichts mir zurück – komm vielmehr lieber gleich selbst!
Troja fiel ja bereits, das den Danaertöchtern verhaßte;
  so viel war Priamus kaum, so viel ganz Troja kaum wert.
Wäre, als Lacedaemon sein Fahrtziel war, der Verführer
  damals ertrunken im Meer, in einem rasenden Sturm!
Nicht in verlassenem Bett hätt ich dann frierend gelegen,
  klagte nicht einsam, daß nur träge die Tage vergehn,
noch wenn ich nachts am Webstuhl die endlosen Stunden verkürze,
  würde vom Weben schlaff meine verwitwete Hand.
Wann übertrieb ich nicht die Angst vor den echten Gefahren?
  Liebe bedeutet doch stets Zittern und Bangen zugleich.
Auf dich sah ich im Geist schon die wütenden Troer sich stürzen;
  wurde Hector erwähnt, wurde ich allemal bleich.
Sagte mir einer, Antilochus sei von Hector bezwungen,
  schon gab Antilochus mir Anlaß zu Sorge und Angst.
Hört ich, Menoetius' Sohn sei in fremder Rüstung gefallen,
  weint ich und dachte, der List fehle es auch an Erfolg.
Des Tlepolemus Blut erwärmte die lycische Lanze;
  bei des Tlepolemus Tod war ich schon wieder besorgt.
Schließlich, wenn einer umkam im achivischen Lager,
  wer es auch war, wurde stets kälter als Eis meine Brust.
Doch der gerechte Gott nahm die keusche Liebe in Obhut:
  Troja verfiel zu Staub, aber mein Mann kam davon.
Argolis' Fürsten kehrten zurück, es raucht von Altären;
  was man Barbaren entriß, weiht man dem heimischen Gott.
Gaben bringen die Frauen voll Dank für die Rettung der Männer;
  diese besingen, wie sie Trojas Geschicke besiegt.
Staunend vernehmen's die redlichen Greise, die ängstlichen Mädchen,
  und die Gemahlin hängt an des Erzählenden Mund.
Einer erklärt am Tisch, den man hinstellt, die schrecklichen Schlachten,
  und mit wenigem Wein malt er ganz Pergama hin:
«Hier verlief der Simois, hier ist die sigeische Landschaft,
  hier stand die hohe Burg, die dem Greis Priamus war.

illic Aeacides, illic tendebat Ulixes;                                    35
   hic lacer admissos terruit Hector equos.»
omnia namque tuo senior te quaerere misso
   rettulerat nato Nestor, at ille mihi.
rettulit et ferro Rhesumque Dolonaque caesos,
   utque sit hic somno proditus, ille lucro.                       40
ausus es – o nimium nimiumque oblite tuorum! –
   Thracia nocturno tangere castra dolo
totque simul mactare viros, adiutus ab uno!
   at bene cautus eras et memor ante mei!
usque metu micuere sinus, dum victor amicum                               45
   dictus es Ismariis isse per agmen equis.
sed mihi quid prodest vestris disiecta lacertis
   Ilios et, murus quod fuit, esse solum,
si maneo, qualis Troia durante manebam,
   virque mihi dempto fine carendus abest?                         50
diruta sunt aliis, uni mihi Pergama restant,
   accola captivo quae bove victor arat.
iam seges est, ubi Troia fuit, resecandaque falce
   luxuriat Phrygio sanguine pinguis humus;
semisepulta virum curvis feriuntur aratris                                55
   ossa, ruinosas occulit herba domos.
victor abes, nec scire mihi, quae causa morandi,
   aut in quo lateas ferreus orbe, licet!
quisquis ad haec vertit peregrinam litora puppim,
   ille mihi de te multa rogatus abit,                             60
quamque tibi reddat, si te modo viderit usquam,
   traditur huic digitis charta notata meis.
nos Pylon, antiqui Neleïa Nestoris arva,
   misimus; incerta est fama remissa Pylo.
misimus et Sparten; Sparte quoque nescia veri.                            65
   quas habitas terras aut ubi lentus abes?
utilius starent etiamnunc moenia Phoebi –
   irascor votis, heu, levis ipsa meis!
scirem, ubi pugnares, et tantum bella timerem
   et mea cum multis iuncta querela foret.                         70
quid timeam, ignoro; timeo tamen omnia demens
   et patet in curas area lata meas.

Hier war das Zelt des Aeaciden, hier das des Ulixes;
  hier war's, wo Hector zerfetzt hurtige Pferde gescheucht.»
Denn deinem Sohn, gesandt, dich zu suchen, hatte der alte
  Nestor das alles erzählt, jener erzählte es mir;
teilte auch mit, wie du Rhesus und Dolon erschlugst mit dem Schwerte,
  jener ein Opfer des Schlafs, dieser des schnöden Gewinns.
Tollkühn – o, wie wenig dachtest du noch an die Deinen! –
  drangst du bei Nacht mit List ein in der Thracer Gezelt,
mordetest so viele Männer aufs Mal, nur von einem begleitet!
  Ja, du warst wirklich schlau, dachtest zuvor nur an mich!
Ständig bebte mein Busen vor Angst, bis ich hörte, als Sieger
  kamst auf ismarischem Pferd du in dein Lager zurück.
Doch was hilft's mir, wenn Ilios unterging dank eurer Streitmacht,
  wenn, was Mauer einst war, gleich nun dem Erdboden ist,
ich aber bleibe genau wie, als Troja noch stand, ich gewesen,
  fern ist mein Mann, und ich soll ewig verzichten auf ihn?
Pergama ist für andre geschleift, es steht nur für mich noch,
  siegreich ziehn Siedler den Pflug dort mit erbeutetem Rind.
Schon sproßt die Saat, wo Troja einst war; mit der Sense zu mähen
  strotzt das Gelände dort üppig dank phrygischem Blut.
Auf der Männer halbbegrabnes Gebein stößt die krumme
  Pflugschar, das Gras verbirgt Häuserruinen dem Blick.
Du, der Sieger, bleibst aus, und ich kann nicht erfahren, weshalb du
  säumst und wo in der Welt, eiserner Mann, du verweilst.
Wenn aus der Fremde an unsere Küste einer sein Schiff lenkt,
  frag ich ihn vieles nach dir, sonst kommt er nicht von hier fort,
und ein Papier, das er dir, falls er irgendwo jemals dich antrifft,
  geben soll, geb ich ihm mit, das ich mit eigner Hand schrieb.
Pylos fragte ich an, des greisen Nestor Gefilde,
  Erbgut des Neleus – Gerücht kam nur aus Pylos zurück.
Sparte fragte ich an; auch Sparte wußte nichts Rechtes.
  Wo ist dein Wohnsitz jetzt oder wo säumst du so lang?
Besser, es stünden noch jetzt die Mauern, die Phoebus erbaute –
  leichtsinnig bin ich, o weh, Ärgernis ist mir mein Wunsch!
Wüßt ich doch sonst, wo du kämpfst, den Krieg nur müßte ich fürchten,
  und meine Klage um dich wäre mit vielen vereint.
Was ich nun fürchten soll, weiß ich nicht; alles befürchte ich sinnlos;
  weit ist das Feld, auf das sich meine Sorge erstreckt.

quaecumque aequor habet, quaecumque pericula tellus,
    tam longae causas suspicor esse morae.
haec ego dum stulte metuo, quae vestra libido est,          75
    esse peregrino captus amore potes.
forsitan et narres, quam sit tibi rustica coniunx,
    quae tantum lanas non sinat esse rudes.
fallar et hoc crimen tenues vanescat in auras,
    neve, revertendi liber, abesse velis!          80
me pater Icarius viduo discedere lecto
    cogit et inmensas increpat usque moras.
increpet usque licet – tua sum, tua dicar oportet;
    Penelope coniunx semper Ulixis ero.
ille tamen pietate mea precibusque pudicis          85
    frangitur et vires temperat ipse suas.
Dulichii Samiique et quos tulit alta Zacynthos,
    turba ruunt in me luxuriosa proci
inque tua regnant nullis prohibentibus aula;
    viscera nostra, tuae dilacerantur opes.          90
quid tibi Pisandrum Polybum Amphimedontaque dirum
    Eurymachique avidas Antinoique manus
atque alios referam, quos omnis turpiter absens
    ipse tuo partis sanguine rebus alis?
Irus egens pecorisque Melanthius actor edendi          95
    ultimus accedunt in tua damna pudor.
tres sumus inbelles numero, sine viribus uxor
    Laertesque senex Telemachusque puer.
ille per insidias paene est mihi nuper ademptus,
    dum parat invitis omnibus ire Pylon.          100
di, precor, hoc iubeant, ut euntibus ordine fatis
    ille meos oculos conprimat, ille tuos!
hac faciunt custosque boum longaevaque nutrix,
    tertius inmundae cura fidelis harae;
sed neque Laertes, ut qui sit inutilis armis,          105
    hostibus in mediis regna tenere potest.
Telemacho veniet, vivat modo, fortior aetas;
    nunc erat auxiliis illa tuenda patris.
nec mihi sunt vires inimicos pellere tectis.
    tu citius venias, portus et ara tuis!          110

Was das Meer, was das Land an Gefahren alles nur bietet,
alles vermut ich als Grund, daß du so lange verweilst.
Während ich töricht mich fürchte vor dem, was euch Männer gelüstet,
hältst du vielleicht verliebt schon eine Fremde im Arm.
Auch erzählst du vielleicht, so bäurisch sei deine Gemahlin,
daß sie die Wolle nicht roh lasse, sonst könne sie nichts.
Möcht ich mich irren, der Vorwurf in zarten Lüften verwehen,
möchtest du fern nicht mehr sein, wenn du zurückkehren kannst!
Mich drängt mein Vater Icarius, daß ich nicht länger als Witwe
schlafe, und schimpft schon lang, daß schon so lange nichts geht.
Mag er noch ewig schimpfen – dein bin ich und dein soll ich heißen,
stets des Ulixes Frau werd ich, Penelope, sein.
Dennoch, er läßt sich von meiner Liebe erweichen und meinen
sittsamen Bitten, er hält mit seinem Drängen zurück.
Doch die von Samos, Dulichion, vom hohen Zacynthos gebornen
Freier bedrängen mich arg, dieses verschwendrische Pack.
An deinem Hof, wo niemand sie hindert, sind sie die Herren;
sie zerreißen mein Herz und sie verpraßen dein Gut.
Wozu Pisander, den schlimmen Amphimedon, Polybus ferner,
auch des Eurymachus und des Antinous Gier,
wozu die andern dir nennen, die alle, es ist eine Schande,
jetzt, wo du fort bist, dein Gut, blutig erworben, ernährt?
Irus, der Bettler, Melanthius, welcher das Schlachtvieh herantreibt –
zu deinem Schaden hinzu sind sie die Krönung der Schmach.
Drei wehrlose Leute sind wir, machtlos deine Gattin,
dann Laertes, ein Greis, Telemach aber noch jung.
Kürzlich wurde er mir aus dem Hinterhalt beinah entrissen,
als er nach Pylos die Fahrt allen zum Trotz unternahm.
Geben's die Götter, so bet ich, – das Schicksal erfülle sich gnädig –
daß er die Augen mir schließt, daß er die deinen auch schließt.
Mit uns halten's der Hüter der Rinder, die uralte Amme,
drittens der Sauhirt, der treu sorgt für den dreckigen Stall.
Doch Laertes, jetzt nicht mehr imstande, die Waffen zu führen,
kann hier die Herrschaft ja nicht halten, von Feinden umringt.
Telemach kommt mit den Jahren zu Kräften, bleibt er am Leben;
Hilfe des Vaters und Schutz wären jetzt nötig für ihn.
Auch mir fehlt es an Kraft, aus dem Hause die Feinde zu jagen;
komm zu den Deinen denn bald, Hafen für uns und Altar!

est tibi sitque, precor, natus, qui mollibus annis
   in patrias artes erudiendus erat.
respice Laerten; ut tu sua lumina condas,
   extremum fati sustinet ille diem.
certe ego, quae fueram te discedente puella,          115
   protinus ut redeas, facta videbor anus.

Hier lebt dein Sohn, – daß Gott ihn erhalte! – der, zart noch an Jahren,
   zu seines Vaters Kunst noch der Erziehung bedarf.
Denk an Laertes auch; daß du die Lider ihm schließest,
   dieser Gedanke noch hält ihn am Leben allein.
Eines ist sicher, bei deinem Abschied war ich blutjung noch,
   kehrst du sogleich auch zurück, komm ich als Greisin dir vor.

## II
## PHYLLIS DEMOPHOONTI

Hospita, Demophoon, tua te Rhodopeïa Phyllis
  ultra promissum tempus abesse queror.
cornua cum lunae pleno semel orbe coissent,
  litoribus nostris ancora pacta tua est.
luna quater latuit, toto quater orbe recrevit;      5
  nec vehit Actaeas Sithonis unda rates.
tempora si numeres – bene nos numeramus amantes –
  non venit ante suam nostra querela diem.
spes quoque lenta fuit; tarde, quae credita laedunt,
  credimus. invitam nunc et amare nocet.      10
saepe fui mendax pro te mihi, saepe notavi
  alba procellosos vela referre Notos.
Thesea devovi, quia te dimittere nollet;
  nec tenuit cursus forsitan ille tuos.
interdum timui, ne, dum vada tendis ad Hebri,      15
  mersa foret cana naufraga puppis aqua.
saepe deos supplex, ut tu, scelerate, valeres,
  cum prece turicremis sum venerata sacris;
saepe, videns ventos caelo pelagoque faventes,
  ipsa mihi dixi: «si valet ille, venit.»      20
denique fidus amor, quidquid properantibus obstat,
  finxit et ad causas ingeniosa fui.
at tu lentus abes; nec te iurata reducunt
  numina nec nostro motus amore redis.
Demophoon, ventis et vela et verba dedisti;      25
  vela queror reditu, verba carere fide.
dic mihi, quid feci, nisi non sapienter amavi?
  crimine te potui demeruisse meo.
unum in me scelus est, quod te, scelerate, recepi;
  sed scelus hoc meriti pondus et instar habet.      30
iura, fides ubi nunc commissaque dextera dextrae,
  quique erat in falso plurimus ore deus?
promissus socios ubi nunc Hymenaeus in annos,
  qui mihi coniugii sponsor et obses erat?

# BRIEF 2
## PHYLLIS AN DEMOPHOON

Ich, mein Demophoon, klage, die rhodopeische Phyllis,
    daß du länger, mein Gast, fortbleibst, als du mir versprachst.
Wenn die Hörner des Mondes zum Kreise sich *einmal* vereinten,
    werdest du, wie du's gesagt, ankern an unserem Strand.
Viermal verbarg sich der Mond, wuchs viermal zum vollen Kreis wieder;
    doch kein actaeisches Schiff bringt die sithonische See.
Wolltest die Zeit du berechnen, – wer liebt, berechnet sie gerne! –
    keine Stunde zu früh kommt meine Klage zu dir.
Auch meine Hoffnung war zäh. Was schmerzt, wenn man's glaubt, kann man
    glauben. Schade, daß stets ich noch verliebt bin in dich!     [spät erst
Oft belog ich mich selbst für dich, oft meint ich, die weißen
    Segel bringe der Süd mit seinen Stürmen zurück.
Theseus verfluchte ich oft, er lasse dich, dacht ich, nicht gehen,
    doch vielleicht hält er dich ja von deiner Reise nicht ab.
Bald wieder fürchtete ich, auf der Fahrt zu den Wassern des Hebrus
    gehe dein Schiff zerschellt unter im grauweißen Gischt.
Oft auch flehte die Götter ich an für dein Leben, Verruchter,
    ehrte sie im Gebet, opferte Weihrauch dazu.
Oft, wenn von günstigen Winden ich Meer und Himmel geklärt sah,
    sagte ich zu mir selbst: «Lebt er noch, trifft er bald ein.»
Schließlich ersann meine treue Liebe, was Eilende hindert;
    immer fand sich ein Grund, welchen ich geistreich erfand.
Du aber säumst und bleibst fort; weder Götter, die du beschworen,
    führen dich her noch bringt dich meine Liebe zurück.
Demophoon, dem Wind überließest du Segel und Worte.
    Segel und Worte, o weh – Rückkehr und Treue gibt's nicht.
Sag mir, was hab ich getan, außer unvernünftig zu lieben?
    Damit, so falsch es auch war, hätt ich bereits dich verdient.
Das nur ist meine Schuld, daß ich dich, Verruchter, einst aufnahm;
    doch an Gehalt und Gewicht ist diese Schuld ein Verdienst.
Wo ist der Treueschwur nun, den du in die Hand mir geleistet,
    wo der Gott, der so oft falsch auf der Zunge dir lag?
Wo Hymenaeus, dem du gemeinsame Jahre versprochen,
    der für den Ehebund Zeuge und Bürge mir war?

per mare, quod totum ventis agitatur et undis,                         35
   per quod saepe ieras, per quod iturus eras,
perque tuum mihi iurasti – nisi fictus et ille est –
   concita qui ventis aequora mulcet, avum,
per Venerem nimiumque mihi facientia tela –
   altera tela arcus, altera tela faces –                     40
Iunonemque, toris quae praesidet alma maritis,
   et per taediferae mystica sacra deae.
si de tot laesis sua numina quisque deorum
   vindicet, in poenas non satis unus eris.
at laceras etiam puppes furiosa refeci –                               45
   ut, qua desererer, firma carina foret!
remigiumque dedi – quod me fugiturus haberes.
   heu! patior telis vulnera facta meis!
credidimus blandis, quorum tibi copia, verbis;
   credidimus generi nominibusque tuis;                        50
credidimus lacrimis – an et hae simulare docentur?
   hae quoque habent artes, quaque iubentur, eunt?
dis quoque credidimus. quo iam tot pignora nobis?
   parte satis potui qualibet inde capi.
nec moveor, quod te iuvi portuque locoque –                            55
   debuit haec meriti summa fuisse mei.
turpiter hospitium lecto cumulasse iugali
   paenitet et lateri conseruisse latus.
quae fuit ante illam, mallem suprema fuisset
   nox mihi, dum potui Phyllis honesta mori.                     60
speravi melius, quia me meruisse putavi;
   quaecumque ex merito spes venit, aequa venit.
fallere credentem non est operosa puellam
   gloria. simplicitas digna favore fuit.
sum decepta tuis et amans et femina verbis.                            65
   di faciant, laudis summa sit ista tuae!
inter et Aegidas media statuaris in urbe;
   magnificus titulis stet pater ante suis.
cum fuerit Sciron lectus torvusque Procrustes
   et Sinis et tauri mixtaque forma viri                        70
et domitae bello Thebae fusique bimembres
   et pulsata nigri regia caeca dei –

Bei dem Meere, das überall tost bei Winden und Wellen,
   das du häufig befuhrst und zu befahren gedenkst,
bei deinem Großvater schworst du mir – ist auch der nicht erlogen –,
   ihm, der die See wieder stillt, war sie von Winden erregt,
schworst mir bei Venus und ihren allzu wirksamen Waffen –
   hier setzt den Bogen sie ein, dort sind die Fackeln zur Hand –
schworst mir bei Juno, der gütigen Schirmerin ehlichen Lagers,
   und bei dem mystischen Kult kienfackelschwingender Frau.
Wenn von so vielen beleidigten Göttern ein jeder den Frevel
   rächt, dann genügst du allein nicht als das Ziel ihres Zorns.
Und ich ließ gar im Wahn die zertrümmerten Schiffe dir richten –
   daß du ein sicheres Schiff hattest zur treulosen Fahrt!
Gab dir Ruder mit – daß du hattest, um mir zu entkommen!
   Weh, mit dem eignen Gefährt bracht ich die Wunden mir bei!
Glauben schenkt ich den schmeichelnden Worten, woran dir's nicht mangelt,
   Glauben dem edlen Geschlecht und deinem Ruhme als Held,
Glauben den Tränen – lernen denn diese etwa auch heucheln?
   Kennen auch die ihren Kniff, laufen, sobald man sie heißt?
Glaubte den Göttern auch – wo sind diese Bürgen nun alle?
   Leicht betörte man mich mit einem Bruchteil davon.
Doch ich zürne nicht, weil ich dir half mit Hafen und Wohnung;
   nur darüber hinaus durfte die Hilfe nicht gehn.
Daß ich, o Schande, zum Gastbett das bräutliche Lager geboten,
   reut mich, und daß ich mich dir Seite an Seite geschmiegt.
Wäre die Nacht davor nur meine letzte gewesen,
   konnte ich, Phyllis, doch noch sterben als ehrbare Frau!
Beßres erhoffte ich mir, denn ich hab es verdient, wie ich meinte.
   Hofft man, wenn man's verdient, ist doch die Hoffnung gerecht!
Unschwer erwirbt man den Ruhm, gutgläubige Mädchen zu täuschen.
   Mein einfaches Gemüt war deiner Gunst doch wohl wert.
Mit deinen Worten betrogst du mich, eine Frau, die dich liebte.
   Geben die Götter, für dich sei dies die Krone des Ruhms!
Unter des Aegeus' Geschlecht inmitten der Stadt steh dein Denkmal;
   mit seiner Taten Ruhm glanzvoll der Vater zuerst:
Wenn man von Sciron liest, vom grimmen Procrustes, von Sinis,
   von jener Mischgestalt, welche halb Stier war, halb Mann,
von dem im Krieg bezwungenen Theben, vom Ende der Zwitter,
   wie an des dunklen Herrn düstere Burg er gepocht –

hoc tua post illos titulo signetur imago:
  «HIC EST, CUIUS AMANS HOSPITA CAPTA DOLO EST.»
de tanta rerum turba factisque parentis                    75
  sedit in ingenio Cressa relicta tuo.
quod solum excusat, solum miraris in illo;
  heredem patriae, perfide, fraudis agis.
illa – nec invideo – fruitur meliore marito
  inque capistratis tigribus alta sedet.                   80
at mea despecti fugiunt conubia Thraces,
  quod ferar externum praeposuisse meis.
atque aliquis iam nunc «doctas eat», inquit, «Athenas;
  armiferam Thracen qui regat, alter erit.»
exitus acta probat: careat successibus, opto,             85
  quisquis ab eventu facta notanda putat!
at si nostra tuo spumescant aequora remo,
  iam mihi, iam dicar consuluisse meis.
sed neque consului nec te mea regia tanget
  fessaque Bistonia membra lavabis aqua.                   90
illa meis oculis species abeuntis inhaeret,
  cum premeret portus classis itura meos.
ausus es amplecti colloque infusus amantis
  oscula per longas iungere pressa moras
cumque tuis lacrimis lacrimas confundere nostras,         95
  quodque foret velis aura secunda, queri
et mihi discedens suprema dicere voce:
  «Phylli, fac expectes Demophoonta tuum!»
exspectem, qui me numquam visurus abisti?
  exspectem pelago vela negata meo?                       100
et tamen exspecto – redeas modo serus amanti,
  ut tua sit solo tempore lapsa fides!
quid precor infelix? te iam tenet altera coniunx,
  forsitan et, nobis qui male favit, Amor;
iamque tibi excidimus, nullam, puto, Phyllida nosti.      105
  ei mihi! si, quae sim Phyllis et unde, rogas –
quae tibi, Demophoon, longis erroribus acto
  Threicios portus hospitiumque dedi,
cuius opes auxere meae, cui dives egenti
  munera multa dedi, multa datura fui;                    110

soll man danach dein Bild mit folgender Inschrift verzieren:
»Dies ist der Lügengast, der die Verliebte betrog.«
Von der riesigen Menge der Heldentaten des Vaters
blieb die Creterin nur, die er verließ, dir im Sinn.
Das, was ihn nur entschuldigt, nur das ists's, was du bewunderst;
wie du's vom Vater geerbt, Treuloser, schwindelst auch du.
Sie, ohne Neid sei's gesagt, genießt einen besseren Gatten;
stolz auf dem Tigergespann sitzt sie, den Zaum in der Hand.
Aber die Thracer, verschmäht einst, schließen mit mir keine Ehe,
weil mir ein Fremder ja mehr gelte als einer von hier.
Jetzt schon sagt mancher: «So gehe sie doch nach Athen, dem gelehrten;
Thracien, an Waffen gewöhnt, findet dann schon einen Herrn!»
Nur der Erfolg gibt uns recht: Ach, Mißerfolg wünsche ich jedem,
der nur nach dem Erfolg Taten beurteilen will!
Ja, wenn das Meer aufschäumte bei uns vom Schlag deiner Ruder,
hieß' es, ich sorgte nun gut, sowohl für mich wie mein Land.
Aber ich sorgte ja nicht – nie wirst um mein Reich du dich kümmern,
nie in bistonischer See baden den todmüden Leib.
Immer noch steht mir deutlich das Bild deiner Abfahrt vor Augen,
als deine Flotte bereit dicht sich im Hafen gedrängt.
Ohne Scheu umarmtest du mich, hingst am Hals der Verliebten,
küßtest mich lange und fest, rissest dich nicht von mir los,
scheutest dich nicht, deine Tränen mit meinen Tränen zu mischen,
jammertest, daß der Wind günstig zum Segeln jetzt sei,
und beim Abschied sagtest du mir mit ersterbender Stimme:
«Phyllis, erwarte nur brav deinen Demophoon hier!»
Warten soll ich auf dich, der du gingst, um mich nie mehr zu sehen?
Warten auf Segel, die nie aufkreuzen hier auf dem Meer?
Dennoch wart ich auf dich! Kehr zurück, wenn auch spät, zur Verliebten,
daß deine Untreue dann nur in der Säumnis besteht!
Ach, was wünsche ich mir? Dich fesselt wohl schon eine andre!
Amor fesselt dich wohl, welcher mir übel gewollt!
Du vergaßt mich ja schon, willst wohl keine Phyllis mehr kennen.
Weh mir! Du fragst, wer ich bin! Phyllis? Woher ist denn die?
Ich, Demophoon, war's, die dir einst nach mühsamer Irrfahrt
Zuflucht in Thracien bot, gastfreundlich hier dich empfing,
die deine Schätze vermehrte, vom Reichtum, als du in Not warst,
viele Geschenke dir gab, viele zu geben bereit,

quae tibi subieci latissima regna Lycurgi,
   nomine femineo vix satis apta regi,
qua patet umbrosum Rhodope glacialis ad Haemum
   et sacer admissas exigit Hebrus aquas,
cui mea virginitas avibus libata sinistris          115
   castaque fallaci zona recincta manu!
pronuba Tisiphone thalamis ululavit in illis
   et cecinit maestum devia carmen avis;
adfuit Allecto brevibus torquata colubris
   suntque sepulcrali lumina mota face.          120
maesta tamen scopulos fruticosaque litora calco
   quaque patent oculis aequora lata meis.
sive die laxatur humus, seu frigida lucent
   sidera, prospicio, quis freta ventus agat;
et quaecumque procul venientia lintea vidi,         125
   protinus illa meos auguror esse deos.
in freta procurro, vix me retinentibus undis,
   mobile qua primas porrigit aequor aquas.
quo magis accedunt, minus et minus utilis adsto;
   linquor et ancillis excipienda cado.          130
est sinus adductos modice falcatus in arcus;
   ultima praerupta cornua mole rigent.
hinc mihi suppositas inmittere corpus in undas
   mens fuit; et, quoniam fallere pergis, erit.
ad tua me fluctus proiectam litora portent         135
   occurramque oculis intumulata tuis!
duritia ferrum ut superes adamantaque teque,
   «non tibi sic», dices, «Phylli, sequendus eram!»
saepe venenorum sitis est mihi; saepe cruenta
   traiectam gladio morte perire iuvat.         140
colla quoque, infidis quia se nectenda lacertis
   praebuerunt, laqueis inplicuisse iuvat.
stat nece matura tenerum pensare pudorem.
   in necis electu parva futura mora est.
inscribere meo causa invidiosa sepulcro.         145
   aut hoc aut simili carmine notus eris:
«PHYLLIDA DEMOPHOON LETO DEDIT HOSPES AMANTEM.
   ILLE NECIS CAUSAM PRAEBUIT, IPSA MANUM.»

die des Lycurgus weitläufiges Reich zu Füßen dir legte,
   das sonst von weiblicher Macht schwerlich regiert werden kann,
dort, wo vereist sich die Rhodope hinzieht zum schattigen Haemus,
   wo der heilige Strom Hebrus ins Meer fließt voll Schwung.
Und dir gab ich mich hin trotz unheilkündenden Zeichen,
   als du den keuschen Gurt löstest mit tückischer Hand!
Als Brautjungfer heulte Tisiphone neben dem Brautbett,
   und ein einsamer Kauz sang sein betrübliches Lied.
Auch Allecto war da, mit kleinen Nattern als Halsband,
   und statt zum Hochzeitsfest schwang man die Fackeln zum Grab.
Traurig stapf ich umher auf Klippen, durch Strauchwerk am Strande,
   wo sich das weite Meer vor meinen Augen erstreckt.
Sei's daß am Tag die Erde erschlafft, sei's daß kalte Gestirne
   leuchten, ich schaue hinaus, was für ein Wind weht zur See.
Sehe ich aus der Ferne irgendein Segel sich nähern,
   denk ich voll Ahnung sogleich, endlich erscheine mein Gott,
laufe ins Wasser hinein, kaum können die Wogen mich hindern,
   dort, wo die schwankende Flut ständig die Küste benetzt.
Doch je näher es kommt, desto sinnloser steh ich und steh ich;
   ohnmächtig falle ich hin, Dienstmägde fangen mich auf.
Sanft zum Bogen gekrümmt liegt die Bucht hier gleich einer Sichel,
   schroff ragt beidseits der Fels dort an den Enden empor.
Mich von hier in die unten sich breitenden Wogen zu werfen,
   hatt ich im Sinn – und so bleibt's, da du mich noch und noch täuschst.
An deine Küste sollen die Fluten mich werfen als Strandgut,
   daß ich erscheine vor dir, ohne begraben zu sein.
Um die Härte von Eisen, von Stahl und die deine zu steigern,
   sagst du dann: «Unnötig war's, Phyllis, daß so du mir folgst.»
Manchmal dürst ich nach Gift, oft reizt mich ein blutiges Ende,
   mit dem tödlichen Schwert mir zu durchbohren den Leib.
Auch den Hals in die Schlinge zu stecken, der von deinen Armen
   tückisch umschlingen sich ließ, hat mich schon manchmal gereizt.
Fest steht, daß ich mit frühem Tod mein Zartgefühl sühne;
   für meiner Todesart Wahl brauch ich nur wenig noch Zeit.
Auf meinem Grab wirst du als verhaßte Ursache stehen.
   So oder ähnlich der Vers, der dich bekannt machen wird:
«Phyllis war Demophoons Opfer, des Gasts, den sie liebte;
   er gab zu sterben ihr Grund, sie lieh zum Tod ihre Hand.»

## BRISEIS ACHILLI

Quam legis, a rapta Briseide littera venit,
   vix bene barbarica Graeca notata manu.
quascumque adspicies, lacrimae fecere lituras;
   sed tamen et lacrimae pondera vocis habent.
si mihi pauca queri de te dominoque viroque      5
   fas est, de domino pauca viroque querar.
non, ego poscenti quod sum cito tradita regi,
   culpa tua est – quamvis haec quoque culpa tua est;
nam simul Eurybates me Talthybiusque vocarunt,
   Eurybati data sum Talthybioque comes.      10
alter in alterius iactantes lumina vultum
   quaerebant taciti, noster ubi esset amor.
differri potui; poenae mora grata fuisset.
   ei mihi! discedens oscula nulla dedi;
at lacrimas sine fine dedi rupique capillos;      15
   infelix iterum sum mihi visa capi!
saepe ego decepto volui custode reverti,
   sed, me qui timidam prenderet, hostis erat.
si progressa forem, caperer ne nocte timebam
   quamlibet ad Priami munus itura nurum.      20
sed data sim, quia danda fui – tot noctibus absum
   nec repetor; cessas iraque lenta tua est.
ipse Menoetiades tum, cum tradebar, in aurem
   «quid fles? hic parvo tempore», dixit, «eris.»
nec repetisse parum; pugnas, ne reddar, Achille!      25
   i nunc et cupidi nomen amantis habe!
venerunt ad te Telamone et Amyntore nati –
   ille gradu propior sanguinis, ille comes –
Laertaque satus, per quos comitata redirem.
   auxerunt blandas grandia dona preces:      30
viginti fulvos operoso ex aere lebetas
   et tripodas septem pondere et arte pares;
addita sunt illis auri bis quinque talenta,
   bis sex adsueti vincere semper equi,

# BRIEF 3
## BRISEIS AN ACHILLES

Dieser Brief, den du liest, kommt von der geraubten Briseis,
 die mit barbarischer Hand Griechisch mit Mühe nur schreibt.
Was du an Flecken hier siehst, das sind die Spuren von Tränen;
 diese Tränen jedoch haben der Worte Gewicht.
Ist's mir erlaubt, dich, den Mann und Herrn, ein wenig zu tadeln,
 klag ich ein wenig nun über den Herrn und den Mann.
Daß man so rasch an den König, der es verlangte, mich abgab,
 ist deine Schuld nicht, obschon dies doch auch deine Schuld ist.
Denn sobald mich Eurybates und Talthybius riefen,
 gab man Eurybates mich und dem Talthybius mit.
Einer blickte den anderen an, um Blicke zu tauschen,
 fragten sich schweigend, wo denn unsere Liebe wohl sei.
Aufschub war möglich. Gern hätt ich das qualvolle Leben verzögert.
 Weh mir! Kein einziger Kuß war mir beim Abschied vergönnt.
Tränen vergoß ich jedoch ohne Ende und raufte das Haar mir;
 glücklos zum zweitenmal glaubt ich gefangen zu sein.
Oft beschloß ich den Wärter zu täuschen, um zu dir zu kommen,
 doch wär ein Feind da, bestimmt nähm er mich Ängstliche fest.
Wagt ich bei Nacht mich hinaus, man hätte mich sicher ergriffen,
 hätte an Priamus' Hof mich einer Sohnsfrau geschenkt.
Gabst du mich weg, weil du mußtest – fort bin ich nun so viele Nächte,
 und du holst mich nicht ab, säumst in verbissenem Zorn.
Selbst des Menoetius' Sohn sprach ins Ohr mir, als er mich abgab:
 «Weshalb weinst du denn? Bald wirst du zurück sein bei uns.»
Mich nicht zu holen, nun gut – doch, Achill, du verhinderst die Rückkehr!
 Geh nun und sag, du verspürst heiße Begierde nach mir!
Zu dir kamen die Söhne des Telamon und des Amyntor –
 jener ist näher verwandt, der war dabei als dein Freund –
und des Laertes' Sohn, bereit mich zurückzubegleiten.
 Prunk der Gaben verlieh schmeichelnden Bitten Gewicht.
Zwanzig golden schimmernde Becken aus kunstreicher Bronze,
 sieben Dreifüße auch, gleich an Gewicht und an Kunst.
Zweimal fünfzig Talente an Gold, die kamen hinzu noch,
 sechsmal ein Rossepaar, immer zu siegen gewohnt,

quodque supervacuum est, forma praestante puellae          35
   Lesbides, eversa corpora capta domo,
cumque tot his – sed non opus est tibi coniuge – coniunx
   ex Agamemnoniis una puella tribus.
si tibi ab Atride pretio redimenda fuissem,
   quae dare debueras, accipere illa negas!          40
qua merui culpa fieri tibi vilis, Achille?
   quo levis a nobis tam cito fugit amor?
an miseros tristis fortuna tenaciter urget,
   nec venit inceptis mollior hora meis?
diruta Marte tuo Lyrnesia moenia vidi –          45
   et fueram patriae pars ego magna meae;
vidi consortes pariter generisque necisque
   tres cecidisse – tribus, quae mihi, mater erat;
vidi, quantus erat, fusum tellure cruenta
   pectora iactantem sanguinolenta virum.          50
tot tamen amissis te conpensavimus unum;
   tu dominus, tu vir, tu mihi frater eras.
tu mihi, iuratus per numina matris aquosae,
   utile dicebas ipse fuisse capi –
scilicet ut, quamvis veniam dotata, repellas          55
   et mecum fugias quae tibi dantur opes!
quin etiam fama est, cum crastina fulserit Eos,
   te dare nubiferis lintea velle Notis.
quod scelus ut pavidas miserae mihi contigit aures,
   sanguinis atque animi pectus inane fuit.          60
ibis et – o miseram! – cui me, violente, relinquis?
   quis mihi desertae mite levamen erit?
devorer ante, precor, subito telluris hiatu
   aut rutilo missi fulminis igne cremer,
quam sine me Phthiis canescant aequora remis          65
   et videam puppes ire relicta tuas!
si tibi iam reditusque placent patriique Penates,
   non ego sum classi sarcina magna tuae.
victorem captiva sequar, non nupta maritum;
   est mihi, quae lanas molliat, apta manus.          70
inter Achaeïadas longe pulcherrima matres
   in thalamos coniunx ibit eatque tuos,

ferner zum Überfluß noch von prachtvoller Schönheit aus Lesbos
  Mädchen, die man geraubt bei der Zerstörung der Stadt,
mit all diesen – du brauchst keine Gattin indes – eine Gattin,
  aus Agamemnons Geschlecht eine von dreien als Braut.
Hättest du mich vom Atriden um Geld zurückkaufen müssen:
  Was der Preis dafür war, lehnst du ja ab als Geschenk!
Worin besteht meine Schuld, daß ich dir so feil bin, Achilles?
  Wohin verflog denn nur unsere Liebe so rasch?
Oder verfolgt die Bedrängten hartnäckig das traurige Schicksal,
  und für mein Trachten kommt wohl nie eine bessere Zeit?
Von deinem Heer sah ich Lyrnesus' Mauern verwüstet,
  ich, die für unsere Stadt selber so wichtig auch war,
sah drei im Tod wie in Herkunft durchs Schicksal verbundene Männer
  fallen; die Mutter der drei war auch die meine zugleich;
sah meinen Gatten – wie groß er war! – auf den blutigen Boden
  hingestreckt, blutüberströmt hob sich die keuchende Brust.
Doch bei all den Verlusten warst du mir Ersatz für sie alle,
  du warst Gebieter und Mann, du warst mein Bruder dazu.
Du selbst schworst mir bei deiner Mutter, der Gottheit des Wassers,
  sagtest, wie nützlich es sei, deine Gefangne zu sein –
ja, um mich, die mit reichlicher Mitgift kam, zu verstoßen,
  mich zu verschmähn und dazu, was man an Schätzen dir bot!
Ja, es geht das Gerücht, wenn morgen Eos erglänze,
  wollest die Segel du setzen bei wolkigem Süd.
Als dieser ruchlose Plan mir Armen ans furchtsame Ohr drang,
  stand mir der Atem still, wich aus dem Herzen das Blut.
Du gehst fort – weh mir! Bei wem soll ich, Grausamer, bleiben?
  Wer wird, wenn du mich verläßt, Trost mir und Linderung sein?
Eher verschlinge mich, wünsch ich, die Erde in klaffendem Schlunde
  oder in rötlichem Brand sei ich vom Blitzschlag versengt,
ehe das Meer ohne mich aufschäumt von den phthiischen Rudern
  und deine Schiffe ich dann ohne mich ausfahren seh!
Wenn du dich jetzt zur Heimkehr entschließt zu den heimischen Göttern,
  bin ich geringe Last für deine Flotte ja nur.
Als Gefangene folg ich dem Sieger, dem Mann nicht als Gattin,
  und es ist meine Hand, Wolle zu spinnen, geschickt.
Dir wird die weitaus schönste von allen achaeischen Frauen
  folgen ins Ehegemach, – richtig, so soll es auch sein! –

digna nurus socero, Iovis Aeginaeque nepote,
  cuique senex Nereus prosocer esse velit.
nos humiles famulaeque tuae data pensa trahemus        75
  et minuent plenos stamina nostra colos.
exagitet ne me tantum tua, deprecor, uxor –
  quae mihi nescio quo non erit aequa modo –
neve meos coram scindi patiare capillos
  et leviter dicas: «haec quoque nostra fuit.»        80
vel patiare licet, dum ne contempta relinquar –
  hic mihi vae! miserae concutit ossa metus.
quid tamen expectas? Agamemnona paenitet irae
  et iacet ante tuos Graecia maesta pedes.
vince animos iramque tuam, qui cetera vincis!        85
  quid lacerat Danaas inpiger Hector opes?
arma cape, Aeacide, sed me tamen ante recepta
  et preme turbatos Marte favente viros!
propter me mota est, propter me desinat ira
  simque ego tristitiae causa modusque tuae.        90
nec tibi turpe puta precibus succumbere nostris;
  coniugis Oenides versus in arma prece est.
res audita mihi, nota est tibi. fratribus orba
  devovit nati spemque caputque parens.
bellum erat; ille ferox positis secessit ab armis        95
  et patriae rigida mente negavit opem.
sola virum coniunx flexit. felicior illa!
  at mea, pro! nullo pondere verba cadunt.
nec tamen indignor nec me pro coniuge gessi
  saepius in domini serva vocata torum.        100
me quaedam, memini, dominam captiva vocabat.
  «servitio», dixi, «nominis addis onus.»
per tamen ossa viri subito male tecta sepulcro
  semper iudiciis ossa verenda meis;
perque trium fortes animas, mea numina, fratrum,        105
  qui bene pro patria cum patriaque iacent;
perque tuum nostrumque caput, quae iunximus una,
  perque tuos enses, cognita tela meis –
nulla Mycenaeum sociasse cubilia mecum
  iuro; fallentem deseruisse velis!        110

würdig als Braut, wenn Jupiters, Aeginas Enkel ihr Schwäher,
   sie, der auch Nereus, der Greis, Schwiegergroßvater sein will.
Ich bin bescheiden, ich will als Magd mein Tagwerk verspinnen,
   und mein Rocken wird schmal, zieh ich die Wolle zu Garn.
Eines verbitt ich mir nur: Deine Gattin soll mich nicht plagen;
   irgendwie ist sie ja dann doch nicht zufrieden mit mir!
Du aber laß nicht zu, daß vor dir sie mich zerrt an den Haaren;
   sag dann nicht leichthin vor ihr: «Die hab ich auch mal gehabt!»
Doch, laß es zu, wenn du nur nicht verachtet hier mich zurückläßt –
   dies ist die Angst, weh mir! welche mich quält bis ins Mark.
Doch was wartest du noch? Agamemnon bedauert dein Zürnen,
   Griechenland liegt betrübt zu deinen Füßen dir schon.
Siege über dein zorniges Herz, du besiegst ja sonst alles!
   Warum zerfleischt ohne Rast Hector das Danaerheer?
Greif zu den Waffen, doch vorher hol mich zurück, Aeacide,
   schlag den verwirrten Feind – helfe dir Mars! – in die Flucht!
Ich entflammte den Zorn, ich möchte ihn auch wieder löschen;
   war ich schon Grund deines Grimms, will ich das Ende auch sein.
Halte es nicht für schmählich, wenn meinen Bitten du nachgibst;
   Oeneus' Sohn zog zum Kampf, als seine Frau darum bat.
Ich vernahm es nur, dir ist's bekannt: Beraubt ihrer Brüder
   fluchte die Mutter dem Sohn, raubte ihm Hoffnung und Haupt.
Krieg war's. Jener legte die Waffen nieder im Trotze,
   lehnte mit störrischem Sinn Hilfe fürs Vaterland ab.
Einzig die Gattin erweichte den Gatten. Glücklicher war sie!
   Doch meine Worte, ach, fallen, als wären sie nichts.
Aber ich zürne dir nicht, ich spielte ja nie deine Gattin,
   war ich zum Bett des Herrn oft doch als Sklavin bestellt.
Eine Gefangene nannte, ich weiß es noch, einmal mich Herrin.
   «Nenn mich nicht so, du erschwerst», sagt ich, «der Sklaverei Last.»
Bei den Gebeinen des Gatten, die schlecht ein flüchtiges Grab deckt,
   jenen Gebeinen, die stets meiner Verehrung gewiß,
bei der drei Brüder tapferen Seelen, nun meinen Göttern,
   die für das Vaterland und mit ihm fielen zugleich,
bei deinem Haupt und dem meinen, die wir miteinander verbanden,
   bei deinem Schwert, deinem Speer, beides den Meinen bekannt,
schwöre ich, daß der Mycener niemals das Bett mit mir teilte;
   schwöre ich falsch, so sollst du mich verlassen sogleich.

si tibi nunc dicam: «fortissime, tu quoque iura
   nulla tibi sine me gaudia facta!» neges.
at Danai maerere putant  –  tibi plectra moventur,
   te tenet in tepido mollis amica sinu!
si quisquam quaerit, quare pugnare recuses:         115
   pugna nocet, citharae noxque Venusque iuvant.
tutius est iacuisse toro, tenuisse puellam,
   Threiciam digitis increpuisse lyram,
quam manibus clipeos et acutae cuspidis hastam
   et galeam pressa sustinuisse coma.         120
sed tibi pro tutis insignia facta placebant
   partaque bellando gloria dulcis erat.
an tantum dum me caperes, fera bella probabas
   ·cumque mea patria laus tua victa iacet?
di melius! validoque, precor, vibrata lacerto        125
   transeat Hectoreum Pelias hasta latus!
mittite me, Danai! dominum legata rogabo
   multaque mandatis oscula mixta feram.
plus ego quam Phoenix, plus quam facundus Ulixes,
   plus ego quam Teucri, credite, frater agam.      130
est aliquid, collum solitis tetigisse lacertis
   praesentisque oculos admonuisse sui.
sis licet inmitis matrisque ferocior undis,
   ut taceam, lacrimis conminuere meis.
nunc quoque – sic omnes Peleus pater inpleat annos,    135
   sic eat auspiciis Pyrrhus ad arma tuis! –
respice sollicitam Briseida, fortis Achille,
   nec miseram lenta ferreus ure mora!
aut, si versus amor tuus est in taedia nostri,
   quam sine te cogis vivere, coge mori!        140
utque facis, coges. abiit corpusque colorque;
   sustinet hoc animae spes tamen una tui.
qua si destituor, repetam fratresque virumque –
   nec tibi magnificum femina iussa mori.
cur autem iubeas? stricto pete corpora ferro;       145
   est mihi qui fosso pectore sanguis eat.
me petat ille tuus, qui, si dea passa fuisset,
   ensis in Atridae pectus iturus erat!

Sagte ich jetzt zu dir: «Du Tapferster, schwöre auch du mir,
   daß ohne mich du nicht Lust hattest!» so sagtest du nein.
Doch die Danaer glauben, du trauerst – du zupfst nur die Saiten,
   eine Freundin drückt weich dich an die wärmende Brust.
Wenn überhaupt jemand fragt, warum du zu kämpfen dich weigerst:
   Kampf ist gefährlich, doch Nacht, Laute und Liebe ist schön.
Sicherer ist es, du liegst auf dem Bett, umarmst die Geliebte,
   rührst mit den Fingern dabei thracische Saiten zum Klang,
als einen Schild zu tragen und Lanzen mit schneidendem Speerblatt
   und einen Helm auf dem Kopf, welcher das Haar dir zerdrückt.
Sonst gefielen statt sicherem Leben dir heldische Taten;
   süß erschien dir der Ruhm, den du im Kriege erwarbst.
Oder gefielen dir wilde Kriege nur, bis du mich raubtest?
   Mit meiner Vaterstadt war's mit deinem Ehrgeiz vorbei?
Gott bewahre! Von starkem Arme, so bet ich, geschleudert
   mitten durch Hectors Leib fahre der pelische Speer.
Danaer, schickt doch mich! Ich bitte den Herrn als Gesandte,
   bringe, zum Auftrag gemischt, zahlreiche Küsse ihm mit.
Mehr als Phoenix und mehr als selbst der beredte Ulixes,
   mehr als der Bruder – glaubt mir's! – Teucers erreiche ich dann.
Viel bedeutet's, wenn die gewohnten Arme den Nacken umschlingen,
   wenn man Auge in Aug sich in Erinnerung ruft.
Magst du so grausam, noch wilder gar sein als die Wellen der Mutter,
   selbst wenn ich schweige, du wirst von meinen Tränen gerührt.
Aber auch so – dann lebe dein Vater Peleus noch lange,
   ziehe Pyrrhus dann auch glücklich wie du in den Krieg! –
kümmre dich um die besorgte Briseis, tapfrer Achilles,
   quäle mich Arme nicht mehr, warte nicht länger voll Trotz!
Oder, hat deine Liebe zu mir sich in Ekel gewandelt,
   die du zu leben zwingst ohne dich, zwinge zum Tod!
Bleibst du so, zwingst du mich. Hin ist mein Leib und hin meine Farbe;
   einzig die Hoffnung auf dich hält mich am Leben noch schwach.
Wird mir auch die noch genommen, dann folg ich den Brüdern, dem Gatten –
   Keine Heldentat ist's, treibst du ein Weib in den Tod!
Doch warum treiben? Zücke die Klinge, mich niederzustechen!
   Blut hab ich noch, daß es strömt, wenn du die Brust mir durchbohrst.
Richte dein Schwert auf mich, das, hätt es die Göttin gestattet,
   in des Atriden Brust wäre gedrungen beinah!

a, potius serves nostram, tua munera, vitam!
   quod dederas hosti victor, amica rogo.         150
perdere quos melius possis, Neptunia praebent
   Pergama; materiam caedis ab hoste pete.
me modo, sive paras inpellere remige classem,
   sive manes, domini iure venire iube!

Ach, viel eher rette mein Leben, es war deine Gabe!
   Was du der Feindin beim Sieg gabst, will als Freundin ich jetzt.
Die, die es besser wär zu vernichten, bietet Neptuns Stadt
   Pergama dar; beim Feind such deine Opfer dir aus!
Mich nur – sei's daß du vorhast, die Ruderflotte zu starten,
   sei's daß du bleibst, – ruf herbei; das ist das Recht eines Herrn.

Quam nisi tu dederis, caritura est ipsa, salutem
   mittit Amazonio Cressa puella viro.
perlege, quodcumque est – quid epistula lecta nocebit?
   te quoque in hac aliquid quod iuvet esse potest;
his arcana notis terra pelagoque feruntur.      5
   inspicit acceptas hostis ab hoste notas.
ter tecum conata loqui ter inutilis haesit
   lingua, ter in primo destitit ore sonus.
qua licet et sequitur, pudor est miscendus amori;
   dicere quae puduit, scribere iussit Amor.      10
quidquid Amor iussit, non est contemnere tutum;
   regnat et in dominos ius habet ille deos.
ille mihi primo dubitanti scribere dixit:
   «scribe! dabit victas ferreus ille manus.»
adsit et, ut nostras avido fovet igne medullas,      15
   figat sic animos in mea vota tuos!
non ego nequitia socialia foedera rumpam;
   fama – velim quaeras – crimine nostra vacat.
venit amor gravius, quo serius – urimur intus;
   urimur et caecum pectora vulnus habent.      20
scilicet ut teneros laedunt iuga prima iuvencos
   frenaque vix patitur de grege captus equus,
sic male vixque subit primos rude pectus amores
   sarcinaque haec animo non sedet apta meo.
ars fit, ubi a teneris crimen condiscitur annis;      25
   cui venit exacto tempore, peius amat.
tu nova servatae carpes libamina famae
   et pariter nostrum fiet uterque nocens.
est aliquid, plenis pomaria carpere ramis
   et tenui primam deligere ungue rosam.      30
si tamen ille prior, quo me sine crimine gessi,
   candor ab insolita labe notandus erat,
at bene successit, digno quod adurimur igni;
   peius adulterio turpis adulter obest.

# BRIEF 4
## PHAEDRA AN HIPPOLYTUS

Wenn du das Glück nicht gewährst, entbehrt sie's, das Mädchen aus Creta,
dir Amazonensohn wünscht sie es mit diesem Brief.
Lies nur, was es auch ist – was schadet das Lesen des Briefes?
Etwas, was *dich* auch erfreut, könnte vielleicht darin stehn.
Briefe bringen Geheimnisse hin über Länder und Meere.
Auch ein Feind liest den Brief, den er vom Feinde bekam.
Dreimal versuchte ich mit dir zu reden, doch wortlos versagte
dreimal die Zunge, dreimal stockte das Wort zu Beginn.
Wo man es kann und sich's gibt, soll Scham sich zur Liebe gesellen.
Was ich verschwieg aus Scham – Amor befahl mir: Schreib's auf!
Was auch Amor befahl, empfiehlt es sich nicht zu mißachten.
Er ist der Herr, er beherrscht Götter, die Herren der Welt.
*Er* sprach zu mir, als ich anfangs zu schreiben noch säumte:
«Schreib! Auch der Eiserne reicht bald dir besiegt seine Hand.»
Steh er mir bei! Wie mein Mark er erhitzt mit gierigem Feuer,
so durchbohr' er dein Herz, daß meinem Wunsch es sich fügt.
Nicht aus Verderbtheit will ich die Bande der Ehe zerreißen,
denn mein Ruf – frag nur nach! – ist nicht von Lastern beschmutzt.
Liebe befiel mich, je später, je schlimmer, ich brenne zuinnerst,
brenne, doch bleibt in der Brust heimlich die Wunde bewahrt.
So wie das erste Joch die jungen Stiere verwundet,
wie sich das Pferd dem Zaum, frisch aus der Koppel, kaum fügt,
so erträgt mühsam mein Herz, das nie geliebt, erstmals die Liebe,
doch dieses Bündel sitzt schlecht auf meiner Seele als Last.
Kunst wird's, wenn man in zarten Jahren in Lastern sich einübt;
kommt man erst spät dazu, liebt man mit weniger Glück.
Du wirst das erste Opfer behüteter Ehre genießen,
und in gleichem Maß sündigt ein jeder von uns.
Schön ist's, wenn man die Früchte sich pflückt von üppigen Zweigen,
wenn man mit zarter Hand früheste Rosen sich bricht!
Wenn schon die Reinheit, in der ich bisher ohne Fehltritt stets lebte,
von einem Fleck, wie ich's nie kannte, besudelt sein muß,
ist's doch ein Glück, daß die Liebesglut einem würdigen Mann gilt.
Schlimmer ist Ehebruch, übt ihn ein Schändlicher aus.

si mihi concedat Iuno fratremque virumque,  35
    Hippolytum videor praepositura Iovi!
iam quoque – vix credes – ignotas mutor in artes;
    est mihi per saevas impetus ire feras.
iam mihi prima dea est arcu praesignis adunco
    Delia; iudicium subsequor ipsa tuum.  40
in nemus ire libet pressisque in retia cervis
    hortari celeris per iuga summa canes,
aut tremulum excusso iaculum vibrare lacerto,
    aut in graminea ponere corpus humo.
saepe iuvat versare leves in pulvere currus  45
    torquentem frenis ora fugacis equi;
nunc feror, ut Bacchi furiis Eleleides actae,
    quaeque sub Idaeo tympana colle movent
aut quas semideae Dryades Faunique bicornes
    numine contactas attonuere suo.  50
namque mihi referunt, cum se furor ille remisit,
    omnia; me tacitam conscius urit amor.
forsitan hunc generis fato reddamus amorem
    et Venus ex tota gente tributa petat.
Iuppiter Europen – prima est ea gentis origo –  55
    dilexit, tauro dissimulante deum.
Pasiphae mater, decepto subdita tauro,
    enixa est utero crimen onusque suo.
perfidus Aegides, ducentia fila secutus,
    curva meae fugit tecta sororis ope.  60
en, ego nunc, ne forte parum Minoïa credar,
    in socias leges ultima gentis eo!
hoc quoque fatale est: placuit domus una duabus;
    me tua forma capit, capta parente soror.
Thesides Theseusque duas rapuere sorores –  65
    ponite de nostra bina tropaea domo!
tempore quo nobis inita est Cerealis Eleusin,
    Gnosia me vellem detinuisset humus!
tunc mihi praecipue, nec non tamen ante, placebas;
    acer in extremis ossibus haesit amor.  70
candida vestis erat, praecincti flore capilli,
    flava verecundus tinxerat ora rubor,

Würde mir Juno sogar den Bruder und Mann überlassen,
  zög ich Hippolytus wohl doch noch dem Jupiter vor.
Schon auch – du glaubst es kaum – seh ich mich um nach neuen Gebieten,
  habe plötzlich den Drang, Raubtiere vor mir zu sehn.
Schon ist die Delierin mir mit dem krummen Bogen die liebste
  Göttin, und deinem Geschmack schließ ich mich selber nun an.
In den Wald geh ich gern, und um Hirsche in Netze zu treiben,
  hetz ich durchs hohe Gebirg Hunde in hurtigem Lauf,
schleudere gern mit gespanntem Arm den zitternden Wurfspieß,
  oder ich lege zur Ruh mich auf den Boden ins Gras.
Oft macht's mir Spaß, den leichten Wagen im Sande zu wenden
  und des eiligen Pferds Haupt mit dem Zaume zu drehn.
Bald wieder treibt's mich wie Eleleïden in bacchischem Schwärmen,
  bald wie an Idas Gebirg trommelt der weibische Mann,
bald als hätten gottgleiche Dryaden und Faunë, gehörnte,
  mit ihrem Geist uns berührt und uns zu Göttern entrückt.
Denn das erzählt man mir, wenn ich aus der Verzückung erwache,
  alles; im Stillen verzehrt Liebe mich, die davon weiß.
Diese Liebe schulde ich wohl dem Geschick meiner Sippe,
  von meinem ganzen Geschlecht fordert wohl Venus Tribut.
Jupiter liebte Europa; da nahm mein Geschlecht seinen Ursprung,
  als eines Stieres Gestalt damals die Gottheit verbarg.
Pasiphaë, meine Mutter, gepaart mit dem Stier, den sie täuschte,
  preßte aus ihrem Bauch jenes verfluchte Geschöpf.
Aegeus' treuloser Sohn, geführt vom leitenden Faden
  dank meiner Schwester, entkam aus dem verwinkelten Haus.
Siehe, auch ich, um selbst als Tochter des Minos zu gelten,
  trete als letzte nun ein in meiner Sippe Gesetz.
Schicksalshaft ist auch dies, daß *ein* Haus zwei Schwestern betörte;
  *ich* bin von deiner Gestalt, *sie* war vom Vater entzückt.
Theseus und Theseus' Sohn, sie haben zwei Schwestern erbeutet.
  Stellt für den Sieg über uns doch ein Trophäenpaar auf!
Als ich damals der Ceres Stadt Eleusin besuchte –
  hätte das gnosische Land mich doch gehindert zu gehn! –
damals gefielst du mir, wenn auch schon lange zuvor, ganz besonders;
  heftige Liebe befiel mich bis ins innerste Mark.
Weiß war damals dein Gewand, das Haar mit Blumen umwunden,
  und ein schüchternes Rot färbte dein braunes Gesicht.

quemque vocant aliae vultum rigidumque trucemque,
  pro rigido Phaedra iudice fortis erat.
sint procul a nobis iuvenes ut femina compti!                    75
  fine coli modico forma virilis amat.
te tuus iste rigor positique sine arte capilli
  et levis egregio pulvis in ore decet.
sive ferocis equi luctantia colla recurvas,
  exiguo flexos miror in orbe pedes;                             80
seu lentum valido torques hastile lacerto,
  ora ferox in se versa lacertus habet,
sive tenes lato venabula cornea ferro:
  denique nostra iuvat lumina, quidquid agis.
tu modo duritiam silvis depone iugosis;                          85
  non sum duritia digna perire tua.
quid iuvat incinctae studia exercere Dianae
  et Veneri numeros eripuisse suos?
quod caret alterna requie, durabile non est;
  haec reparat vires fessaque membra novat.                      90
arcus – et arma tuae tibi sunt imitanda Dianae –
  si numquam cesses tendere, mollis erit.
clarus erat silvis Cephalus multaeque per herbas
  conciderant illo percutiente ferae;
nec tamen Aurorae male se praebebat amandum.                     95
  ibat ad hunc sapiens a sene diva viro.
saepe sub ilicibus Venerem Cinyraque creatum
  sustinuit positos quaelibet herba duos.
arsit et Oenides in Maenalia Atalanta;
  illa ferae spolium pignus amoris habet.                       100
nos quoque quam primum turba numeremur in ista!
  si Venerem tollas, rustica silva tua est.
ipsa comes veniam, nec me latebrosa movebunt
  saxa neque obliquo dente timendus aper.
aequora bina suis obpugnant fluctibus Isthmon                   105
  et tenuis tellus audit utrumque mare.
hic tecum Troezena colam, Pittheïa regna;
  iam nunc est patria carior illa mea.
tempore abest aberitque diu Neptunius heros;
  illum Pirithoi detinet ora sui.                               110

Deine Miene, trotzig und streng bezeichnen sie andre,
   war, wenn du Phaedra fragst, tapfer und keineswegs streng.
Ferne seien mir junge Männer geschmückt wie die Frauen!
   Männliche Schönheit verlangt, daß man sie maßvoll nur pflegt.
Dir aber steht jene Strenge, die kunstlos fallenden Haare
   und der leichte Staub auf deinem schönen Gesicht.
Wenn du des feurigen Pferdes sich sträubenden Nacken herumbiegst,
   wundre ich mich, wie's im Kreis eng mit den Füßen sich dreht,
wenn mit kraftvollem Arm die biegsame Lanze du schleuderst,
   zieht der kräftige Arm gleich meine Blicke auf sich,
wenn du den Jagdspieß aus Hartholz hältst mit dem eisernen Speerblatt –
   kurz, mein Auge erfreut alles, was immer du tust.
Laß deine harte Gesinnung zurück in gebirgigen Wäldern!
   Daß mich dein harter Sinn umbringt, verdiene ich nicht.
In der geschürzten Diana Stapfen zu treten, was freut's dich,
   und der Venus den Rang streitig zu machen dabei?
Was nicht zuweilen auch Ruhe sich gönnt, das ist nicht von Dauer;
   sie erneuert die Kraft, stärkt, sind die Glieder erschöpft.
Auch in den Waffen sei dir Diana ein Vorbild – der Bogen,
   wenn du ihn niemals aufhörst zu spannen, wird schlaff.
Cephalus war berühmt in den Wäldern und zahllose Tiere
   stürzten getroffen ins Gras von seinen Pfeilen durchbohrt.
Dennoch behagte es ihm nicht schlecht, daß Aurora ihn liebte,
   klug schlich die Göttin zu ihm von ihrem greisen Gemahl.
Oft lag Venus unter den Eichen mit Cinyras' Sprößling,
   beide, wo immer es ging, waren gebettet ins Gras.
Oeneus' Sohn war verliebt ins maenalische Kind Atalanta,
   und das erlegte Tier nahm sie als Liebespfand an.
Auch wir wollen recht bald zu dieser Gesellschaft uns zählen.
   Wiesest du Venus aus, wäre dein Wald ohne Reiz.
Ich komm selber mit dir, mich schrecken nicht Felsen noch Höhlen
   noch der Eber, der droht mit seinem krummen Gewehr.
Mit ihren Fluten schlagen zwei Meere zugleich an den Isthmos;
   beiderseits hört man das Meer auf einem schmalen Streif Land.
Hier will Troezen ich mit dir, das Reich des Pittheus, bewohnen;
   lieber ist mir dies Land als meine Heimat schon jetzt.
Neptuns heldischer Sohn ist fort und wird's lange noch bleiben,
   seines Pirithous' Strand hält ihn noch lange zurück.

praeposuit Theseus – nisi si manifesta negemus –
   Pirithoum Phaedrae Pirithoumque tibi.
sola nec haec ad nos iniuria venit ab illo;
   in magnis laesi rebus uterque sumus.
ossa mei fratris clava perfracta trinodi              115
   sparsit humi; soror est praeda relicta feris.
prima securigeras inter virtute puellas
   te peperit, nati digna vigore parens;
si quaeras, ubi sit – Theseus latus ense peregit
   nec tanto mater pignore tuta fuit.                120
at ne nupta quidem taedaque accepta iugali –
   cur, nisi ne caperes regna paterna nothus?
addidit et fratres ex me tibi, quos tamen omnis
   non ego tollendi causa, sed ille fuit.
o utinam nocitura tibi, pulcherrime rerum,          125
   in medio nisu viscera rupta forent!
i nunc et meriti lectum reverere parentis,
   quem fugit et factis abdicat ipse suis!
nec, quia privigno videar coitura noverca,
   terruerint animos nomina vana tuos.            130
ista vetus pietas, aevo moritura futuro,
   rustica Saturno regna tenente fuit.
Iuppiter esse pium statuit, quodcumque iuvaret,
   et fas omne facit fratre marita soror.
illa coit firma generis iunctura catena,              135
   inposuit nodos cui Venus ipsa suos.
nec labor est celare, licet peccemus, amorem;
   cognato poterit nomine culpa tegi.
viderit amplexos aliquis, laudabimur ambo;
   dicar privigno fida noverca meo.               140
non tibi per tenebras duri reseranda mariti
   ianua, non custos decipiendus erit;
ut tenuit domus una duos, domus una tenebit;
   oscula aperta dabas, oscula aperta dabis;
tutus eris mecum laudemque merebere culpa,     145
   tu licet in lecto conspiciare meo.
tolle moras tantum properataque foedera iunge –
   qui mihi nunc saevit, sic tibi parcat Amor!

Theseus zieht – man müßte ja blind sein, dieses zu leugnen –
    Phaedra Pirithous vor, dir den Pirithous vor.
Dies ist nicht das einzige Unrecht, das er uns antat;
    nicht gering ist die Schuld, welche uns beide gekränkt,
brach mit dreiknotiger Keule er doch meinem Bruder die Knochen,
    streute sie ringsum und ließ Tieren die Schwester zum Fraß.
Von der tapfersten unter den Äxte schwingenden Mädchen
    stammst du; des kraftvollen Sohns würdig war, die dich gebar.
Fragtest du, wo die denn ist – in die Brust stieß ihr Theseus die Klinge;
    nicht einmal solch ein Pfand bot seiner Mutter ja Schutz.
Doch auch vermählt war sie nicht, empfing nicht die Weihen der Ehe,
    wohl daß des Vaters Reich ja nicht als Bastard du erbst!
Brüder bekamst du durch ihn geschenkt von mir; diese alle
    wurden von ihm anerkannt; schuld war nicht ich, sondern er.
Wären doch deinen künftigen Feinden, du Schönster der Menschheit,
    gleich bei ihrer Geburt ihre Gedärme geplatzt!
Geh nun und ehre das Bett deines Vaters, wie er's verdiente,
    welches er selber verschmäht, dem in der Tat er entsagt!
Stellst du dir vor, mit dem Stiefsohn wolle die Stiefmutter schlafen –
    laß dich nicht schrecken davon, hohle Begriffe sind das!
Abergläubische Scheu, die abstirbt in künftigen Zeiten,
    galt noch zur Zeit des Saturn in jener bäurischen Welt.
Jupiter aber erklärte für heilig, was Freude uns bringe;
    alles erhebt sie zum Recht, sie, die dem Bruder vermählt.
Dann wächst das Band der Geschlechter in fester Verkettung zusammen,
    wenn dafür Venus selbst fest ihre Knoten geknüpft.
Leicht ist es, sollte es Sünde sein, zu verbergen die Liebe;
    mit der Verwandtschaft Schein läßt sich verdecken die Schuld.
Sieht jemand unsre Umarmung, wird man uns beide nur loben;
    Welch gute Stiefmutter, heißt's, ich meinem Stiefsohn nur bin!
Nicht erst im Dunkeln mußt du entriegeln die Tür eines strengen
    Gatten; kein Wächter ist da, den du zu täuschen erst brauchst.
Wie wir zusammen ein Haus bewohnten, wird's weiterhin bleiben.
    Offen küßtest du mich, offen küßt weiter du mich.
Sicher bleibst du mit mir, mit der Schuld wirst du Lob noch verdienen,
    mag man in meinem Bett dich gar erblicken bei mir.
Gib deine Hemmung nur auf und beeil dich, den Bund zu vollziehen!
    So wie er gegen mich tobt, sei dir nun Amor geneigt!

non ego dedignor supplex humilisque precari.
   heu! ubi nunc fastus altaque verba? iacent!        150
et pugnare diu nec me submittere culpae
   certa fui – certi siquid haberet amor;
victa precor genibusque tuis regalia tendo
   bracchia! quid deceat, non videt ullus amans.
depuduit profugusque pudor sua signa reliquit.       155
   da veniam fassae duraque corda doma!
quod mihi sit genitor, qui possidet aequora, Minos,
   quod veniant proavi fulmina torta manu,
quod sit avus radiis frontem vallatus acutis,
   purpureo tepidum qui movet axe diem –       160
nobilitas sub amore iacet! miserere priorum
   et, mihi si non vis parcere, parce meis!
est mihi dotalis tellus Iovis insula, Crete –
   serviat Hippolyto regia tota meo!
flecte, ferox, animos! potuit corrumpere taurum       165
   mater; eris tauro saevior ipse truci?
per Venerem, parcas, oro, quae plurima mecum est!
   sic numquam, quae te spernere possit, ames;
sic tibi secretis agilis dea saltibus adsit
   silvaque perdendas praebeat alta feras;       170
sic faveant Satyri montanaque numina Panes
   et cadat adversa cuspide fossus aper;
sic tibi dent Nymphae, quamvis odisse puellas
   diceris, arentem quae levet unda sitim!
addimus his precibus lacrimas quoque; verba precantis   175
   perlegis; et lacrimas finge videre meas!

Ich verschmähe es nicht, in Demut auf Knien zu bitten.
  Weh! Wo ist nun mein Stolz, wo große Worte? Dahin!
Lange zu kämpfen und der Versuchung nicht zu erliegen,
  war mein Entschluß. Entschluß? – Liebe hat hier keine Macht.
Ich bin besiegt, strecke flehend die fürstlichen Arme zu deinen
  Knien hin. Was sich ziemt, achtet ein Liebender nicht.
Schamlos die Scham – die Scham hat mich fahnenflüchtig verlassen.
  Mein Geständnis verzeih! Zähme dein hartes Gemüt!
Ist mein Vater auch Minos, der Herrscher über die Meere,
  fliegt auch geschleudert der Blitz aus des Urgroßvaters Hand,
ist des Urgroßvaters Stirn auch umkränzt von blitzenden Strahlen,
  wenn er den milden Tag antreibt im Purpurgespann –
Liebe besiegt die adlige Herkunft. Erbarm dich der Ahnen,
  und wenn du nicht mich schonen willst, schone dann sie!
Crete hab ich als Mitgift, das Land ist Jupiters Insel;
  meinem Hippolytus diene mein Hofstaat nun ganz!
Beuge, du Wilder, den Sinn! Einen Stier betörte die Mutter.
  Willst du trotziger noch sein als ein grimmiger Stier?
Bitte, sei gnädig, bei Venus, welche mir alles bedeutet!
  Dann seist du niemals verschmäht, bist du in eine verliebt;
dann steh die flinke Göttin dir bei im verschwiegenen Talgrund,
  gebe der hohe Wald frei dir zum Abschuß das Wild,
seien dir Satyrn geneigt und Pane, die Götter der Berge,
  falle der Eber durchbohrt, wenn ihn die Speerspitze traf,
reiche der Nymphen Schar dann, obschon du die Mädchen, so sagt man,
  hassest, Wasser dir dar, lösche den brennenden Durst!
Zu diesen Bitten gesellen sich Tränen; der Bittenden Worte
  liest du nun. Stell dir auch vor, daß meine Tränen du siehst!

# V
## OENONE PARIDI

[Nympha suo Paridi, quamvis suus esse recuset,       a
   mittit ab Idaeis verba legenda iugis.]            b
Perlegis? an coniunx prohibet nova? perlege – non est
   ista Mycenaea littera facta manu!
Pegasis Oenone, Phrygiis celeberrima silvis,
   laesa queror de te, si sinis, ipsa meo.
quis deus opposuit nostris sua numina votis?       5
   ne tua permaneam, quod mihi crimen obest?
leniter, ex merito quidquid patiare, ferendum est;
   quae venit indigno poena, dolenda venit.
nondum tantus eras, cum te contenta marito
   edita de magno flumine nympha fui.         10
qui nunc Priamides – absit reverentia vero! –
   servus eras; servo nubere nympha tuli!
saepe greges inter requievimus arbore tecti
   mixtaque cum foliis praebuit herba torum;
saepe super stramen faenoque iacentibus alto     15
   defensa est humili cana pruina casa.
quis tibi monstrabat saltus venatibus aptos,
   et tegeret catulos qua fera rupe suos?
retia saepe comes maculis distincta tetendi;
   saepe citos egi per iuga longa canes.       20
incisae servant a te mea nomina fagi
   et legor OENONE falce notata tua,
et quantum trunci, tantum mea nomina crescunt.
   crescite et in titulos surgite recta meos!
populus est, memini, pluviali consita rivo,      25
   est in qua nostri littera scripta memor.
popule, vive, precor, quae consita margine ripae
   hoc in rugoso cortice carmen habes:
«CUM PARIS OENONE POTERIT SPIRARE RELICTA,
   AD FONTEM XANTHI VERSA RECURRET AQUA.»   30
Xanthe, retro propera versaeque recurrite lymphae!
   sustinet Oenonen deseruisse Paris.

# BRIEF 5
## OENONE AN PARIS

[Ihrem Paris, auch wenn er sich weigert, der Ihre zu heißen,
   sendet die Nymphe den Brief, hoch aus des Idas Gebirg.]
Liest du das? Oder verbietet's die neue Gattin? Ach, lies nur!
   Nicht von mycenischer Hand wurde der Brief hier verfaßt.
Ich, Oenone aus Pegasa, ruhmreich in Phrygiens Wäldern,
   klage gekränkt über dich, denn, mit Verlaub, du bist mein.
Welcher Gott stand meinen Wünschen machtvoll entgegen?
   Was denn wirft man mir vor, daß ich die Deine nicht bleib?
Was man erleidet zu Recht, das hat man gelassen zu tragen;
   doch *die* Strafe ist schwer, welche zu Unrecht uns trifft.
Unberühmt warst du noch, als ich mit dir mich als Gatten begnügte,
   ich, eine Nymphe, die stammt von einem mächtigen Strom.
Du, jetzt Priamus' Sohn, – man sollte die Wahrheit nicht scheuen! –
   warst ein Knecht; einen Knecht nahm ich als Nymphe zum Mann!
Neben der Herde ruhten wir oft im Schatten der Bäume,
   Blätter und Gras vermengt boten ein Lager uns dar.
Oft auch, wenn wir auf Stroh und tief ins Heu uns gebettet,
   schützte vor weißem Reif uns ein bescheidener Stall.
Wer war's, der die zum Jagen geeigneten Gründe dir zeigte,
   wo seine Jungen das Wild unter dem Felsen verbarg?
Oftmals half ich dir, weitmaschige Netze zu spannen,
   hetzte die hurtigen Hunde durchs weite Gebirg.
Eingeschnitten bewahren die Buchen von dir meinen Namen,
   und OENONE heißt's da, von deinem Messer geritzt.
Wie die Bäume wachsen, so wachsen auch mit meine Namen.
   Wachst nur, reckt euch empor, aufrecht, und dient meinem Ruhm!
Eine Pappel, ich weiß noch, am Regenbache gewachsen,
   weist eine Inschrift auf, welche uns beide erwähnt.
Lebe du, Pappel, nur fort, an der Uferböschung gewachsen,
   welche auf rissigem Stamm folgende Verse du trägst:
«WIRD EINST PARIS OENONE VERLASSEN UND LÄNGER NOCH ATMEN,
   KEHRT DES XANTHUS STROM WIEDER ZUR QUELLE ZURÜCK.»
Xanthus, kehre zurück, ihr Wasser, kehrt euren Lauf um!
   Paris bringt's übers Herz, läßt die Oenone im Stich!

illa dies fatum miserae mihi dixit, ab illa
   pessima mutati coepit amoris hiems,
qua Venus et Iuno sumptisque decentior armis        35
   venit in arbitrium nuda Minerva tuum.
attoniti micuere sinus gelidusque cucurrit,
   ut mihi narrasti, dura per ossa tremor.
consului – neque enim modice terrebar – anusque
   longaevosque senes. constitit esse nefas.        40
caesa abies sectaeque trabes et classe parata
   caerula ceratas accipit unda rates.
flesti discedens – hoc saltim parce negare!
   praeterito magis est iste pudendus amor.
et flesti et nostros vidisti flentis ocellos.        45
   miscuimus lacrimas maestus uterque suas;
non sic adpositis vincitur vitibus ulmus,
   ut tua sunt collo bracchia nexa meo.
a, quotiens, cum te vento quererere teneri,
   riserunt comites – ille secundus erat!        50
oscula dimissae quotiens repetita dedisti!
   quam vix sustinuit dicere lingua «vale»!
aura levis rigido pendentia lintea malo
   suscitat et remis eruta canet aqua.
prosequor infelix oculis abeuntia vela,        55
   qua licet, et lacrimis umet harena meis,
utque celer venias, virides Nereidas oro –
   scilicet ut venias in mea damna celer!
votis ergo meis alii rediture redisti?
   ei mihi, pro dira paelice blanda fui!        60
adspicit inmensum moles nativa profundum –
   mons fuit; aequoreis illa resistit aquis.
hinc ego vela tuae cognovi prima carinae
   et mihi per fluctus impetus ire fuit.
dum moror, in summa fulsit mihi purpura prora –        65
   pertimui; cultus non erat ille tuus.
fit propior terrasque cita ratis attigit aura;
   femineas vidi corde tremente genas.
non satis id fuerat, – quid enim furiosa morabar? –
   haerebat gremio turpis amica tuo!        70

Jener Zeitpunkt verkündete, ach, mir mein Schicksal, und damals
 brach über unser Glück grausam der Winter herein:
Venus und Juno kamen und – *mit* ihren Waffen zwar schöner –
 nackt Minerva daher, stellten sich deinem Gericht.
Voll Entsetzen wogte mein Busen, ein eisiger Schauer
 lief mir durch Mark und Bein damals bei deinem Bericht.
Greisinnen fragte ich aus, denn nicht gering war mein Schrecken,
 uralte Männer dazu. Frevelhaft war's, das stand fest.
Fichten schlug man, schnitt Balken, die Flotte wurde gerüstet,
 Schiffe, gedichtet mit Pech, fuhren aufs tiefblaue Meer.
Bei deinem Abschied weintest du – leugne wenigstens das nicht!
 Peinlicher ist doch für dich jetzt deine Liebe als einst.
Ja, du weintest und sahst meine Augen mit Tränen sich füllen.
 Traurig vermengten wir zwei unsere Tränen voll Schmerz.
So wird die Ulme nicht von rankenden Reben umschlungen,
 wie um meinen Hals du deine Arme mir schlangst.
Ach, wie oft, wenn du klagtest, du werdest vom Winde behindert,
 lachte der Freunde Schar – günstig für mich war der Wind!
Wie oft kamst du zurück nach dem Abschied, um mich zu küssen!
 Mühsam, sie konnte es kaum, sagte die Zunge «Ade!»
Leichte Brise läßt am starren Schiffsmast die Segel
 flattern und weißer Gischt schäumt von der Ruderer Schlag.
Mit den Augen verfolg ich betrübt die verschwindenden Segel,
 wie ich nur kann, und benetzt ist von den Tränen der Sand.
Daß du rasch kommst, darum bitt ich die grünen Töchter des Nereus,
 ja, daß du rasch wieder kommst, daß du ins Elend mich stößt!
Auf meine Bitten kamst du zurück, einer andern zuliebe?
 Weh mir, ich hatte Erfolg für dieses schändliche Weib!
Über die endlose Tiefe blickt ein urhafter Felsklotz,
 eher ein Berg, der sich stemmt gegen die salzige Flut.
Von hier oben sah ich zuerst nur die Segel des Schiffes,
 und ich hatte den Drang, über das Wasser zu gehn.
Wie ich noch warte, sehe ich Purpur am Heck oben leuchten –
 ich erschrecke zutiefst, denn das war sonst nicht dein Stil.
Näher kam das Gefährt, fuhr an Land bei munterer Brise;
 bebenden Herzens sah ich das Gesicht einer Frau.
Doch das war noch nicht genug – was harrte ich aus wie von Sinnen? –
 zärtlich auf deinem Schoß saß eine Freundin, o Schmach!

tunc vero rupique sinus et pectora planxi
    et secui madidas ungue rigente genas
inplevique sacram querulis ululatibus Iden;
    illuc has lacrimas in mea saxa tuli.
sic Helene doleat desertaque coniuge ploret,         75
    quaeque prior nobis intulit, ipsa ferat!
nunc tibi conveniunt, quae te per aperta sequantur
    aequora legitimos destituantque viros;
at cum pauper eras armentaque pastor agebas,
    nulla nisi Oenone pauperis uxor erat.         80
non ego miror opes nec me tua regia tangit
    nec de tot Priami dicar ut una nurus –
non tamen ut Priamus nymphae socer esse recuset
    aut Hecubae fuerim dissimulanda nurus;
dignaque sum regis fieri matrona potentis;         85
    sunt mihi, quas possint sceptra decere, manus.
nec me, faginea quod tecum fronde iacebam,
    despice; purpureo sum magis apta toro.
denique tutus amor meus est; tibi nulla parantur
    bella nec ultrices advehit unda rates.         90
Tyndaris infestis fugitiva reposcitur armis;
    hac venit in thalamos dote superba tuos.
quae si sit Danais reddenda, vel Hectora fratrem
    vel cum Deïphobo Polydamanta roga;
quid gravis Antenor, Priamus quid suadeat ipse,     95
    consule, quis aetas longa magistra fuit!
turpe rudimentum, patriae praeponere raptam.
    causa pudenda tua est; iusta vir arma movet.
nec tibi, si sapias, fidam promitte Lacaenam,
    quae sit in amplexus tam cito versa tuos.       100
ut minor Atrides temerati foedera lecti
    clamat et externo laesus amore dolet,
tu quoque clamabis. nulla reparabilis arte
    laesa pudicitia est; deperit illa semel.
ardet amore tui? sic et Menelaon amavit.         105
    nunc iacet in viduo credulus ille toro.
felix Andromache certo bene nupta marito!
    uxor ad exemplum fratris habenda fui;

Da aber riß ich mein Kleid entzwei und schlug meine Brüste,
  schnitt mit den Nägeln mich scharf in das verweinte Gesicht
und erfüllte mit Klagen und Heulen den heiligen Ide;
  dorthin, in mein Gebirg, trug meine Tränen ich hin.
So soll Helene leiden und weinen, vom Gatten verlassen!
  Was sie mir antat zuvor, leide sie selber dann einst!
Nun sind Frauen dir recht, die über die Weite der See dir
  folgen, den Mann im Stich lassen, der's rechtmäßig ist.
Doch als du, arm noch, als Hirte die Herden triebst auf die Weide,
  hattest Oenone du nur in deiner Armut zur Frau.
Schätze bewundre ich nicht noch macht mir dein Königshaus Eindruck,
  möchte an Priamus' Hof eine der vielen nicht sein.
Nicht daß sich Priamus wehrte, die Nymphe als Braut zu empfangen,
  Hecuba müßte sich auch meiner nicht schämen als Braut,
bin ich doch würdig, die Frau eines mächtigen Fürsten zu werden,
  auch ein Szepter läßt wohl in meinen Händen sich sehn.
Und verachte mich nicht, weil mit dir ich auf Buchenlaub ruhte,
  passen würde zu mir eher ein purpurnes Bett.
Schließlich ist meine Liebe gefahrlos für dich: Keine Kriege
  drohen noch führt das Meer rächende Schiffe heran.
Tyndareus' flüchtige Tochter verlangt man mit feindlichen Waffen –
  mit solcher Mitgift kommt dir diese Prachtsfrau ins Haus!
Ob du den Danaern die wieder geben sollst? – Hector, den Bruder,
  frage, Deïphobus frag oder Polydamas an!
Was der ernste Antenor rät, was Priamus selber,
  frag sie: Das Leben war ja lang ihre Lehrmeisterin!
Schändliches Musterstück – statt der Heimat eine Geraubte!
  Schämen solltest du dich; rechtmäßig rüstet ihr Mann.
Hast du Verstand, so versprich dir nicht von der Laconerin Treue,
  wenn sie untreu so schnell dir in die Arme sich warf.
Wie des Atreus jüngerer Sohn, daß der Ehbund geschändet,
  klagt und sich härmt, daß ein Gast ihn mit der Liebe gekränkt,
so klagst auch du einst. Mit keiner Kunst kann man Scham je erneuern,
  ist sie einmal verletzt. Einmal verliert man sie nur.
Heiß ist in dich sie verliebt; so liebte sie auch Menelaus.
  Auf dem verwaisten Bett liegt, der so leichtgläubig war.
Glücklich Andromache, glücklich vermählt einem treuen Gemahle!
  So wie der Bruder es war, mußtest als Gatte du sein.

tu levior foliis, tum cum sine pondere suci
   mobilibus ventis arida facta volant;                              110
et minus est in te quam summa pondus arista,
   quae levis adsiduis solibus usta riget.
hoc tua – nam recolo – quondam germana canebat,
   sic mihi diffusis vaticinata comis:
«quid facis, Oenone? quid harenae semina mandas?          115
   non profecturis litora bubus aras.
Graia iuvenca venit, quae te patriamque domumque
   perdat! io prohibe! Graia iuvenca venit!
dum licet, obscenam ponto demergite puppim!
   heu! quantum Phrygii sanguinis illa vehit!»              120
vox erat in cursu, famulae rapuere furentem;
   at mihi flaventes diriguere comae.
a, nimium miserae vates mihi vera fuisti –
   possidet, en, saltus Graia iuvenca meos!
sit facie quamvis insignis, adultera certe est;            125
   deseruit socios hospite capta deos.
illam de patria Theseus – nisi nomine fallor –
   nescio quis Theseus abstulit ante sua.
a iuvene et cupido credatur reddita virgo?
   unde hoc conpererim tam bene, quaeris? amo.             130
vim licet adpelles et culpam nomine veles;
   quae totiens rapta est, praebuit ipsa rapi.
at manet Oenone fallenti casta marito –
   et poteras falli legibus ipse tuis!
me Satyri celeres – silvis ego tecta latebam –            135
   quaesierunt rapido, turba proterva, pede
cornigerumque caput pinu praecinctus acuta
   Faunus in inmensis, qua tumet Ida, iugis.
me fide conspicuus Troiae munitor amavit,
   ille meae spolium virginitatis habet,                   140
id quoque luctando; rupi tamen ungue capillos,
   oraque sunt digitis aspera facta meis;
nec pretium stupri gemmas aurumque poposci:
   turpiter ingenuum munera corpus emunt;
ipse, ratus dignam, medicas mihi tradidit artes          145
   admisitque meas ad sua dona manus.

Doch du bist leichter als Blätter, wenn sie gewichtlos und saftlos
    ausgetrocknet und dürr wirbeln im launischen Wind.
Weniger standfest noch bist du als die Spitze der Ähre,
    die, in der Sonne stets, schwerelos dorrt und erstarrt.
Dies weissagte mir einst, ich erinnere mich, deine Schwester,
    als sie mit wehendem Haar mir meine Zukunft verriet:
«Was unternimmst du, Oenone? Was streust in den Sand du den Samen?
    Nutzlos pflügst du den Strand, treibst deine Ochsen für nichts.
Da kommt die grajische Kuh, die dich und dein Haus und die Heimat
    umbringt! I-o! Halt, halt! Da kommt die grajische Kuh!
Wenn ihr noch könnt, versenkt das schamlose Schiff in der Tiefe!
    Weh! Wieviel phrygisches Blut bringt es auf Deck mit sich her!»
Mitten im Wort ergriffen die Mägde die göttlich Beseßne,
    mir stand mein blondes Haar aber vor Schrecken zu Berg.
Ach, nur allzu wahr weissagtest du mir mein Verderben!
    Sieh, eine grajische Kuh hält meinen Jagdgrund besetzt!
Sieht sie auch noch so schön aus, eine Ehebrecherin bleibt sie,
    die vom Gastfreund betört Götter der Ehe verließ.
Vorher hatte sie Theseus, sofern ich im Namen nicht irre,
    irgendein Theseus war's, aus ihrer Heimat entführt.
Jung und verliebt – soll man's glauben? – gab er zurück sie als Jungfrau?
    Wie so genau ich dies weiß, fragst du? Auch ich bin verliebt.
Nenne es ruhig Gewalt, mit dem Wort ihre Schuld zu verschleiern:
    Die man so häufig geraubt, bot selbst als Beute sich an.
Doch Oenone bleibt treu dem Gatten, von dem sie betrogen!
    Und ich konnte dich doch, ging es nach dir, hintergehn!
Schnelle Satyrn verfolgten – im Walde lag ich verborgen –
    mich mit hurtigem Fuß, diese verwegene Schar,
und, das gehörnte Haupt mit stachligen Fichten umwunden,
    Faunus im Riesengebirg, wo sich der Ida erhebt.
Mich hat, durch Saitenspiel ruhmreich, geliebt, der Troja verschanzte,
    meine Jungfräulichkeit nahm er als Beute mir weg,
dies erst nach langem Ringen, doch rauft ich das Haar mit den Nägeln,
    und das Antlitz war von meinen Fingern zerkratzt.
Doch weder Gold noch Gemmen forderte ich für die Schändung;
    schändlich ein freier Leib, der mit Geschenken gekauft!
Vielmehr hielt er selbst mich für würdig, die Heilkunst zu lernen,
    und er ließ meine Hand an seine Gaben heran.

quaecumque herba potens ad opem radixque medendo
   utilis in toto nascitur orbe, mea est.
me miseram, quod amor non est medicabilis herbis!
   deficior prudens artis ab arte mea.              150
ipse repertor opis vaccas pavisse Pheraeas
   fertur et e nostro saucius igne fuit.
quod nec graminibus tellus fecunda creandis
   nec deus, auxilium tu mihi ferre potes.
et potes et merui – dignae miserere puellae!        155
   non ego cum Danais arma cruenta fero –
et tua sum tecumque fui puerilibus annis
   et tua, quod superest temporis, esse precor!

Was an wirksamen Kräutern und was an Wurzeln zum Heilen
   wächst in der weiten Welt, hilfreich und nützlich, ist mein.
Weh mir Armen, warum ist kein Kraut der Liebe gewachsen!
   Mich, die die Kunst beherrscht, läßt meine Kunst da im Stich.
Selbst der Erfinder der Heilkunst habe die Kühe in Pherae,
   heißt es, gehütet und wund war er von Sehnsucht nach mir.
Was die Erde nicht kann, die reich ist an sprießenden Kräutern,
   noch auch ein Gott, das kannst du – Hilfe mir bringen in Not.
Ich hab's verdient und du kannst's – erbarm dich des Mädchens, wert ist sie's!
   Danaer bring ich nicht mit, blutige Waffen auch nicht.
Und ich bin dein, ich lebte mit dir in den Jahren der Jugend
   und für die Zeit, die uns bleibt, wünsch ich die Deine zu sein!

## HYPSIPYLE IASONI

[Lemnias Hypsipyle Bacchi genus Aesone nato        a
  dicit: et in verbis pars quota mentis erat?]      b
Litora Thessaliae reduci tetigisse carina
  diceris auratae vellere dives ovis.
gratulor incolumi, quantum sinis; hoc tamen ipsa
  debueram scripto certior esse tuo.
nam ne pacta tibi praeter mea regna redires,       5
  cum cuperes, ventos non habuisse potes;
quamlibet adverso signetur epistula vento.
  Hypsipyle missa digna salute fui.
cur mihi fama prior de te quam littera venit:
  isse sacros Martis sub iuga panda boves,       10
seminibus iactis segetes adolesse virorum
  inque necem dextra non eguisse tua,
pervigilem spolium pecudis servasse draconem,
  rapta tamen forti vellera fulva manu?
haec ego si possem timide credentibus «ista     15
  ipse mihi scripsit» dicere, quanta forem!
quid queror officium lenti cessasse mariti?
  obsequium, maneo si tua, grande tuli!
barbara narratur venisse venefica tecum,
  in mihi promissi parte recepta tori.       20
credula res amor est; utinam temeraria dicar
  criminibus falsis insimulasse virum!
nuper ab Haemoniis hospes mihi Thessalus oris
  venit, et ut tactum vix bene limen erat,
«Aesonides», dixi, «quid agit meus?» ille pudore   25
  haesit in opposita lumina fixus humo.
protinus exilui tunicisque a pectore ruptis
  «vivit? an», exclamo, «me quoque fata vocant?»
«vivit», ait timidus; timidum iurare coegi.
  vix mihi teste deo credita vita tua est.     30
ut rediit animus, tua facta requirere coepi.
  narrat aënipedes Martis arasse boves,

# BRIEF 6
## HYPSIPYLE AN JASON

[Hypsipyle aus Lemnos von Bacchus' Geschlecht spricht zu Aesons
    Sohn, doch bei dem, was sie sprach: War sie da noch bei Verstand?]
An Thessaliens Strand, in der Heimat seist du gelandet,
    reich dank dem goldenen Vlies, das von dem Widder stammt, heißt's.
Wenn du's erlaubst, meinen Glückwunsch, daß du noch heil bist, doch hättest
    du mir das besser gleich selbst in einem Brief mitgeteilt.
Denn daß du mein Land, das dir zugesagt war, nicht betratest,
    wenn du's auch wünschtest, das lag wohl an der Flaute zur See.
Doch einen Brief kann man siegeln bei noch so widrigen Winden.
    Ich, Hypsipyle, war doch einen Gruß wohl noch wert!
Weshalb gelangte zu mir das Gerücht von dir vor dem Schreiben?
    Unter gebogenem Joch gingen die Stiere des Mars.
Saaten von Männern wuchsen heran, als die Samen geworfen;
    zu ihrem Tode, so heißt's, war deine Hand nicht gefragt;
schlaflos hatte der Drache die Hülle des Widders gehütet,
    doch mit tapferer Hand hast du das Goldvlies geraubt.
Könnte ich denen, die's nicht recht glauben, entgegnen: »Da seht, dies
    schrieb er mit eigener Hand, mir selbst!« Wie stolz wär ich da!
Doch was beklag ich mich über den pflichtvergessenen Gatten?
    Bleib ich die Deine nur, ist deine Gunst groß genug.
Eine barbarische Zauberin, sagt man, sei mit dir gekommen,
    teile mit dir jetzt das Bett, das du mir vormals versprachst.
Liebe ist leichtgläubig: Könnte man mich doch voreilig nennen,
    daß ich zu Unrecht die Schuld dir unterschob, meinem Mann!
Kürzlich traf hier vom haemonischen Strand ein thessalischer Gast ein.
    Kaum hatte dieser den Fuß auf meine Schwelle gesetzt,
fragt ich: «Wie geht's meinem Mann, des Aeson Sohn?» Dem war's peinlich,
    sprachlos heftete er starr auf den Boden den Blick.
Sogleich sprang ich empor und riß das Hemd mir vom Busen.
    «Lebt er noch» schreie ich laut, «oder ruft mich auch das Los?»
«Ja, er lebt!» sprach er scheu. Den Scheuen zwang ich zu schwören;
    hätte ein Gott mir's bezeugt, glaubt ich doch kaum, daß du lebst.
Als ich mich faßte, begann ich nach deinen Taten zu fragen:
    Erzfüßge Stiere des Mars hätten, erzählt er, gepflügt,

vipereos dentes in humum pro semine iactos
  et subito natos arma tulisse viros –
terrigenas populos civili Marte peremptos                    35
  inplesse aetatis fata diurna suae.
«devictus serpens.» – iterum, si vivat Iason,
  quaerimus; alternant spesque timorque vices.
singula dum narrat, studio cursuque loquendi
  detegit ingenio vulnera nostra suo.                        40
heu! ubi pacta fides? ubi conubialia iura
  faxque sub arsuros dignior ire rogos?
non ego sum furto tibi cognita; pronuba Iuno
  adfuit et sertis tempora vinctus Hymen.
at mihi nec Iuno nec Hymen, sed tristis Erinys             45
  praetulit infaustas sanguinolenta faces.
quid mihi cum Minyis, quid cum Tritonide pinu?
  quid tibi cum patria, navita Tiphy, mea?
non erat hic aries villo spectabilis aureo
  nec senis Aeetae regia Lemnos erat.                        50
certa fui primo – sed me mala fata trahebant –
  hospita feminea pellere castra manu;
Lemniadesque viros, nimium quoque, vincere norunt.
  milite tam forti ripa tuenda fuit!
urbe virum vidua tectoque animoque recepi,                  55
  hic tibi bisque aestas bisque cucurrit hiems.
tertia messis erat, cum tu dare vela coactus
  inplesti lacrimis talia verba tuis:
«abstrahor, Hypsipyle; sed dent modo fata recursus,
  vir tuus hinc abeo, vir tibi semper ero.                   60
quod tamen e nobis gravida celatur in alvo,
  vivat et eiusdem simus uterque parens!»
hactenus, et lacrimis in falsa cadentibus ora
  cetera te memini non potuisse loqui.
ultimus e sociis sacram conscendis in Argon.               65
  illa volat; ventus concava vela tenet;
caerula propulsae subducitur unda carinae;
  terra tibi, nobis adspiciuntur aquae.
in latus omne patens turris circumspicit undas;
  huc feror et lacrimis osque sinusque madent.               70

Vipernzähne wurden als Saat in die Furchen geworfen,
  plötzlich wuchsen daraus Männer mit Waffen empor,
erdgeborenes Volk, im Kampf miteinander erschlagen,
  habe sein Schicksal erfüllt an einem einzigen Tag.
«Auch ist der Drache besiegt.» – Und wiederum frag ich nach Jason,
  ob er noch lebe, mein Herz schwankt zwischen Hoffnung und Angst.
Wie er das einzeln erzählt, deckt im eifrigen Laufe des Redens
  er meine Wunden mir auf mit seinem lebhaften Geist.
Ach, wo ist das gegebene Wort? Wo die Schwüre der Ehe?
  Wo die Fackel? Sie facht besser den Scheiterbrand an.
Nicht im geheimen lernt ich dich kennen, es stiftete Juno
  unseren Bund und mit ihr Hymen, die Schläfen bekränzt.
Doch mir trug nicht Juno, nicht Hymen, sondern Erinys,
  grausig und triefend von Blut, Fackeln des Unheils voran.
Was gehn die Minyer mich an und was die tritonische Fichte?
  Seemann Tiphys, was geht dich denn mein Vaterland an?
Keinen Widder gab's hier, berühmt durch sein goldenes Wollvlies,
  noch war Aeetes, der Greis, in der Burg Lemnos der Herr.
Anfangs entschied ich – doch trieb mich das widrige Schicksal – das fremde
  Kriegsvolk jage man fort mit unsrem weiblichen Trupp.
Lemnische Frauen wissen nur zu gut, Männer zu schlagen.
  Hätt ich die Küste geschützt mit dieser wehrhaften Schar!
Dich nahm ich herzlich als Mann in verwaister Stadt in mein Haus auf.
  Zweimal verbrachtest du dann Sommer und Winter bei mir.
Schon war zum drittenmal Ernte, da warst du zur Seefahrt gezwungen,
  weinend brachtest du noch folgende Worte hervor:
«Mich zieht's, Hypsipyle, fort. Gewährt das Geschick mir die Rückkehr,
  gehe ich fort als dein Mann, bleibe auch immer dein Mann.
Was jedoch von mir in schwangerem Mutterleib schlummert,
  bleibe am Leben und wir wollen die Eltern ihm sein.»
So weit – vor Tränen, die über das falsche Antlitz dir rannen,
  konntest du weiter kein Wort reden, ich weiß es noch gut.
Von den Gefährten bestiegst du als letzter die heilige Argo.
  Die fliegt davon; der Wind hält eure Segel geschwellt.
Unter dem eiligen Kiel zog die tiefblaue Woge vorüber;
  du sahst zurück zum Land, ich auf das Wasser hinaus.
Ringsum auf alle Seiten blickt hin ein Turm auf die Wellen;
  eilends steig ich hinauf, Tränen auf Wangen und Brust,

per lacrimas specto cupidaeque faventia menti
  longius adsueto lumina nostra vident.
adde preces castas inmixtaque vota timori –
  nunc quoque te salvo persoluenda mihi.
vota ego persolvam? votis Medea fruetur! 75
  cor dolet atque ira mixtus abundat amor.
dona feram templis, vivum quod Iasona perdo?
  hostia pro damnis concidat icta meis?
non equidem secura fui semperque verebar,
  ne pater Argolica sumeret urbe nurum. 80
Argolidas timui – nocuit mihi barbara paelex!
  non expectata vulnus ab hoste tuli.
nec facie meritisque placet, sed carmina novit
  diraque cantata pabula falce metit.
illa reluctantem cursu deducere lunam 85
  nititur et tenebris abdere solis equos;
illa refrenat aquas obliquaque flumina sistit;
  illa loco silvas vivaque saxa movet.
per tumulos errat passis discincta capillis
  certaque de tepidis colligit ossa rogis. 90
devovet absentis simulacraque cerea figit
  et miserum tenuis in iecur urget acus –
et quae nescierim melius. male quaeritur herbis
  moribus et forma conciliandus amor.
hanc potes amplecti thalamoque relictus in uno 95
  inpavidus somno nocte silente frui?
scilicet ut tauros, ita te iuga ferre coegit
  quaque feros anguis, te quoque mulcet ope.
adde, quod adscribi factis procerumque tuisque
  se facit et titulo coniugis uxor obest. 100
atque aliquis Peliae de partibus acta venenis
  inputat et populum, qui sibi credat, habet:
«non haec Aesonides, sed Phasias Aeetaea
  aurea Phrixeae terga revellit ovis.»
non probat Alcimede mater tua – consule matrem – 105
  non pater, a gelido cui venit axe nurus.
illa sibi a Tanai Scythiaeque paludibus udae
  quaerat et a ripis Phasidis usque virum!

schaue durch Tränen dir nach; geschärft von der Sehnsucht der Seele,
    weiter als ich's gewohnt, sehn meine Augen dich noch.
Dazu die frommen Gebete, die angsterfüllten Gelübde,
    die ich erfüllen muß, da du am Leben ja bist!
Ich soll Gelübde erfüllen? Medea wird davon zehren!
    Innerlich leid ich, zu sehr quälen mich Liebe und Zorn.
Spenden soll ich im Tempel und Jason lebend verlieren,
    soll die Geschädigte sein, wenn mir das Schlachtopfer fällt?
Sicher zwar fühlt ich mich nie und fürchtete immer, der Vater
    wähle dir eine Frau aus in argolischer Stadt.
Angst vor Argolerinnen – und nun die barbarische Hure!
    Unerwarteter Feind brachte die Wunde mir bei.
Schön ist sie nicht noch hat sie Verdienste, doch Zaubergesänge
    kennt sie; die Sichel, verhext, mäht ihr das giftige Kraut.
Die kann den Mond, auch wenn er sich noch so sehr sträubt, von der Bahn
    das ist ihr Werk, und in Nacht hüllt sie das Sonnengespann.    [ziehn,
Die hemmt des Wassers Lauf, bringt gewundene Flüsse zum Stehen,
    rückt von der Stelle den Wald und den gewachsenen Fels,
schlendert an Gräbern vorbei, mit offenem Haar, ohne Gürtel,
    liest aus der lauwarmen Glut allerlei Totengebein.
Auch aus der Ferne verhext sie, formt Wachsfigürchen als Abbild,
    bohrt feine Nadeln dort, ach, tief in die Leber hinein –
und was ich lieber nicht wüßte! Schlecht wirbt man mit Kräutern um Liebe;
    diese gewinne allein Schönheit an Seele und Leib!
*Die* Frau kannst du umarmen, in *einer* Schlafkammer weilen
    und in schweigender Nacht furchtlos genießen den Schlaf?
Wie sie die Stiere zwang, das Joch zu tragen, so dich nun,
    und wie das Schlangengezücht lullt sie dich selber auch ein.
Dazu kommt, daß sie *sich* deine Taten und die deiner Helden
    anrechnen läßt und als Frau schmälert des Gatten Verdienst.
Mancher von Pelias' Kreis schreibt die Taten alle dem Gift zu,
    und hat genügend Volk hinter sich, welches ihm glaubt:
«Nicht des Aeson Sohn, nein, Aeetes' Tochter vom Phasis
    trug des phrixeischen Bocks goldenes Vlies mit sich weg.»
Nicht deine Mutter Alcimede, – frag sie doch selbst! – nicht der Vater
    billigt es, daß deine Frau herkommt vom eisigen Pol.
Hole sich die doch am Tanais und und in den Sümpfen des nassen
    Scythien den Mann, überhaupt besser am Phasis daheim!

mobilis Aesonide vernaque incertior aura,
   cur tua polliciti pondere verba carent?         110
vir meus hinc ieras, vir non meus inde redisti.
   sim reducis coniunx, sicut euntis eram!
si te nobilitas generosaque nomina tangunt –
   en, ego Minoo nata Thoante feror!
Bacchus avus; Bacchi coniunx redimita corona      115
   praeradiat stellis signa minora suis.
dos tibi Lemnos erit, terra ingeniosa colenti;
   me quoque res tales inter habere potes.
nunc etiam peperi; gratare ambobus, Iason!
   dulce mihi gravidae fecerat auctor onus.      120
felix in numero quoque sum prolemque gemellam,
   pignora Lucina bina favente dedi.
si quaeris, cui sint similes: cognosceris illis.
   fallere non norunt; cetera patris habent,
legatos quos paene dedi pro matre ferendos;     125
   sed tenuit coeptas saeva noverca vias.
Medeam timui: plus est Medea noverca;
   Medeae faciunt ad scelus omne manus.
spargere quae fratris potuit lacerata per agros
   corpora, pignoribus parceret illa meis?      130
hanc tamen, o demens Colchisque ablate venenis,
   diceris Hypsipyles praeposuisse toro!
turpiter illa virum cognovit adultera virgo;
   me tibi teque mihi taeda pudica dedit.
prodidit illa patrem; rapui de caede Thoanta.    135
   deseruit Colchos; me mea Lemnos habet.
quid refert, scelerata piam si vincet et ipso
   crimine dotata est emeruitque virum?
Lemniadum facinus culpo, non miror, Iason;
   quamlibet infirmis ipse dat arma dolor.      140
dic age, si ventis, ut oportuit, actus iniquis
   intrasses portus tuque comesque meos
obviaque exissem fetu comitante gemello –
   hiscere nempe tibi terra roganda fuit?
quo vultu natos, quo me, scelerate, videres?     145
   perfidiae pretio qua nece dignus eras?

Launischer Aesonsohn, so launisch wie Brisen des Frühlings,
    weshalb hat das kein Gewicht, was du mir heilig versprachst?
Als mein Mann fuhrst du weg, doch nicht als mein Mann kehrst du wieder:
    Wär ich des Heimkehrers Frau, wie ich's des Scheidenden war!
Sollten dir Adel und vornehme Namen etwas bedeuten:
    Sieh, mich hat Thoas gezeugt, heißt es, aus Minos' Geschlecht.
Mein Großvater war Bacchus; die Göttin mit ihren Sternen
    strahlt, um die Schläfen den Kranz, mindern Gestirnen voran.
Lemnos wird deine Mitgift, zum Ackerbau bestens geeignet;
    haben kannst du auch mich zu diesen Gütern hinzu.
Nun hab ich auch noch geboren; beglückwünsche, Jason, uns beide!
    Süß war die Last mir von dir, der du mich schwängertest einst.
Auch in der Zahl hab ich Glück: Zwillinge nämlich gebar ich,
    schenkte dir doppeltes Pfand, stand doch Lucina mir bei.
Wenn du mich fragst, wem sie ähnlich sind: Man erkennt dich in ihnen.
    Lügen können sie nicht, sind sonst dem Vater ganz gleich.
Fast hätt ich dir sie gesandt als Vertreter der Mutter, die böse
    Stiefmutter hielt mich dann ab von dem beschrittenen Weg.
Angst vor Medea bewog mich, Medea, der Stiefmütter ärgsten,
    einer Medea Hand fügt sich zu jedem Vergehn.
Wer seines Bruders zerstückelten Leib auf den Feldern zerstreuen
    konnte, der hätte dann wohl grad meine Kinder verschont?
Die aber, o du verblendetes Opfer der colchischen Gifte,
    zogst du Hypsipyle vor und ihrem Lager, so scheint's.
Schamlos gab sich als Jungfrau im Ehebruch die einem Mann hin;
    keusch war die Fackel, die uns, mich dir und dich mir, verband.
Die verriet ihren Vater; ich rettete Thoas vom Blutbad.
    Sie ließ die Colcher im Stich; ich blieb in Lemnos daheim.
Doch was soll's: Das Verbrecherweib siegt ja doch über die Brave,
    holt sich, an Untaten reich, damit genau einen Mann.
Ich verdamme, Jason, der lemnischen Frauen Verbrechen,
    doch auch den Schwächsten verleiht Waffen gerade der Schmerz.
Sag doch, fuhrst du, zu Recht von widrigen Winden getrieben,
    in unsren Hafen ein, du und die Freundin mit dir,
und ich wär mit den Zwillingen dir entgegengekommen,
    hättest du doch wohl gewünscht, daß dich die Erde verschlang?!
Welcher Blick, du Verruchter, traf wohl dann mich und die Kinder?
    Welcher Tod war als Preis für deine Untreue recht?

ipse quidem per me tutus sospesque fuisses –
   non quia tu dignus, sed quia mitis ego.
paelicis ipsa meos inplessem sanguine vultus,
   quosque veneficiis abstulit illa suis,          150
Medeae Medea forem! quodsi quid ab alto
   iustus adest votis Iuppiter ipse meis,
quod gemit Hypsipyle, lecti quoque subnuba nostri
   maereat et leges sentiat ipsa suas;
utque ego destituor coniunx materque duorum,      155
   a totidem natis orba sit atque viro!
nec male parta diu teneat peiusque relinquat –
   exulet et toto quaerat in orbe fugam!
quam fratri germana fuit miseroque parenti
   filia, tam natis, tam sit acerba viro!        160
cum mare, cum terras consumpserit, aëra temptet;
   erret inops, exspes, caede cruenta sua!
haec ego, coniugio fraudata Thoantias oro.
   vivite, devoto nuptaque virque toro!

Du selbst wärst dank mir zwar noch heil und sicher geblieben –
    was du nicht deinem Verdienst, nur meiner Milde verdankst, –
doch mit dem Blut deines Weibsbilds hätt ich mein Antlitz besudelt
    und das deine dazu, das mir ihr Zauber verhext,
wär der Medea Medea gewesen! Wenn aber von oben
    Jupiter etwa gerecht selbst meine Bitten erhört,
soll, weil Hypsipyle seufzt, auch meines Bettes Rivalin
    klagen; sie fühle dann selbst, was sie mir angetan hat.
Wie sie mich jetzt als Gattin verdrängt, als der Zwillinge Mutter,
    sei beider Kinder sie und ihres Mannes beraubt!
Was sie schändlich erwarb, soll sie bald und noch schlimmer verlieren,
    und in der ganzen Welt suche sie Obdach, verbannt.
Wie sie als Schwester dem Bruder, dem armen Vater als Tochter
    war, sei sie grausam dem Mann, sei sie den Kindern es auch!
Wenn sie das Meer und die Länder durchquert hat, versuch sie's in Lüften,
    irre verzweifelt und arm, blutig vom eigenen Mord.
Dies wünsch ich euch, um die Ehe betrogen, ich, Tochter des Thoas:
    Lebt nur als Mann und Frau, doch euer Bett sei verflucht!

## DIDO AENEAE

[Accipe, Dardanide, moriturae carmen Elissae;      a
   quae legis a nobis, ultima verba legis.]      b
Sic ubi fata vocant, udis abiectus in herbis
   ad vada Maeandri concinit albus olor.
nec quia te nostra sperem prece posse moveri,
   adloquor – adverso movimus ista deo;
sed meriti famam corpusque animumque pudicum     5
   cum male perdiderim, perdere verba leve est.
certus es ire tamen miseramque relinquere Didon
   atque idem venti vela fidemque ferent?
certus es, Aenea, cum foedere solvere naves,
   quaeque ubi sint nescis, Itala regna sequi?     10
nec nova Carthago nec te crescentia tangunt
   moenia nec sceptro tradita summa tuo?
facta fugis, facienda petis; quaerenda per orbem
   altera, quaesita est altera terra tibi.
ut terram invenias, quis eam tibi tradet habendam?     15
   quis sua non notis arva tenenda dabit?
alter amor tibi erit quaerendus et altera Dido;
   quamque iterum fallas, altera danda fides.
quando erit, ut condas instar Carthaginis urbem
   et videas populos altus ab arce tuos?     20
omnia ut eveniant nec te tua vota morentur,
   unde tibi, quae te sic amet, uxor erit? –
uror, ut inducto ceratae sulpure taedae,
   ut pia fumosis addita tura focis.
Aeneas oculis semper vigilantis inhaeret;     25
   Aenean animo noxque diesque refert.
ille quidem male gratus et ad mea munera surdus,
   et quo, si non sim stulta, carere velim;
non tamen Aenean, quamvis male cogitat, odi,
   sed queror infidum questaque peius amo.     30
parce, Venus, nurui, durumque amplectere fratrem,
   frater Amor, castris militet ille tuis!

# BRIEF 7
## DIDO AN AENEAS

[Nimm das Gedicht, Dardanide, der lebensmüden Elissa;
  was du von mir hier liest, liest du als letzten Bericht.]
Wenn das Schicksal ihn ruft, im nassen Schilfgras verborgen
  an des Maeanders Flut, singt so der schneeweiße Schwan.
Nicht weil ich hoffte mit meiner Bitte dich zu bewegen,
  sprech ich dich an, denn ein Gott stemmte sich gegen mein Tun,
sondern den Ruhm des Verdienstes, den keuschen Leib und die Seele
  gab ich dir hin für nichts: Worte verlier ich nun leicht.
Willst du jetzt wirklich fort und die arme Dido verlassen?
  Trägt mir der gleiche Wind Treue und Segel davon?
Willst du wirklich, Aeneas, Bündnis und Schiffe jetzt lösen,
  suchst in Italien ein Reich, wo du nicht weißt, wo es ist?
Gilt dir das neue Carthago nichts, seine wachsenden Mauern
  nichts und nichts die Macht, die deinem Szepter geschenkt?
Was schon getan ist, verwirfst du; erstrebst, was zu tun ist; erwerben
  mußt du ein neues Land, wo du schon eines erwarbst.
Findest du aber ein Land, wer wird es zu eigen dir lassen?
  Wer überläßt seine Flur jemandem, den er nicht kennt?
Neu mußt du Liebe gewinnen, dazu eine andere Dido,
  brauchst einen anderen Schwur, den du dann auch wieder brichst.
Wann gelingt es dir je, eine Stadt wie Carthago zu gründen
  und deiner Völker Schar hoch von der Burg zu erspähn?
Mag das alles geschehn und sogleich sich dein Wunschtraum erfüllen,
  woher nimmst du die Frau, welche dich so liebt wie ich? –
Feuer verzehrt mich wie wächserne Fackeln von Schwefel entzündet,
  wie der Weihrauch, den fromm auf den Altar man gestreut.
Immer bleibe ich wach und habe Aeneas vor Augen,
  und es tritt Tag und Nacht vor mich Aeneas im Geist.
Er aber dankt es mir schlecht und ist taub für meine Geschenke;
  wäre ich nicht so dumm, könnt ich verzichten auf ihn.
Führt Aeneas auch Böses im Schilde, ich kann ihn nicht hassen,
  klage, wie treulos er ist, bin dann noch schlimmer verliebt.
Schone mich, Venus, die Braut deines Sohns! Umfaß deinen harten
  Bruder, du, Amor, und *er* kämpfe auf deinem Gefild!

aut ego quem coepi – neque enim dedignor – amare,
     materiam curae praebeat ille meae!
fallor et ista mihi falso iactatur imago:          35
     matris ab ingenio dissidet ille suae.
te lapis et montes innataque rupibus altis
     robora, te saevae progenuere ferae
aut mare, quale vides agitari nunc quoque ventis,
     quo tamen adversis fluctibus ire paras.       40
quo fugis? obstat hiems. hiemis mihi gratia prosit!
     adspice, ut eversas concitet Eurus aquas!
quod tibi malueram, sine me debere procellis;
     iustior est animo ventus et unda tuo.
non ego sum tanti, quamvis merearis, inique,     45
     ut pereas, dum me per freta longa fugis.
exerces pretiosa odia et constantia magno,
     si, dum me careas, est tibi vile mori.
iam venti ponent strataque aequaliter unda
     caeruleis Triton per mare curret equis.      50
tu quoque cum ventis utinam mutabilis esses!
     et, nisi duritia robora vincis, eris.
quid quasi nescires, insana quid aequora possint?
     expertae totiens quam male credis aquae!
ut, pelago suadente etiam, retinacula solvas,     55
     multa tamen latus tristia pontus habet.
nec violasse fidem temptantibus aequora prodest;
     perfidiae poenas exigit ille locus,
praecipue cum laesus amor, quia mater Amorum
     nuda Cytheriacis edita fertur aquis.       60
perdita ne perdam, timeo, noceamve nocenti
     neu bibat aequoreas naufragus hostis aquas.
vive, precor! sic te melius quam funere perdam.
     tu potius leti causa ferere mei.
finge, age, te rapido – nullum sit in omine pondus! –     65
     turbine deprendi; quid tibi mentis erit?
protinus occurrent falsae periuria linguae
     et Phrygia Dido fraude coacta mori;
coniugis ante oculos deceptae stabit imago
     tristis et effusis sanguinolenta comis.      70

Oder er, den meine Verliebtheit umwarb, ich bereu's nicht,
   reiche mir Nahrung dar, daß meine Sehnsucht sich stillt!
Irrtum – falsch ist das Bild, das ich von ihm hier verbreite:
   Mit seiner Mutter Geist hat er nur wenig gemein. –
Steine, Gebirge und Eichen, auf hohen Felsen entsprossen,
   zeugten dich wohl, gezeugt bist du von wildem Getier
oder vom Meer, wie man's jetzt wieder sieht, gepeitscht von den Winden,
   wo du jetzt hingehen willst trotz der gefährlichen Flut!
Wo willst du hin? Es ist Winter. Des Winters Gunst soll mir nützen!
   Sieh, wie der Eurus die See drunter und drüber schon wirft!
Was ich gern *dir* verdankte, das laß mich dem Seesturm verdanken;
   denn gerechter als du sind zu mir Welle und Wind.
So viel bin ich nicht wert, – obschon du Schuft es verdientest, –
   daß du, vor mir auf der Flucht, stirbst in der Weite des Meers.
Kostspielig ist dieser Haß, er kommt dich teuer zu stehen,
   wenn dir das Leben nichts gilt, weil du mich loswerden willst.
Bald aber legt sich der Sturm, auf den glatt sich breitenden Wassern
   gleitet mit blauem Gespann Triton einher übers Meer.
Wärst du nur auch so wetterwendisch wie diese Winde!
   Bist du nicht härter als Holz, wirst du gewiß noch wie sie.
Wie denn? Als ob du nicht wüßtest, was tobende Meere vermögen!
   Daß du dem Wasser noch traust, das du doch kennst – wie verfehlt!
Solltest du auch, wenn das Meer dich lockt, die Schiffstaue lösen,
   hält doch die weite See viele Gefahren bereit.
Will man zur See, ist's wenig ratsam, die Treue zu brechen.
   Strafe erteilt dieser Ort, wenn man die Treue nicht hält,
in der Liebe erst recht, dafür sorgt der beiden Amores
   Mutter: Sie stieg, wie es heißt, nackt aus cytherischer See.
Daß ich vernichtet vernichte, befürcht ich, und schade dem Schädling,
   daß schiffbrüchig mein Feind Meerwasser trinkt und ertrinkt.
Bleib nur am Leben! So treff ich dich besser, als wenn du jetzt umkämst.
   Besser, man sagt von dir, daß du den Tod mir gebracht.
Stell dir doch vor, du werdest – doch sei dies kein Omen! – von einem
   reißenden Wirbel erfaßt, was geht dir dann durch den Sinn?
Plötzlich erkennst du, daß deine Zunge verlogen geschworen,
   daß eines Phrygers Betrug Dido zu sterben gedrängt.
Dann steht deiner betrogenen Gattin Bild dir vor Augen,
   trauernd und blutüberströmt, offen das strähnige Haar.

quid tanti est, ut tum «merui! concedite!» dicas,
  quaeque cadent, in te fulmina missa putes?
da breve saevitiae spatium pelagique tuaeque;
  grande morae pretium tuta futura via est.
nec mihi tu curae; puero parcatur Iulo!                    75
  te satis est titulum mortis habere meae.
quid puer Ascanius, quid di meruere Penates?
  ignibus ereptos obruet unda deos?
sed neque fers tecum nec, quae mihi, perfide, iactas,
  presserunt umeros sacra paterque tuos.                   80
omnia mentiris, neque enim tua fallere lingua
  incipit a nobis primaque plector ego.
si quaeras, ubi sit formosi mater Iuli –
  occidit a duro sola relicta viro!
haec mihi narraras – sat me monuere! merentem             85
  ure; minor culpa poena futura mea est.
nec mihi mens dubia est, quin te tua numina damnent:
  per mare, per terras septima iactat hiems.
fluctibus eiectum tuta statione recepi
  vixque bene audito nomine regna dedi.                    90
his tamen officiis utinam contenta fuissem
  et mihi concubitus fama sepulta foret!
illa dies nocuit, qua nos declive sub antrum
  caeruleus subitis conpulit imber aquis.
audieram vocem; nymphas ululasse putavi –                 95
  Eumenides fatis signa dedere meis!
exige, laese pudor, poenas – violata Sychaei
  iura neque ad cineres fama retenta meos –               97a
vosque mei memores animaeque umbraeque Sychaei,           97b
  ad quas, me miseram, plena pudoris eo!
est mihi marmorea sacratus in aede Sychaeus;
  appositae frondes velleraque alba tegunt.               100
hinc ego me sensi noto quater ore citari;
  ipse sono tenui dixit «Elissa, veni!»
nulla mora est, venio, venio tibi debita coniunx;
  sum tamen admissi tarda pudore mei.
da veniam culpae! decepit idoneus auctor;                 105
  invidiam noxae detrahit ille meae.

Wieviel braucht es dann noch, daß du sagst: «Ich verdien es, verzeih mir!»,
    denkst, daß die Blitze auf dich niederzufahren gesandt?
Wart etwas ab, bis das Toben des Meers und das deine gestillt ist.
    Groß ist des Wartens Gewinn: künftig ein sicherer Weg.
Um *dich* sorg ich mich nicht, doch verschone Julus, dein Söhnchen!
    Bist du an *meinem* Tod schuldig, so ist es genug.
Was kann der Kleine dafür, Ascanius, was die Penaten?
    Götter, dem Feuer entrafft, schlingen die Wogen herab?
Doch du hast sie nicht bei dir noch stimmt, was du Lügner mir prahltest,
    daß auf den Schultern du trugst Vater und heilig Gerät.
Alles erlogen. Nicht erst bei mir begann deine Zunge
    nämlich zu schwindeln und ich fiel nicht als erste herein.
Falls man fragt, wo die Mutter des hübschen Julus geblieben –
    tot, er ließ sie allein, dieser hartherzige Mann!
Das hast du selbst mir erzählt – es war Warnung genug! Ich verdien es:
    Quäle mich nur! Gering büß ich ja für meine Schuld.
Eines weiß ich gewiß, daß dich deine Götter verdammen.
    Winter ist's: Siebenmal schon jagt er durchs Meer dich, durchs Land.
Als du strandetest, nahm ich dich auf in sicherem Hafen;
    als ich den Namen vernahm, gab ich dir auch schon mein Reich.
Hätte ich mit diesem Liebesdienst mich zufrieden gegeben,
    und unsres Liebesbunds Ruf – wär er versunken ins Grab!
Unheilvoll jener Tag, wo plötzlich der schwarzblaue Regen
    unter der Grotte Dach uns aneinander gedrängt.
Rufe vernahm ich, ich dachte, es sei das Jauchzen von Nymphen –
    Eumenidengeheul zeigte das Unheil mir an!
Fordere Strafe, beleidigte Scham, – denn verletzt sind Sychaeus'
    Rechte und vor meinem Tod ist schon verdorben mein Ruf –
und die ihr meiner gedenkt, des Sychaeus Seele und Schatten,
    weh mir, ich suche euch voller Beschämung nur auf!
In einem marmornen Tempel steht von Sychaeus ein Weihbild,
    Zweige hängt' ich ihm um, schneeweiße Wollbinden auch.
Viermal hört ich von hier mit bekannter Stimme mich rufen;
    leise sprach er zu mir selber: »Elissa, komm her!«
Auf denn! Ich komme, ich komme, ich bin es als Gattin dir schuldig!
    Weil ich mich meiner Tat schäme, erschein ich so spät.
Sieh mein Vergehen mir nach! Mich täuschte ein Mann, der es wert war;
    er entzieht meiner Schuld jeglichen Anlaß zu Haß:

diva parens seniorque pater pia sarcina nati
    spem mihi mansuri rite dedere tori.
si fuit errandum, causas habet error honestas;
    adde fidem, nulla parte pigendus erit. 110
durat in extremum vitaeque novissima nostrae
    prosequitur fati, qui fuit ante, tenor.
occidit Herceas coniunx mactatus ad aras
    et sceleris tanti praemia frater habet.
exul agor cineresque viri patriamque relinquo 115
    et feror in duras hoste sequente vias.
adplicor ignotis fratrique elapsa fretoque;
    quod tibi donavi, perfide, litus emo.
urbem constitui lateque patentia fixi
    moenia finitimis invidiosa locis. 120
bella tument; bellis peregrina et femina temptor
    vixque rudis portas urbis et arma paro.
mille procis placui, qui me cupiere querentes
    nescio quem thalamis praeposuisse suis.
quid dubitas vinctam Gaetulo tradere Iarbae? 125
    praebuerim sceleri bracchia nostra tuo.
est etiam frater, cuius manus inpia possit
    respergi nostro, sparsa cruore viri.
pone deos et quae tangendo sacra profanas!
    non bene caelestis inpia dextra colit. 130
si tu cultor eras elapsis igne futurus,
    paenitet elapsos ignibus esse deos.
forsitan et gravidam Didon, scelerate, relinquas
    parsque tui lateat corpore clausa meo.
accedet fatis matris miserabilis infans 135
    et nondum nato funeris auctor eris
cumque parente sua frater morietur Iuli
    poenaque conexos auferet una duos.
«sed iubet ire deus.» vellem vetuisset adire,
    Punica nec Teucris pressa fuisset humus! 140
hoc duce nempe deo ventis agitaris iniquis
    et teris in rapido tempora longa freto?
Pergama vix tanto tibi erant repetenda labore,
    Hectore si vivo quanta fuere forent.

Göttlich die Mutter, der greise Vater des Sohns fromme Bürde –
    hoffnungsvoll sah ich durch sie richtig die Ehe verbürgt.
Mußte der Irrtum schon sein, der Irrtum hat ehrbare Gründe;
    kommt noch der Treuschwur hinzu – Scham wäre völlig verfehlt.
Bis ans Ende, bis in die letzten Stunden des Lebens
    dauert des Unheils Lauf, folgt wie zuvor schon mir nach.
An des Herceus' Altar starb hingemetzelt mein Gatte,
    und der gräßliche Mord bringt meinem Bruder Gewinn.
Mich verjagt man, die Asche des Gatten, die Heimat verlaß ich,
    auf beschwerliche Bahn treib ich, vom Feinde verfolgt,
lande an fremdem Gestade, dem Meer und dem Bruder entronnen,
    kaufe, Treuloser, den Strand, den ich dir später geschenkt,
gründete diese Stadt, erbaute die weithin gedehnten
    Mauern, zu Neid und zu Haß Anlaß den Nachbarn ringsum.
Kriege toben. In Kriegen bekämpft man die Frau und die Fremde,
    roh ist die Stadt noch und kaum schaff ich ihr Waffen und Tor.
Tausend Freiern gefiel ich, die mich umwarben und klagten,
    ihrem Ehegemach zöge ich irgendwen vor.
Warum gibst du in Fesseln mich Jarbas nicht gleich, dem Gaetuler?
    Für solch scheußliche Tat streckt' ich die Arme dir hin.
Auch einen Bruder hab ich; der könnte die ruchlosen Hände
    baden in meinem Blut, wie er's beim Gatten schon tat.
Laß von den Göttern und heiligen Dingen die Hand: Du entweihst sie.
    Eine ruchlose Hand huldigt den Himmlischen schlecht.
Warst du zum Priester erwählt, da du sie den Flammen entrissest,
    reut's nun die Götter gewiß, daß man der Glut sie entriß.
Auch verläßt du vielleicht, du Schuft, eine schwangere Dido,
    und ein Teil von dir birgt sich verschlossen in mir.
So wird das arme Kind mit der Mutter das Schicksal dann teilen;
    eh es geboren wird, bringst du dem Kind schon den Tod.
Mit der Mutter zugleich wird der Bruder des Julus auch sterben,
    *ein* Verhängnis rafft beide zusammen dahin.
«Aber ein Gott hieß mich gehn.» Ach hätt er verboten zu kommen,
    hätten die Teucrer doch nie punischen Boden berührt!
Das ist der Gott, der dich führt, wenn die widrigen Winde dich treiben,
    wenn du die längste Zeit zubringst auf stürmischem Meer!
Pergama wieder zu sehn hätte kaum mehr Aufwand erfordert,
    Wäre es noch, wie es war damals, als Hector gelebt.

non patrium Simoenta petis, sed Thybridas undas –        145
    nempe ut pervenias, quo cupis, hospes eris;
utque iuvent numenque tuas ventusque carinas,
    vix tibi continget terra petita seni.
hos potius populos in dotem ambage remissa
    accipe et advectas Pygmalionis opes.        150
Ilion in Tyriam transfer felicius urbem
    resque loco regis sceptraque sacra tene!
si tibi mens avida est belli, si quaerit Iulus,
    unde suo partus Marte triumphus eat,
quem superet, nequid desit, praebebimus hostem;        155
    hic pacis leges, hic locus arma capit.
tu modo – per matrem fraternaque tela, sagittas,
    perque fugae comites, Dardana sacra, deos,
sic superent, quoscumque tua de gente reportat
    Mars ferus, et damni sit modus ille tui        160
Ascaniusque suos feliciter inpleat annos
    et senis Anchisae molliter ossa cubent! –
parce, precor, domui, quae se tibi tradit habendam!
    quod crimen dicis praeter amasse meum?
non ego sum Phthias magnisque oriunda Mycenis        165
    nec steterunt in te virque paterque meus.
si pudet uxoris, non nupta, sed hospita dicar;
    dum tua sit, Dido quidlibet esse feret.
nota mihi freta sunt Afrum plangentia litus;
    temporibus certis dantque negantque viam.        170
cum dabit aura viam, praebebis carbasa ventis;
    nunc levis eiectam continet alga ratem.
tempus ut observem, manda mihi; certius ibis
    nec te, si cupies, ipsa manere sinam.
et socii requiem poscunt laniataque classis        175
    postulat exiguas semirefecta moras.
pro meritis, et siqua tibi debebimus ultra,
    pro spe coniugii tempora parva peto,
dum freta mitescunt et amor, dum tempore et usu
    fortiter edisco tristia posse pati.        180
si minus, est animus nobis effundere vitam;
    in me crudelis non potes esse diu.

Statt zum Simois heim willst du hin zu den Wellen des Thybris,
    doch gelangst du ans Ziel, wirst du ein Fremder dort sein.
Wenn auch der Wind und ein Gott deinen Schiffen behilflich sein sollten,
    kommst du wohl erst als Greis in das erbetene Land.
Nimm vielmehr dieses Volk zur Mitgift, laß deine Irrfahrt,
    nimm noch die Schätze hinzu, die ich Pygmalion nahm.
Gründe mit mehr Glück dein Ilion neu in der tyrischen Stadt hier,
    und als König ergreif heiligen Zepters Gewalt!
Wenn dein Sinn auf Kriege sich richtet, wenn Julus sich umsieht,
    wie er auf eigene Faust einen Triumph sich verdient,
werde ich, daß es an Feinden nicht fehlt, einen Gegner euch senden;
    hier ist für Frieden im Land, hier ist für Waffen auch Platz.
Du aber – bei deiner Mutter, den Waffen des Bruders, den Pfeilen,
    bei den Gefährten der Flucht, Göttern, Dardanias Heil,
dann überlebe, wen immer der grausame Kriegsgott verschonte
    von deinen Leuten, dann sei endlich dein Leiden vorbei,
dann gelange Ascanius glücklich ans Ziel seiner Jahre,
    und des Anchises Gebein ruhe, des Greises, dann sanft –
schone bitte das Haus, das sich dir zum Besitze ausliefert!
    Was denn wirfst du mir vor außer der Liebe zu dir?
Nicht aus Phthia stamme ich noch aus dem großen Mycenae,
    weder mein Mann war dein Feind, noch war mein Vater es je.
Schämst du dich meiner als Gattin, so nenn mich nicht Braut, sondern Wirtin,
    Dido wird, bleibt sie nur dein, alles, was du willst, gern sein.
Mir ist das Meer vertraut, das Afrikas Küste umbrandet,
    zu gegebener Zeit öffnet und sperrt es den Weg.
Gibt dir der Fahrtwind den Weg frei, laß flattern die Segel im Winde;
    doch im schwebenden Tang ankert dein Schiff jetzt am Strand.
Daß ich den Zeitpunkt erspähe, trag *mir* auf; du reisest dann sicherer,
    wünschest du aber zu gehn, schick ich dich selber dann fort.
Auch die Gefährten verlangen nach Ruhe; die Flotte, beschädigt,
    fordert kurzen Verbleib, hergestellt halb, wie sie ist.
Für meinen Einsatz, auch wenn ich vielleicht dir noch einiges schulde,
    für den erhofften Bund bitt ich um wenige Zeit,
bis das Meer und die Liebe sich mildern, bis Zeit und Gewöhnung
    mich belehren, daß Leid tapfer gelitten sein will.
Sonst aber bin ich entschlossen, dem Leben ein Ende zu setzen;
    grausam kannst du dann nicht gegen mich lange noch sein.

adspicias utinam, quae sit scribentis imago!
  scribimus et gremio Troicus ensis adest
perque genas lacrimae strictum labuntur in ensem,               185
  qui iam pro lacrimis sanguine tinctus erit.
quam bene conveniunt fato tua munera nostro!
  instruis inpensa nostra sepulcra brevi.
nec mea nunc primum feriuntur pectora telo;
  ille locus saevi vulnus amoris habet.                         190
Anna soror, soror Anna, meae male conscia culpae,
  iam dabis in cineres ultima dona meos.
nec consumpta rogis inscribar ELISSA SYCHAEI,
  hoc tamen in tumuli marmore carmen erit:
«PRAEBUIT AENEAS ET CAUSAM MORTIS ET ENSEM.                     195
  IPSA SUA DIDO CONCIDIT USA MANU.»

Könntest das Bild du sehen, wie jetzt die Schreiberin aussieht!
  Hier liegt das troische Schwert, während ich schreibe, im Schoß.
Über die Wangen rollen aufs blanke Schwert mir die Tränen,
  das statt von Tränen nun bald blutig besudelt sein wird.
Wie gut trifft dein Geschenk mit meinem Schicksal zusammen!
  Klein ist der Aufwand, mit dem du mir zum Grabe verhilfst.
Nicht zum erstenmal wird meine Brust von der Waffe durchstoßen,
  rasende Liebesglut ließ dort ihre Wunde zurück.
Anna, o Schwester Anna, du kennst nur zu gut meinen Fehltritt,
  bald schon das letzte Geschenk gibst meiner Asche du nun.
Bin ich verbrannt, so lese man nicht «Des Sychaeus' Elissa»,
  sondern der folgende Vers steht dann auf marmornem Grab:
«Ihr hat Aeneas den Grund und das Schwert zum Sterben gegeben,
  darum mit eigener Hand tötete Dido sich selbst.»

[Alloquor Hermione nuper fratremque virumque,
  nunc fratrem. nomen coniugis alter habet.]
Pyrrhus Achillides, animosus imagine patris,
  inclusam contra iusque piumque tenet.
quod potui, renui, ne non invita tenerer;                5
  cetera femineae non valuere manus.
«quid facis, Aeacide? non sum sine vindice», dixi:
  «haec tibi sub domino est, Pyrrhe, puella suo!»
surdior ille freto clamantem nomen Orestis
  traxit inornatis in sua tecta comis.                   10
quid gravius capta Lacedaemone serva tulissem,
  si raperet Graias barbara turba nurus?
parcius Andromachen vexavit Achaïa victrix,
  cum Danaus Phrygias ureret ignis opes.
at tu, cura mei si te pia tangit, Oreste,                15
  inice non timidas in tua iura manus!
an siquis rapiat stabulis armenta reclusis,
  arma feres, rapta coniuge lentus eris?
sit socer exemplo nuptae repetitor ademptae,
  cui pia militiae causa puella fuit!                    20
si socer ignavus vidua stertisset in aula,
  nupta foret Paridi mater, ut ante fuit.
nec tu mille rates sinuosaque vela pararis
  nec numeros Danai militis – ipse veni!
sic quoque eram repetenda tamen, nec turpe marito       25
  aspera pro caro bella tulisse toro.
quid, quod avus nobis idem Pelopeïus Atreus?
  etsi non esses vir mihi, frater eras.
vir, precor, uxori, frater succurre sorori!
  instant officio nomina bina tuo.                       30
me tibi Tyndarëus, vita gravis auctor et annis,
  tradidit; arbitrium neptis habebat avus.
at pater Aeacidae promiserat inscius acti;
  plus patre, quo prior est ordine, pollet avus.

[Ich, Hermione, rede dich an, den Vetter und Gatten,
   jetzt nur noch Vetter, Gemahl heißt jetzt ein anderer Mann.]
Pyrrhus, der Sohn des Achill, nach dem Vorbild des Vaters verwegen,
   hält gegen Sitte und Recht mich als Gefangene fest.
Ich widerstand nach Kräften und ließ nur gewaltsam mich halten,
   weiter reichte die Kraft weiblicher Arme nicht aus.
«Aeacide, was tust du?» so rief ich, «das wirst du mir büßen!
   Pyrrhus, ich sag dir, dies ist schon eines anderen Frau!»
Als ich den Namen Orests rief, zerrte er taub wie das Meer mich
   mit zerzaustem Haar fort in sein eigenes Haus.
Ging' es mir schlechter als Sklavin nach Lacedaemons Besetzung,
   hätt ein barbarischer Trupp griechische Frauen geraubt?
Weniger quälte Achaia Andromache einst, als es siegte,
   als der Danaer Brand Phrygiens Wohlstand verschlang.
Du jedoch, falls Treue und Liebe dich rühren, Orestes,
   leg ohne Scheu deine Hand auf dein gebührendes Recht!
Oder greifst du nur dann zur Wehr, wenn dir einer die Herde
   stiehlt aus dem Stall, und bist lahm, wenn man die Gattin dir stiehlt?
Nimm dir den Schwäher zum Vorbild – der holte die Gattin sich wieder,
   einen heiligen Krieg war die Geliebte ihm wert!
Hätte dein Schwäher feige geschnarcht im verwaisten Palaste,
   wär meine Mutter noch jetzt Paris' Gemahlin wie einst.
Rüste nicht zu Tausenden Schiffe und bauschige Segel,
   noch des Danaerheers zahllose Scharen – komm selbst!
So auch verdiente ich's, daß du mich holst; es ehrt ja den Gatten,
   wenn er der Ehe zulieb harte Gefechte besteht.
Beide stammen wir ja von Atreus, dem Sohne des Pelops;
   wärst du auch nicht mein Mann, bliebst doch mein Vetter du noch.
Hilf als Gatte der Frau, hilf als Vetter der Base, ach bitte!
   Wie du dich immer nennst, beides verpflichtet dich sehr.
Großvater Tyndareus, ernster Berater mit Lebenserfahrung,
   gab mich zur Frau dir; denn *er* war mir zum Vormund bestellt.
Ahnungslos hatte mein Vater mich Aeacus' Nachfahr versprochen.
   Doch das Alter geht vor – mehr gilt des Großvaters Wort.

cum tibi nubebam, nulli mea taeda nocebat; 35
   si iungar Pyrrho, tu mihi laesus eris.
et pater ignoscet nostro Menelaus amori –
   succubuit telis praepetis ipse dei.
quem sibi permisit, genero concedet amorem;
   proderit exemplo mater amata suo. 40
tu mihi, quod matri pater est; quas egerat olim
   Dardanius partis advena, Pyrrhus agit.
ille licet patriis sine fine superbiat actis;
   et tu, quae referas facta parentis, habes.
Tantalides omnis ipsumque regebat Achillem. 45
   hic pars militiae, dux erat ille ducum.
tu quoque habes proavos: Pelopem Pelopisque parentem;
   si melius numeres, a Iove quintus eris.
nec virtute cares: arma invidiosa tulisti,
   sed tibi – quid faceres? – induit illa pater. 50
materia vellem fortis meliore fuisses;
   non lecta est operi, sed data causa tuo.
hanc tamen inplesti; iuguloque Aegisthus aperto
   tecta cruentavit, quae pater ante tuus.
increpat Aeacides laudemque in crimina vertit 55
   et tamen adspectus sustinet ille meos.
rumpor et ora mihi pariter cum mente tumescunt
   pectoraque inclusis ignibus usta dolent.
Hermione coram quicquamne obiectat Oresti,
   nec mihi sunt vires nec ferus ensis adest? 60
flere licet certe; flendo defundimus iram
   perque sinum lacrimae fluminis instar eunt.
has solas habeo semper semperque profundo;
   ument incultae fonte perenne genae.
num generis fato, quod nostros durat in annos, 65
   Tantalides matres apta rapina sumus?
non ego fluminei referam mendacia cygni
   nec querar in plumis delituisse Iovem.
qua duo porrectus longe freta distinet Isthmos,
   vecta peregrinis Hippodamia rotis. 70
Castori Amyclaeo et Amyclaeo Polluci
   reddita Mopsopia Taenaris urbe soror.

Als ich zum Gatten dich nahm, hat keinem die Hochzeit geschadet;
   bind ich an Pyrrhus mich jetzt, bist du beleidigt von mir.
Sicher verzeiht Menelaus, mein Vater, unsere Liebe;
   des geflügelten Gotts Pfeilen erlag er ja selbst.
Wird er dem Schwiegersohn Liebe, die er sich erlaubte, verwehren?
   Auch meine Mutter, umschwärmt, kommt uns als Vorbild zugut.
Du bist mir, was der Vater der Mutter; die Rolle, die einstmals,
   der aus Dardania kam, spielte, spielt Pyrrhus für mich.
Mag der endlos mit den Taten des Vaters sich brüsten! –
   Rühmlich ist auch, was *du* von deinem Vater erzählst.
Allen befahl der Tantalide, sogar dem Achilles.
   Dieser tat nur seinen Dienst, Führer der Führer war *er*.
Ahnen hast auch du: den Vater des Pelops und Pelops;
   rechne genauer: Du bist fünfter in Jupiters Stamm.
Tapfer bist du auch. Zwar griffst du zum Unheil zur Waffe.
   Doch was konntest du tun? Dir drang der Vater sie auf.
Hättest du unter besserem Stern dich tapfer erwiesen!
   Doch dir blieb keine Wahl: Fest stand der Anlaß zur Tat.
Dennoch hast du's getan: Aegisth, die Kehle durchschnitten,
   sprengte sein Blut durch das Haus, wie es dein Vater einst tat.
Aeacus' Sproß verhöhnt dich und deutet die Tat als Verbrechen,
   dennoch schreckt er nicht vor meinem Anblick zurück.
Mich zerreißt's, mir schwellen die Adern, ich koche im Innern,
   und in der glühenden Brust schmerzt mich der heimliche Brand.
Er wirft Orest etwas vor, vor mir, Hermione selber,
   ich aber hab weder Kraft noch auch ein wehrhaftes Schwert?
Weinen kann ich nur noch; mein Zorn ergießt sich in Tränen,
   und meiner Tränen Strom rinnt in den Busen hinab.
Die sind mein einziges Gut und diese vergieße ich immer;
   naß sind die Wangen, entstellt von dem stets sprudelnden Quell.
Hält der Fluch des Geschlechtes noch an bis auf unsere Tage?
   Günstige Beute sind wir Frauen aus Tantalus' Haus?
Von den Lügen des Schwans auf dem Flusse will ich nicht reden,
   auch nicht, daß Jupiter sich unter den Federn verbarg.
Wo der Isthmos zwei Meere trennt, der weithin gedehnte,
   fuhr auf fremdem Gefährt Hippodamia heran.
Castor aus Amyclae, Pollux aus Amyclae holten sich ihre
   Schwester vom Taenarus heim aus der mopsopischen Stadt.

Taenaris Idaeo trans aequora ab hospite rapta
    Argolicas pro se vertit in arma manus.
vix equidem memini, memini tamen. omnia luctus,     75
    omnia solliciti plena timoris erant;
flebat avus Phoebeque soror fratresque gemelli,
    orabat superos Leda suumque Iovem.
ipsa ego, non longos etiamtunc scissa capillos,
    clamabam: «sine me, me sine, mater, abis?»     80
nam coniunx aberat. ne non Pelopeïa credar,
    ecce, Neoptolemo praeda parata fui.
Pelides utinam vitasset Apollinis arcus!
    damnaret nati facta proterva pater;
nec quondam placuit nec nunc placuisset Achilli     85
    abducta viduum coniuge flere virum.
quae mea caelestis iniuria fecit iniquos,
    quodve mihi miserae sidus obesse querar?
parva mea sine matre fui, pater arma ferebat,
    et, duo cum vivant, orba duobus eram.     90
non tibi blanditias primis, mea mater, in annis
    incerto dictas ore puella tuli.
non ego captavi brevibus tua colla lacertis
    nec gremio sedi sarcina grata tuo.
non cultus tibi cura mei, nec pacta marito     95
    intravi thalamos matre parante novos.
obvia prodieram reduci tibi – vera fatebor –
    nec facies nobis nota parentis erat.
te tamen esse Helenen, quod eras pulcherrima, sensi;
    ipsa requirebas, quae tua nata foret.     100
pars haec una mihi, coniunx bene cessit Orestes;
    is quoque, ni pro se pugnat, ademptus erit.
Pyrrhus habet captam reduce et victore parente –
    hoc munus nobis diruta Troia dedit!
cum tamen altus equis Titan radiantibus instat,     105
    perfruor infelix liberiore malo.
nox ubi me thalamis ululantem et acerba gementem
    condidit in maesto procubuique toro,
pro somno lacrimis oculi funguntur obortis,
    quaque licet, fugio sicut ab hoste virum.     110

Als der idaeische Gast die vom Taenarus mit übers Meer nahm,
 zog das argolische Heer streitbar für sie in den Krieg.
Kaum entsinne ich mich, doch ich weiß es noch, voll war von Trauer,
 voll von Sorge und Angst alles in unserem Haus.
Weinend Großvater, Zwillingsbrüder, Phoebe, die Schwester;
 Leda fleht Götter an und ihren Jupiter auch.
Ich jedoch raufte die Haare mir, so kurz sie noch waren,
 und ich schrie: «Ohne mich? Mutter, du gehst ohne mich?»
Denn ihr Gatte war fort. Zu Pelops' Geschlecht soll ich zählen:
 Für Neoptolemus, sieh, lag ich als Beute bereit.
Wäre doch der Pelide Apollos Bogen entronnen!
 Denn die Frechheit des Sohns hätte der Vater verdammt.
Nie gefiel es Achill noch hätt es ihm heute gefallen,
 daß vereinsamt ein Mann weint, dem die Gattin geraubt.
Was hab ich Schlimmes getan, daß die Götter die Gunst mir entzogen?
 Welchem Gestirn geb ich schuld, daß es mich Arme so plagt?
Als ich noch klein war, fehlte die Mutter; Krieg führte der Vater;
 leben sie beide auch noch, war ich doch Waisenkind stets.
Niemals sagte ich in den ersten Jahren als Mädchen
 zärtliche Worte zu dir, Mutter, mit lallendem Mund.
Niemals schlang ich die kurzen Ärmchen dir um den Nacken,
 noch als willkommene Last saß ich dir je auf dem Schoß.
Niemals hegtest und pflegtest du mich, noch, versprochen dem Gatten,
 trat ich ins neue Gemach, das mir die Mutter bestellt.
Draußen begegnet' ich dir, als du heimkamst – ich sage die Wahrheit! –
 doch meiner Mutter Gesicht war mir noch gar nicht bekannt.
Dennoch merkte ich gleich, du bist Helene, weil du so schön warst;
 mehrmals fragtest du dann, wer deine Tochter denn sei.
Dies ist mein einziges Gut: Als Gatte bewährt sich Orestes;
 doch ich verliere ihn noch, setzt er für sich sich nicht ein.
Pyrrhus hält mich gefangen, seit siegreich mein Vater zurückkam.
 Dies ist die Gabe, die mir Trojas Zerstörung gebracht.
Doch schwingt Titan dort oben den strahlenden Pferden die Peitsche,
 fühle ich eher noch in meinem Elend mich frei.
Wenn mich die Nacht aber heulend und bitter seufzend im Zimmer
 dann umfängt und ich lieg untröstlich auf meinem Bett,
füllen anstelle von Schlaf sich die Augen mit quellenden Tränen,
 und vor dem Mann, wie's nur geht, fliehe ich wie vor dem Feind.

saepe malis stupeo rerumque oblita locique
   ignara tetigi Scyria membra manu,
utque nefas sensi, male corpora tacta relinquo
   et mihi pollutas credor habere manus.
saepe Neoptolemi pro nomine nomen Orestis          115
   exit et errorem vocis ut omen amo.
per genus infelix iuro generisque parentem,
   qui freta, qui terras et sua regna quatit,
per patris ossa tui, patrui mihi, quae tibi debent,
   quod sic sub tumulo fortiter ulta iacent –          120
aut ego praemoriar primoque exstinguar in aevo
   aut ego Tantalidae Tantalis uxor ero.

Oft stumpft das Unglück mich ab, ich vergesse den Ort und die Lage,
    rühre des Scyrers Leib unbewußt an mit der Hand.
Hab ich den Frevel bemerkt, so vermeide ich jede Berührung,
    glaube, ich habe damit mir meine Hände beschmutzt.
Statt Neoptolemus' Name entschlüpft der Name Orest mir
    öfters. Das falsche Wort ist wie ein Omen mir lieb.
Bei meinem Unheilsgeschlecht will ich schwören und bei seinem Ahnherrn,
    welcher das Meer und das Land zittern läßt und auch sein Reich,
bei deines Vaters, des Oheims Gebeinen, die dir es verdanken,
    daß sie so tapfer gerächt unten im Grabhügel ruhn:
Entweder sterbe ich früh und erlösche in blühendem Alter
    oder bei Tantalus' Sproß bleib ich, des Tantalus' Sproß.

# IX
## DEIANIRA HERCULI

[Mittor ad Alciden a coniuge conscia mentis      a
  littera, si coniunx Deïanira tua est.]      b
Gratulor Oechaliam titulis accedere nostris;
  victorem victae succubuisse queror.
fama Pelasgiadas subito pervenit in urbes
  decolor et factis infitianda tuis:
quem numquam Iuno seriesque inmensa laborum      5
  fregerit, huic Iolen inposuisse iugum.
hoc velit Eurystheus, velit hoc germana Tonantis,
  laetaque sit vitae labe noverca tuae;
at non ille velit, cui nox – sic creditur – una
  non tanta, ut tantus conciperere, fuit.      10
plus tibi quam Iuno nocuit Venus: illa premendo
  sustulit, haec humilis sub pede colla tenet.
respice vindicibus pacatum viribus orbem,
  qua latam Nereus caerulus ambit humum.
se tibi pax terrae, tibi se tuta aequora debent;      15
  inplesti meritis Solis utramque domum.
quod te laturum est, caelum prius ipse tulisti;
  Hercule supposito sidera fulsit Atlans.
quid? tibi notitia est misero quaesita pudori,
  si macula stupri facta priora notas.      20
tene ferunt geminos pressisse tenaciter angues,
  cum tener in cunis iam Iove dignus eras?
coepisti melius quam desinis; ultima primis
  cedunt; dissimiles hic vir et ille puer.
quem non mille ferae, quem non Stheneleïus hostis,      25
  non potuit Iuno vincere, vincit Amor.
at bene nupta feror, quia nominer Herculis uxor,
  sitque socer, rapidis qui tonat altus equis.
quam male inaequales veniunt ad aratra iuvenci,
  tam premitur magno coniuge nupta minor.      30
non honor est, sed onus species laesura ferentis;
  siqua voles apte nubere, nube pari.

# BRIEF 9
## DEIANIRA AN HERCULES

[Dir, dem Alciden, sendet mich, der ihr Herz kennt, die Gattin,
    mich, den Brief, deine Frau, wenn's Deianira noch ist.]
Schön, daß Oechalia unsre Ruhmesliste verlängert!
    Schlecht, daß den, der gesiegt, die, die besiegt war, besiegt!
Lief doch ein Raunen plötzlich durch die pelasgischen Städte,
    schmutzig, im Widerspruch zu deinen Taten als Held:
Den weder Juno noch der Arbeiten endlose Reihe
    beugten, dem habe ihr Joch Iole jetzt auferlegt.
Mag dies Eurystheus wünschen und wünschen die Schwester des Tonans,
    sei deine Stiefmutter nur ob deiner Schande erfreut –
jenem ist's aber kaum recht, dem die Nacht, so glaubt man, zu kurz war,
    daß er sie dehnte auf drei, um dich zu zeugen, du Held.
Mehr als Juno schadet dir Venus: *Ihre* Verfolgung
    hob dich empor; doch *die* drückt dir den Fuß aufs Genick.
Schau dich um: Du befreitest die Welt mit rettenden Kräften,
    all die Länder, die rings Nereus, der blaue, umfließt.
Frieden verdankt dir die Welt, die Meere sichere Durchfahrt,
    voll ist des Sonnengotts Haus, beiderseits, von deinem Ruhm.
Der, welcher künftig dich trägt, der Himmel, den trugst du einst selber;
    Sterne trug Hercules einst, die sonst auf Atlans geruht.
Jetzt aber hast du zu Schimpf und Schande Berühmtheit gewonnen,
    Krönung des Ehebruchs ist's, früheren Taten zur Schmach.
Hast du nicht zwei Schlangen erwürgt, so erzählt man,
    als in der Wiege, noch klein, Jupiters würdig du lagst?
Besser begannst du, als du jetzt endest; die letzten der Taten
    stehen den ersten nach; ungleich sind Knabe und Mann.
Den weder tausend Bestien, des Sthenelus feindlicher Sohn nicht,
    noch auch Juno bezwang, der wird von Amor besiegt!
Doch ich sei glücklich vermählt, heißt's, ich sei ja des Hercules Gattin,
    Schwäher sei der ja, der dort donnert mit raschem Gespann.
Wie man zwei ungleiche Stiere zusammen nur schlecht vor den Pflug spannt,
    knechtet ein großer Mann stets eine schwächere Frau.
Last, nicht Ehre ist Glanz und Ruhm, ein Nachteil dem Träger,
    wünschst du dich passend vermählt, nimm einen Mann, der dir gleicht!

vir mihi semper abest et coniuge notior hospes,
   monstraque terribiles persequiturque feras.
ipsa domo vidua votis operata pudicis                                35
   torqueor, infesto ne vir ab hoste cadat;
inter serpentes aprosque avidosque leones
   iactor et haesuros terna per ora canes.
me pecudum fibrae simulacraque inania somni
   ominaque arcana nocte petita movent.                          40
aucupor infelix incertae murmura famae
   speque timor dubia spesque timore cadit.
mater abest queriturque deo placuisse potenti,
   nec pater Amphitryon nec puer Hyllus adest;
arbiter Eurystheus irae Iunonis iniquae                              45
   sentitur nobis iraque longa deae.
haec mihi ferre parum? peregrinos addis amores
   et mater de te quaelibet esse potest.
non ego Partheniis temeratam vallibus Augen
   nec referam partus, Ormeni nympha, tuos;                       50
non tibi crimen erunt, Teuthrantia turba, sorores,
   quarum de populo nulla relicta tibi est.
una, recens crimen, referetur adultera nobis,
   unde ego sum Lydo facta noverca Lamo.
Maeandros, terris totiens errator in isdem,                          55
   qui lassas in se saepe retorquet aquas,
vidit in Herculeo suspensa monilia collo,
   illo, cui caelum sarcina parva fuit.
non puduit fortis auro cohibere lacertos
   et solidis gemmas opposuisse toris?                           60
nempe sub his animam pestis Nemeaea lacertis
   edidit, unde umerus tegmina laevus habet!
ausus es hirsutos mitra redimire capillos!
   aptior Herculeae populus alba comae.
nec te Maeonia lascivae more puellae                                 65
   incingi zona dedecuisse putas?
non tibi succurrit crudi Diomedis imago,
   efferus humana qui dape pavit equas?
si te vidisset cultu Busiris in isto,
   huic victor victo nempe pudendus eras.                        70

Stets ist mein Mann unterwegs, vertrauter als Gast denn als Gatte,
    Monstren und scheußlich Getier sucht er als Gegner sich aus.
Wie eine Witwe zu Hause, mit braven Gebeten beschäftigt,
    quält mich die Angst, daß mein Mann umkommt als Opfer im Kampf.
Bald seh ich Schlangen vor mir, bald Eber, bald gierige Löwen,
    angstvoll, mit dreifachem Maul schnappen bald Hunde nach mir.
Lebern geopferter Tiere, nichtige Bilder in Träumen,
    Vorzeichen, heimlich bei Nacht eingeholt, machen mir Angst.
Unglücklich lauere ich auf das Raunen von leerem Gerede,
    Angst wird von Hoffnung verdrängt, leiseste Hoffnung von Angst.
Fern deine Mutter, die klagt, daß dem mächtigen Gott sie gefallen,
    Vater Amphitryon fern, fern ist auch Hyllus, dein Sohn.
Eurystheus, das Werkzeug der ungerecht zürnenden Juno,
    plagt mich, ich fühle es wohl, er und ihr endloser Zorn.
Reicht das noch nicht? Du reihst in der Ferne Liebste an Liebste,
    Mutter wird bald von dir jede beliebige Frau.
Reden von Auge wir nicht, im Partheniustale geschwängert,
    auch nicht von deinem Sohn, du Nymphe aus Ormenus' Stamm!
Vorwerfen will ich dir nicht die Schar der teuthrantischen Schwestern,
    aus deren reicher Zahl keine verschont blieb von dir.
*Eine* Rivalin, den jüngsten Mißtritt, hab ich zu tadeln:
    Stiefmutter wurde ich jüngst Lamus, dem Lyder, dank ihr.
Der durch die gleiche Landschaft so vielfach sich windet, Maeandros,
    der in gemächlichem Fluß oft zu sich selber sich kehrt,
sah, wie ein Halsgeschmeide herabhing von Hercules' Nacken,
    dort, wo der Himmel einst ruhte als leichtes Gepäck.
Schämst du dich nicht, deinen kraftvollen Arm in den Goldreif zu zwängen,
    pralle Muskeln zu sehn gold- und juwelengeschmückt?
Diese Muskeln erwürgten wirklich die Pest von Nemea –
    stammt doch von ihr, was links nun deine Schultern bedeckt!
In eine Binde wagtest du dein Kraushaar zu wickeln!
    Paßt nicht der Weißpappel Laub besser zu Hercules' Haar?
Meinst du, es schickte sich, daß wie ein lockeres Mädchen
    du den maeonischen Gurt um deine Hüften dir schlangst?
Stand dir nicht mehr der grausame Diomedes vor Augen,
    der seinen Stuten voll Wut Menschenfleisch vorwarf zum Fraß?
Hätte Busiris dich in diesem Aufzug gesehen,
    hätt er, besiegt, sich gewiß über den Sieger geschämt!

detrahat Antaeus duro redimicula collo,
   ne pigeat molli succubuisse viro.
inter Ioniacas calathum tenuisse puellas
   diceris et dominae pertimuisse minas.
non fugis, Alcide, victricem mille laborum      75
   rasilibus calathis inposuisse manum?
crassaque robusto deducis pollice fila
   aequaque formosae pensa rependis erae?
a, quotiens digitis dum torques stamina duris,
   praevalidae fusos conminuere manus!      80
crederis infelix scuticae tremefactus habenis
   ante pedes dominae pertimuisse minas.
eximiis pompis praeconia summa triumphi
   factaque narrabas dissimulanda tibi –
scilicet inmanes elisis faucibus hydros      85
   infantem caudis involuisse manum;
ut Tegeaeus aper cupressifero Erymantho
   incubet et vasto pondere laedat humum.
non tibi Threiciis adfixa penatibus ora,
   non hominum pingues caede tacentur equae;      90
prodigiumque triplex, armenti dives Hiberi
   Geryones, quamvis in tribus unus erat;
inque canes totidem trunco digestus ab uno
   Cerberos inplicitis angue minante comis;
quaeque redundabat fecundo vulnere serpens      95
   fertilis et damnis dives ab ipsa suis;
quique inter laevumque latus laevumque lacertum
   praegrave conpressa fauce pependit onus;
et male confisum pedibus formaque bimembri
   pulsum Thessalicis agmen equestre iugis.      100
haec tu Sidonio potes insignitus amictu
   dicere? non cultu lingua retenta silet?
se quoque nympha tuis ornavit Iardanis armis
   et tulit a capto nota tropaea viro.
i nunc, tolle animos et fortia gesta recense;      105
   quo tu non esses, iure vir illa fuit,
qua tanto minor es, quanto te, maxime rerum,
   quam quos vicisti, vincere maius erat.

Von deinem kräftigen Nacken risse Antaeus das Halsband;
    ärgern würde es ihn, Opfer des Weichlings zu sein.
Unter jonischen Mädchen hast du den Wollkorb gehalten,
    heißt es, gezittert vor Angst unter der Fuchtel der Frau.
Stört es, Alcide, dich nicht, daß, einst siegreich in tausend Gefahren,
    deine Hand nun ergreift einen geglätteten Korb?
Grobe Fäden ziehst du jetzt mit klobigem Daumen,
    reichst der hübschen Frau, was sie dir abmißt, zurück?
Ach, wie oft, wenn mit rohen Fingern den Faden du drehtest,
    brach in der kräftigen Hand alsbald die Spindel entzwei!
Jämmerlich, glaubt man, zittertest du vor dem Riemen der Peitsche,
    lagst zu Füßen der Frau, ducktest dich ängstlich vor ihr.
Höchsten Ruhm triumphreichen Siegs von prachtvoller Größe,
    Taten erzähltest du auch, die du wohl besser verschwiegst –
Daß du nämlich das Paar der gewaltigen Schlangen erwürgtest,
    als es des Kindes Hand mit seinen Schwänzen umwand;
wie im Zypressenwald Erymanthus' der Eber Tegeas
    lauert, den Boden zerwühlt mit seinem Riesengewicht.
Alles erzählst du: In Thracien nagle man Köpfe an Häuser,
    und mit Menschenfleisch mäste die Stuten man fett;
von jenem dreifachen Monster, das reich war an Vieh, in Hiberien,
    von Geryones, der eins war und dennoch auch drei;
so viele Hunde wie die seien *einem* Rumpfe entsprossen –
    Cerberos war's, im Fell züngelndes Schlangengezücht;
von der fruchtbaren Schlange mit ihrer fruchtbaren Wunde,
    fruchtbar gerade und reich dank ihrem eignen Verlust;
von jenem Riesen, welchen du an dich gepreßt – mit der Linken
    hobst du das Schwergewicht hoch, schnürtest die Kehle ihm zu;
von jener Schar, die auf Schnellauf und Doppelgestalt sich verlassen –
    wie du Reiter und Pferd triebst von Thessaliens Gebirg.
Kannst du dies, aufgeputzt in sidonischem Mantel, berichten?
    Schweigt dir die Zunge nicht still, von diesem Aufzug gehemmt?
Mit deinen Waffen stolzierte das Bräutchen, des Jardanes Tochter,
    stahl dem verliebten Mann seine Trophäen sogar!
Geh hin, blähe dich auf und berichte von tapferen Taten;
    was du, so meint sie, nicht kannst: Mann nannte *sie* sich zu Recht,
die dich um so viel schlug, wie es mehr war, du Größter der Helden,
    dich zu schlagen als die, welche du selbst zuvor schlugst.

illi procedit rerum mensura tuarum –
    cede bonis; heres laudis amica tuae.            110
o pudor! hirsuti costis exuta leonis
    aspera texerunt vellera molle latus!
falleris et nescis – non sunt spolia illa leonis,
    sed tua; tuque feri victor es, illa tui.
femina tela tulit Lernaeis atra venenis,          115
    ferre gravem lana vix satis apta colum,
instruxitque manum clava domitrice ferarum,
    vidit et in speculo coniugis arma mei!
haec tamen audieram; licuit non credere famae
    et venit ad sensus mollis ab aure dolor –       120
ante meos oculos adducitur advena paelex
    nec mihi, quae patior, dissimulare licet!
non sinis averti; mediam captiva per urbem
    invitis oculis adspicienda venit.
nec venit incultis captarum more capillis,      125
    fortunam vultu fassa pudente suam;
ingreditur late lato spectabilis auro,
    qualiter in Phrygia tu quoque cultus eras.
dat vultum populo sublimis ut Hercule victo,
    Oechaliam vivo stare parente putes.        130
forsitan et pulsa Aetolide Deïanira
    nomine deposito paelicis uxor erit?
Eurytidosque Ioles atque Aonii Alcidae
    turpia famosus corpora iunget Hymen?
mens fugit admonitu frigusque perambulat artus    135
    et iacet in gremio languida facta manus.
me quam cum multis, sed me sine crimine amasti.
    ne pigeat, pugnae bis tibi causa fui.
cornua flens sedit ripis Achelous in udis
    truncaque limosa tempora mersit aqua;     140
semivir occubuit in letifero Eueno
    Nessus et infecit sanguis equinus aquas.
sed quid ego haec refero? scribenti nuntia venit
    fama virum tunicae tabe perire meae.
ei mihi! quid feci? quo me furor egit amantem?    145
    inpia quid dubitas Deïanira mori?

Ihr jedoch kommt das volle Maß deiner Taten zustatten –
  Bahn frei den Tüchtigen! Ruhm erbt deine Freundin von dir.
O, welche Schmach! In das rauhe Fell, das dem zottigen Löwen
  du von den Rippen zogst, hüllt sich ein schmiegsamer Leib!
Unwissend täuschest du dich – das ist nicht die Haut eines Löwen,
  sondern die deine; das Tier schlugst du zwar, sie aber dich.
Eine Frau trug die Pfeile, die schwarz sind vom Giftblut aus Lerna,
  sie, die den Rocken kaum hält, ist er mit Wollgarn behängt,
waffnete ihre Hand mit der Keule, die Bestien bezwungen,
  und meines Mannes Wehr sah sie im Spiegel sich an!
All das hatt ich gehört; den Gerüchten konnt ich nicht glauben,
  und nur ein leiser Schmerz streifte vom Ohr her mein Herz.
Und nun führt man ein fremdes Flittchen mir grade vor Augen,
  daß, was ich leide, ich jetzt nicht mehr verheimlichen kann!
Abwenden kann ich mich nicht; die Gefangene zieht durch die Stadt hin,
  anschauen muß ich sie, ob ich es will oder nicht.
Doch nicht mit strähnigem Haar wie sonst Gefangene kommt sie,
  daß sie verschämten Blicks allen ihr Schicksal verrät.
Breitspurig kommt sie daher, in üppigem Goldschmuck stolzierend,
  wie du in Phrygien auch selber herausgeputzt warst.
Stolz blickt sie um sich, man dächte, da *sie* über Hercules siegte,
  stehe Oechalia noch, lebe ihr Vater noch dort.
Willst du vielleicht die Aetolerin Deïanira verstoßen?
  Die jetzt Geliebte noch heißt, wird die Gemahlin dann sein?
Iole, Eurytus' Tochter mit Alceus' Sproß aus Aonien
  eint der berüchtigte Gott, Hymen, in schändlichem Bund?
Denk ich dran, schwindelt mir und Kälte durchläuft meine Glieder,
  und erschlafft und matt sinkt mir die Hand in den Schoß.
Ich war nur eine von vielen, doch liebtest du stets mich in Ehren.
  Zweimal umkämpftest du mich – hoffentlich reut es dich nicht!
Achelóus trauert am feuchten Ufer dem Horn nach,
  und in das schlammige Naß taucht sein verstümmeltes Haupt.
Nessus fand sein Ende im todesschwangern Euenus,
  er, der Halbmensch; den Fluß färbte sein Pferdeblut rot.
Doch was erzähl ich das noch? Noch während ich schreibe, verkündet
  mir das Gerücht, meinen Mann töte das Gift meines Hemds.
Weh mir! Was tat ich? Wohin trieb der Wahnsinn mich in der Liebe?
  Frevlerin, gib dir sogleich, Deïanira, den Tod!

an tuus in media coniunx lacerabitur Oeta,
    tu sceleris tanti causa superstes eris?
ecquid adhuc habeo facti, cur Herculis uxor
    credar? coniugii mors mea pignus erit.           150
tu quoque cognosces in me, Meleagre, sororem.
    inpia quid dubitas Deïanira mori?
heu devota domus! solio sedet Agrios alto,
    Oenea desertum nuda senecta premit.
exulat ignotis Tydeus germanus in oris,           155
    alter fatali vivus in igne perit;
exegit ferrum sua per praecordia mater.
    inpia quid dubitas Deïanira mori?
deprecor hoc unum per iura sacerrima lecti,
    ne videar fatis insidiata tuis.           160
Nessus, ut est avidum percussus harundine pectus,
    «hic», dixit, «vires sanguis amoris habet.»
inlita Nesseo misi tibi texta veneno.
    inpia quid dubitas Deïanira mori?
iamque vale, seniorque pater germanaque Gorge     165
    et patria et patriae frater adempte tuae
et tu lux oculis hodierna novissima nostris,
    virque – sed o possis! – et puer Hylle, vale!

Soll dein Mann auf dem Oeta oben sich etwa zerfleischen,
   du aber, schuldig der Tat, hängst noch am Leben fortan?
Hab ich bisher denn etwas getan, daß ich Hercules' Gattin
   heiße? Mein Tod wird das Pfand unseres Ehebunds sein.
Du auch wirst in mir, Meleager, die Schwester erkennen.
   Frevlerin, gib dir sogleich, Deïanira, den Tod!
Weh, du verfluchtes Haus! Hoch wird nun Agrius thronen,
   Oeneus wird einsam sein, wehrlos im Alter und arm.
Tydeus, mein Bruder, lebt verbannt an fernen Gestaden,
   doch der andere starb lebend am tödlichen Brand.
Unsere Mutter stieß darauf sich das Schwert in das Zwerchfell.
   Frevlerin, gib dir sogleich, Deïanira, den Tod!
Dies nur erbitte ich mir, beim heiligsten Recht unsrer Ehe:
   Denke nicht, daß ich dich je tückisch zu töten gedacht!
Als du des Nessus lüsternes Herz mit dem Pfeilschaft durchbohrtest,
   sagte er: »Nimm dieses Blut, Kräfte der Liebe sind drin!«
Mit dem Gift des Nessus getränkt war das Tuch, das ich sandte!
   Frevlerin, gib dir sogleich, Deïanira, den Tod!
Nun leb wohl, greiser Vater und Gorge, du, meine Schwester,
   Heimat und Bruder, lebt wohl, du, der du heimatlos bist,
und du, Licht des Tages, das heut ich zum letztenmal schaue,
   Gatte, – o könntest du's noch! – Hyllus, mein Junge, leb wohl!

## X
## ARIADNE THESEO

[Illa relicta feris etiamnunc, improbe Theseu,                    a
   vivit, et haec aequa mente tulisse velis?]                  b
Mitius inveni quam te genus omne ferarum;
   credita non ulli quam tibi peius eram.
quae legis, ex illo, Theseu, tibi litore mitto,
   unde tuam sine me vela tulere ratem,
in quo me somnusque meus male prodidit et tu,                     5
   per facinus somnis insidiate meis.
tempus erat, vitrea quo primum terra pruina
   spargitur et tectae fronde queruntur aves.
incertum vigilans a somno, languida movi
   Thesea prensuras semisupina manus –                       10
nullus erat! referoque manus iterumque retempto
   perque torum moveo bracchia – nullus erat!
excussere metus somnum; conterrita surgo
   membraque sunt viduo praecipitata toro.
protinus adductis sonuerunt pectora palmis,                       15
   utque erat e somno turbida, rupta coma est.
luna fuit; specto, siquid nisi litora cernam.
   quod videant oculi, nil nisi litus habent.
nunc huc, nunc illuc, et utroque sine ordine, curro;
   alta puellares tardat harena pedes.                       20
interea toto clamanti litore «Theseu!»
   reddebant nomen concava saxa tuum,
et quotiens ego te, totiens locus ipse vocabat.
   ipse locus miserae ferre volebat opem.
mons fuit; apparent frutices in vertice rari;                     25
   hinc scopulus raucis pendet adesus aquis.
adscendo – vires animus dabat – atque ita late
   aequora prospectu metior alta meo.
inde ego – nam ventis quoque sum crudelibus usa –
   vidi praecipiti carbasa tenta Noto.                       30
ut vidi, haut umquam quae me vidisse putarem,
   frigidior glacie semianimisque fui.

# BRIEF 10
## ARIADNE AN THESEUS

[Die du bei wilden Tieren gelassen, ruchloser Theseus,
  lebt noch immer, und dies nimmst du wohl gleichgültig hin?]
Milder als dich befand ich sämtliche Tiere der Wildnis,
  keines hätte mich je übler verraten als du.
Was du hier liest, das send ich dir, Theseus, von jenem Gestade,
  wo mit den Segeln dein Schiff auslief, jedoch ohne mich,
wo mich mein Schlaf so gemein hinterging und nicht minder du selber,
  der du mit Hinterlist lauertest auf meinen Schlaf.
Morgen war's, wo von gläsernem Tau die Erde besprengt wird
  und wo der Vögel Schar zwitschert verborgen im Laub.
Kaum recht erwacht aus dem Schlaf, noch müde reck ich die Arme,
  greife, Theseus, nach dir, richte ein wenig mich auf –
niemand war da! Ich ziehe die Hand zurück, nochmals versuch ich's,
  rings im Lager umher taste ich – niemand war da!
Meine Angst verscheuchte den Schlaf, ich erheb mich erschrocken,
  und auf das einsame Bett werf ich mich gleich wieder hin.
Alsbald erklangen darauf meine Brüste vom Schlag meiner Hände,
  struppig vom Schlaf, wie es war, raufte das Haar ich mir aus.
Noch schien der Mond; ich schau, was es außer der Küste zu sehn gibt.
  Für meine Augen gab's nichts außer der Küste zu sehn.
Bald lauf ich hierhin, bald dorthin, planlos in jegliche Richtung,
  kaum kommt des Mädchens Fuß vorwärts, so tief ist der Sand.
Wieder und wieder rufe ich «Theseus!» entlang dem Gestade,
  doch nur der hohle Fels warf deinen Namen zurück.
Und so oft ich dich rief, so oft rief die Gegend dich wieder.
  Hilfe hätte sie gern selber mir Armen gebracht.
Da war ein Berg. Auf der Kuppe erscheinen einzelne Büsche,
  dort in den ragenden Fels frißt sich die brandende Flut.
Diesen besteig ich, der Mut verlieh Kraft mir; so schau ich ins Weite,
  vor meinem prüfenden Blick breitet das Wasser sich aus.
Von dort oben, denn grausam waren zu mir auch die Winde,
  sah ich dein Segeltuch prall von des Südwindes Wucht.
Als ich vor mir sah, was ich niemals glaubte zu sehen,
  wurde ich kälter als Eis, meine Besinnung entschwand.

nec languere diu patitur dolor; excitor illo,
    excitor et summa Thesea voce voco.
«quo fugis?» exclamo; «scelerate revertere Theseu!    35
    flecte ratem! numerum non habet illa suum.»
haec ego; quod voci deerat, plangore replebam;
    verbera cum verbis mixta fuere meis.
si non audires, ut saltem cernere posses,
    iactatae late signa dedere manus;    40
candidaque inposui longae velamina virgae,
    scilicet oblitos admonitura mei.
iamque oculis ereptus eras. tum denique flevi;
    torpuerant molles ante dolore genae.
quid potius facerent, quam me mea lumina flerent,    45
    postquam desierant vela videre tua?
aut ego diffusis erravi sola capillis,
    qualis ab Ogygio concita Baccha deo,
aut mare prospiciens in saxo frigida sedi,
    quamque lapis sedes, tam lapis ipsa fui.    50
saepe torum repeto, qui nos acceperat ambos,
    sed non acceptos exhibiturus erat,
et tua, quae possum pro te, vestigia tango
    strataque, quae membris intepuere tuis.
incumbo lacrimisque toro manante profusis,    55
    «pressimus», exclamo, «te duo – redde duos!
venimus huc ambo; cur non discedimus ambo?
    perfide, pars nostri, lectule, maior ubi est?»
quid faciam? quo sola ferar? vacat insula cultu.
    non hominum video, non ego facta boum.    60
omne latus terrae cingit mare; navita nusquam,
    nulla per ambiguas puppis itura vias.
finge dari comitesque mihi ventosque ratemque –
    quid sequar? accessus terra paterna negat.
ut rate felici pacata per aequora labar,    65
    temperet ut ventos Aeolus – exul ero!
non ego te, Crete centum digesta per urbes,
    adspiciam, puero cognita terra Iovi.
a! pater et tellus iusto regnata parenti
    prodita sunt facto, nomina cara, meo,    70

Doch keine lange Ohnmacht gestattet der Schmerz, der mich aufschreckt,
    aufgeschreckt rufe ich dich, Theseus, so laut ich nur kann.
«Wohin die Fahrt?» schrei ich auf, «Kehr um, du schändlicher Theseus!
    Wende das Schiff! Es hat für einen Fahrgast noch Platz!»
Dies meine Worte; versagte die Stimme, so schlug ich die Brüste,
    und meiner Schläge Klang war mit den Worten vermengt.
Wenn du's nicht hören konntest, so konntest du wenigstens sehen,
    wie ich die Arme geschwenkt, Zeichen von weitem dir gab.
An einen langen Ast knüpft ich die weiße Gewandung,
    um die Vergeßlichen dort ja zu erinnern an mich.
Schon warst du meinen Blicken entzogen. Erst jetzt mußt ich weinen,
    denn mein zartes Gesicht war mir vor Kummer erstarrt.
Doch was blieb meinen Augen noch übrig als mich zu beweinen,
    da dein Segelschiff aus ihrem Blickfeld entschwand?
Einsam irrte ich bald umher mit offenen Haaren,
    wie vom ogygischen Gott eine Bacchantin berauscht,
bald aufs Meer hinaus blickend saß ich erstarrt auf den Felsen,
    und wie mein Sitz aus Stein, so war ich selber aus Stein.
Öfters kehr ich zum Lager zurück, das uns beide empfangen,
    das aber niemals mehr zwei zu empfangen gewillt.
Ich betaste statt dir von dir, was ich kann, deine Spuren
    und auf dem Lager die Streu, von deinen Gliedern noch warm,
werfe mich drauf und benetze das Bett mit strömenden Tränen.
    «Zwei lagen», ruf ich, «auf dir; zwei seien's wieder dank dir!
Beide kamen wir her, warum gehn wir nicht wieder zusammen?
    Treuloses Bettlein, wo ist nun unser besseres Teil?»
Was soll ich tun? Wohin denn allein? Die Insel ist öde.
    Weder von Mensch noch von Vieh gibt es hier Spuren zu sehn.
Allseits umschließt das Meer das Land, ein Seefahrer nirgends,
    kein Schiff, welches sich wagt über den glitschigen Pfad.
Stelle dir vor, ich bekäme ein Schiff, Gefährten und Winde,
    was wär mein Ziel? Versperrt ist mir zur Heimat der Weg.
Glitte ich auch in glücklicher Fahrt übers stille Gewässer,
    beugten die Winde sich auch Aeolus – ich bin verbannt!
Nie mehr werd ich dich, Crete, mit hundert Städten besiedelt,
    sehen, das Land, das als Kind Jupiter kannte bereits.
Ach, mein Vater, das Land mit des Vaters gerechter Regierung,
    teure Namen – und ich war's, die sie schnöde verriet,

cum tibi, ne victor tecto morerere recurvo,
   quae regerent passus, pro duce fila dedi;
tum mihi dicebas: «per ego ipsa pericula iuro
   te fore, dum nostrum vivet uterque, meam.»
vivimus et non sum, Theseu, tua – si modo viva      75
   femina periuri fraude sepulta viri.
me quoque, qua fratrem, mactasses, inprobe, clava;
   esset, quam dederas, morte soluta fides.
nunc ego non tantum, quae sum passura, recordor,
   sed quaecumque potest ulla relicta pati.      80
occurrunt animo pereundi mille figurae
   morsque minus poenae quam mora mortis habet.
iam iam venturos aut hac aut suspicor illac,
   qui lanient avido viscera dente, lupos.
quis scit an et fulvos tellus alat ista leones?      85
   forsitan haec saevas tigridas insula habet.
et freta dicuntur magnas expellere phocas.
   quis vetat et gladios per latus ire meum?
tantum ne religer dura captiva catena
   neve traham serva grandia pensa manu,      90
cui pater est Minos, cui mater filia Phoebi,
   quodque magis memini, quae tibi pacta fui!
si mare, si terras porrectaque litora vidi,
   multa mihi terrae, multa minantur aquae.
caelum restabat – timeo simulacra deorum!      95
   destituor rapidis praeda cibusque feris;
sive colunt habitantque viri, diffidimus illis –
   externos didici laesa timere viros.
viveret Androgeos utinam! nec facta luisses
   inpia funeribus, Cecropi terra, tuis;      100
nec tua mactasset nodoso stipite, Theseu,
   ardua parte virum dextera, parte bovem;
nec tibi, quae reditus monstrarent, fila dedissem,
   fila per adductas saepe relecta manus.
non equidem miror, si stat victoria tecum,      105
   strataque Cretaeam belua planxit humum.
non poterant figi praecordia ferrea cornu;
   ut te non tegeres, pectore tutus eras.

da ich, damit du gewännst und nicht in den Irrgängen umkämst,
  dir den Leitfaden gab, daß er die Schritte dir lenk'.
Mehrmals sagtest du mir: «Ich schwöre bei diesen Gefahren:
  Bleiben am Leben wir zwei, wirst du die Meine stets sein.»
Theseus, wir leben, und ich bin nicht dein – soweit man von Leben
  spricht bei der Frau, die ein Mann feig durch den Treubruch begrub.
Hättest du mich wie den Bruder, du Schuft, mit der Keule erschlagen –
  von deinem Wort, das du gabst, hätte mein Tod dich erlöst.
Doch jetzt denke ich nicht nur an das, was mich noch erwartet,
  sondern was jeder Frau, die man verlassen hat, droht.
Meinem Geist treten tausend Formen des Sterbens entgegen,
  schlimmer noch als der Tod quält uns das Warten auf ihn.
Ja, jetzt kommen sie schon von hier und von dort, so vermut ich,
  Wölfe, die gierigen Zahns mich zu zerfleischen gewillt.
Wer weiß, ob dieses Land nicht auch gelbliche Löwen beherbergt?
  Wilde Tigrinnen hat's auf dieser Insel wohl auch.
Ferner heißt es, das Meer spüle riesige Robben ans Ufer.
  Wer untersagt es dem Schwert, daß durch den Rumpf es mir fährt?
Wenn man mich nur nicht einsperrt, mit harter Kette gefesselt,
  und mit dienstbarer Hand Wolle zu spinnen mich zwingt!
Minos ist doch mein Vater, des Phoebus Tochter die Mutter,
  und, daran denk ich noch mehr, dir war ich einst doch verlobt!
Schau ich aufs Meer, aufs Land, auf die ausgedehnten Gestade,
  droht mir Gefahr vom Land, manche Gefahr auch vom Meer.
Blieb der Himmel noch: Der Götter Erscheinungen fürcht ich.
  Einsam bleib ich zurück, Bestien zu Beute und Fraß.
Wohnen und ackern hier Männer jedoch, mißtraue ich ihnen;
  Angst vor Männern von fern lernte ich – Schaden macht klug!
Lebte Androgeos noch! Du hättest sonst nie deine Untat
  mit deinen Opfern gesühnt, o du cecropisches Land,
nie sonst hätte mit knotigem Knüttel zerschmettert, o Theseus,
  deine erhobene Hand den, der teils Mann war, teils Stier,
nie hätt ich dir, den Rückweg zu weisen, den Faden gegeben,
  oft ja griffst du danach, lasest ihn auf mit der Hand.
Nein, ich wundre mich nicht, wenn auf deiner Seite der Sieg steht,
  wenn das Untier erlegt zuckte auf cretischem Grund.
Denn dein eisernes Herz ließ sich nicht mit den Hörnern durchbohren,
  schütztest du dich auch nicht, Schutz bot die Brust dir genug.

illic tu silices, illic adamanta tulisti,
    illic qui silices, Thesea, vincat, habes.         110
nec pater est Aegeus, nec tu Pittheidos Aethrae      131
    filius; auctores saxa fretumque tui.         132
crudeles somni, quid me tenuistis inertem?       111
    aut semel aeterna nocte premenda fui.
vos quoque crudeles, venti, nimiumque parati
    flaminaque in lacrimas officiosa meas.
dextera crudelis, quae me fratremque necavit,     115
    et data poscenti, nomen inane, fides!
in me iurarunt somnus ventusque fidesque;
    prodita sum causis una puella tribus!
ergo ego nec lacrimas matris moritura videbo,
    nec, mea qui digitis lumina condat, erit?     120
spiritus infelix peregrinas ibit in auras,
    nec positos artus unguet amica manus?
ossa superstabunt volucres inhumata marinae?
    haec sunt officiis digna sepulcra meis?
ibis Cecropios portus patriaque receptus,     125
    cum steteris turbae celsus in ore tuae
et bene narraris letum taurique virique
    sectaque per dubias saxea tecta vias,
me quoque narrato sola tellure relictam!
    non ego sum titulis subripienda tuis.     130
di facerent, ut me summa de puppe videres;     133
    movisset vultus maesta figura tuos!
nunc quoque non oculis, sed, qua potes, adspice mente    135
    haerentem scopulo, quem vaga pulsat aqua.
adspice demissos lugentis more capillos
    et tunicas lacrimis sicut ab imbre gravis.
corpus, ut inpulsae segetes aquilonibus, horret,
    litteraque articulo pressa tremente labat.    140
non te per meritum, quoniam male cessit, adoro;
    debita sit facto gratia nulla meo.
sed ne poena quidem! si non ego causa salutis,
    non tamen est, cur sis tu mihi causa necis.
has tibi plangendo lugubria pectora lassas     145
    infelix tendo trans freta longa manus;

Dort trugst du harten Kiesel, dort trugst du stählernes Eisen,
   dort ist ein Theseus versteckt – härter als Kieselstein noch.
Aegeus ist niemals dein Vater, noch bist du der Tochter des Pittheus,
   Aethras Sohn, erzeugt haben dich Felsen und Meer.
Grausamer Schlaf, warum hieltest du mich so reglos umfangen?
   Besser, in ewige Nacht hättest du gleich mich versenkt.
Grausam seid auch ihr, ihr Winde, und allzu ergeben,
   grausam ihr Lüfte, die mich heftig zum Weinen gebracht.
Grausam ist deine Hand, die mich und den Bruder getötet,
   und der erbetene Schwur war doch nur hohles Geschwätz.
Schlaf und Wind und Schwur – gegen mich hat sich alles verschworen,
   dreifach verraten bin ich – ich, eine Frau, gegen drei!
Soll ich denn also im Sterben die Tränen der Mutter nicht sehen,
   niemand drückt mit der Hand mir meine Augen dann zu?
Soll meine Seele sich traurig in fremde Lüfte verziehen,
   und meine Glieder im Tod salbt keine liebreiche Hand?
Stochern die Vögel des Meers in den unbegrabnen Gebeinen?
   Ist dies ein würdiges Grab, wie's meine Liebe verdient?
Cecrops' Hafen erreichst du, und in der Heimat empfangen,
   wenn du der Masse des Volks ruhmvoll vor Augen dort stehst,
wenn du lebendig dann das Ende des Stiermenschen schilderst,
   wie auf verschlungenem Weg du dann den Felsbau durchschrittst,
dann erzähl auch von mir, wie du mich auf dem Eiland verließest!
   Unterschlage mich nicht in deiner Liste des Ruhms!
Geben's die Götter, du hättest vom hohen Heck mich gesehen,
   hätt ich gewiß dich gerührt mit meiner Elendsgestalt.
Wenn mit den Augen auch nicht, so sieh mich, das kannst du, im Geiste,
   wie ich am Felsenriff häng, welches die Brandung umtost!
Schau auf mein Haar, das wie bei Trauernden lose herabhängt
   und wie vom Regenschwall tränengetränkt mein Gewand!
Schauer schütteln den Leib, wie der Nordwind durch Saaten hindurchbraust,
   und vom Zittern der Hand schwanken die Buchstaben hier.
Keine Berufung auf mein Verdienst, das bekam mir ja übel,
   dafür, was ich getan, wünsche ich keinerlei Dank.
Strafe erst recht nicht! Habe ich dir nicht das Leben gerettet,
   ist das noch lange kein Grund, daß du das Leben mir nimmst.
Da, die vom Schlagen der Brüste in Trauer ermatteten Hände
   strecke ich trostlos aus über das riesige Meer!

hos tibi – qui superant – ostendo maesta capillos!
  per lacrimas oro, quas tua facta movent –
flecte ratem, Theseu, versoque relabere vento!
  si prius occidero, tu tamen ossa feres!          150

Da, meine Haare, soweit sie noch da sind, zeig ich dir traurig!
   Bei diesen Tränen da, fleh ich, der Frucht deiner Tat:
Wende, Theseus, dein Schiff und kehre zurück, wenn der Wind dreht!
   Bin ich zuvor bereits tot, nimm die Gebeine mit dir!

# XI
## CANACE MACAREO

[Aeolis Aeolidae quam non habet ipsa salutem     a
  mittit et armata verba notata manu.]     b
Siqua tamen caecis errabunt scripta lituris,
  oblitus a dominae caede libellus erit.
dextra tenet calamum, strictum tenet altera ferrum,
  et iacet in gremio charta soluta meo.
haec est Aeolidos fratri scribentis imago;     5
  sic videor duro posse placere patri.
ipse necis cuperem nostrae spectator adesset,
  auctorisque oculis exigeretur opus!
ut ferus est multoque suis truculentior Euris,
  spectasset siccis vulnera nostra genis.     10
scilicet est aliquid, cum saevis vivere ventis;
  ingenio populi convenit ille sui.
ille Noto Zephyroque et Sithonio Aquiloni
  imperat et pinnis, Eure proterve, tuis.
imperat heu! ventis, tumidae non imperat irae,     15
  possidet et vitiis regna minora suis.
quid iuvat admotam per avorum nomina caelo
  inter cognatos posse referre Iovem?
num minus infestum, funebria munera, ferrum
  feminea teneo, non mea tela, manu?     20
o utinam, Macareu, quae nos commisit in unum,
  venisset leto serior hora meo!
cur umquam plus me, frater, quam frater amasti,
  et tibi, non debet quod soror esse, fui?
ipsa quoque incalui, qualemque audire solebam,     25
  nescio quem sensi corde tepente deum.
fugerat ore color; macies adduxerat artus;
  sumebant minimos ora coacta cibos;
nec somni faciles et nox erat annua nobis,
  et gemitum nullo laesa dolore dabam.     30
nec, cur haec facerem, poteram mihi reddere causam
  nec noram, quid amans esset; at illud eram.

# BRIEF 11
## CANACE AN MACAREUS

[Aeolus' Tochter wünscht Aeolus' Sohn das Glück, das sie selber
 nicht hat, und schickt, was sie ihm schrieb mit bewaffneter Hand.] *(Lücke)*
Wenn aber teils der Text von entstellenden Flecken verwischt ist,
 dann hat der Schreiberin Tod blutig das Schreiben verschmiert.
In der Rechten die Feder, das Schwert gezückt in der Linken,
 vor mir liegt entrollt auf meinem Schoß das Papier:
Aeolus' Tochter schreibt ihrem Bruder – dies ist ihr Bildnis;
 hart ist mein Vater, nur so, glaub ich, gefalle ich ihm.
Wär er doch selber als Zuschauer bei meinem Tode zugegen,
 würde die Tat doch vor dem, der sie befahl, auch vollbracht!
Wild wie er ist und viel grimmiger als seine östlichen Winde
 sähe er ungerührt zu, wie ich verblute vor ihm.
Ja, es ist nicht ohne Folgen, mit wilden Winden zu leben:
 Er paßt eben dem Geist seines Gesindes sich an.
Südwind und Westwind beherrscht er und den sithonischen Nordwind,
 deinem Gefieder befiehlt, stürmischer Ostwind, er auch.
Ach, er beherrscht die Winde, doch nicht seinen schwellenden Unmut;
 kleiner ist seine Macht, als seine Fehler es sind.
Was hilft's mir, dank den Namen der Ahnen nahe dem Himmel,
 daß ich als blutsverwandt Jupiter anführen kann?
Bin ich vom Schwert denn jetzt minder bedroht, der tödlichen Gabe,
 Waffe, nicht mein, die ich hier halte als Frau in der Hand?
Wäre doch, Macareus, jene Stunde, die uns vereinte,
 später gekommen, nachdem mich schon das Ende ereilt!
Warum hast du, mein Bruder, mich mehr geliebt als ein Bruder?
 Warum war ich dir das, was eine Schwester nicht darf?
Auch ich selbst war entbrannt; jenen Gott, von dem ich oft hörte,
 doch wer es war, wußt ich nicht, fühlte mein glühendes Herz.
Farbe floh aus dem Gesicht und Fasten verzehrte die Glieder,
 Speise nahm ich fast nicht, außer gezwungen, zu mir.
Schwer nur fand ich den Schlaf, die Nacht schien mir Jahre zu dauern,
 Wenn mich auch keinerlei Schmerz plagte, so seufzt ich doch stets.
Aber weshalb ich das tat, das konnte ich mir nicht erklären.
 Was eine Liebende sei, wußt ich nicht, aber ich war's.

prima malum nutrix animo praesensit anili;
　　prima mihi nutrix «Aeoli», dixit, «amas!»
erubui gremioque pudor deiecit ocellos;　　　　　　　　35
　　haec satis in tacita signa fatentis erant.
iamque tumescebant vitiati pondera ventris
　　aegraque furtivum membra gravabat onus.
quas mihi non herbas, quae non medicamina nutrix
　　attulit audaci supposuitque manu,　　　　　　　　　40
ut penitus nostris – hoc te celavimus unum –
　　visceribus crescens excuteretur onus!
a, nimium vivax admotis restitit infans
　　artibus et tecto tutus ab hoste fuit!
iam noviens erat orta soror pulcherrima Phoebi,　　　　45
　　nonaque luciferos Luna movebat equos.
nescia, quae faceret subitos mihi causa dolores,
　　et rudis ad partus et nova miles eram.
nec tenui vocem. «quid», ait, «tua crimina prodis?»
　　oraque clamantis conscia pressit anus.　　　　　　50
quid faciam infelix? gemitus dolor edere cogit,
　　sed timor et nutrix et pudor ipse vetant.
contineo gemitus elapsaque verba reprendo
　　et cogor lacrimas conbibere ipsa meas.
mors erat ante oculos et opem Lucina negabat –　　　　55
　　et grave, si morerer, mors quoque crimen erat –
cum super incumbens scissa tunicaque comaque
　　pressa refovisti pectora nostra tuis,
et mihi «vive, soror, soror o carissima», aisti;
　　«vive nec unius corpore perde duos!　　　　　　　60
spes bona det vires; fratris nam nupta futura es,
　　illius, de quo mater et uxor eris.»
mortua, crede mihi, tamen ad tua verba revixi:
　　et positum est uteri crimen onusque mei.
quid tibi grataris? media sedet Aeolus aula;　　　　　65
　　crimina sunt oculis subripienda patris.
frondibus infantem ramisque albentis olivae
　　et levibus vittis sedula celat anus,
fictaque sacra facit dicitque precantia verba;
　　dat populus sacris, dat pater ipse viam.　　　　　70

Alterfahren ahnte als erste die Amme das Übel,
  sagte als erste zu mir: »Aeolus' Tochter, du liebst!«
Rot geworden vor Scham senkt ich zum Schoß meine Augen;
  blieb ich auch stumm, so war's doch klares Geständnis genug.
Und nun schwoll das Gewicht schon an des geschwängerten Leibes,
  schwer für den kränklichen Leib wurde die heimliche Last.
Was für Kräuter, was für Arzneien schleppte die Amme
  mir nicht herbei, schob sie mir zu mit verwegener Hand,
daß die Last, die tief in meinem Bauche heranwuchs, –
  dies nur verbargen wir dir –, heimlich zur Abtreibung käm'.
Ach, zu lebendig sträubte der Säugling sich gegen die Mittel,
  die man gebrauchte, geschützt blieb er vor heimlichem Feind.
Neunmal war neu schon Phoebus' prächtige Schwester erschienen,
  neunmal schon führte heran Luna ihr helles Gespann.
Ahnungslos war ich, was mir so plötzliche Schmerzen bereitet,
  kannte noch keine Geburt, war noch ein junger Soldat.
Hemmungslos schrie ich. «Was bringst deine Schande du aus?» sprach die
  und als ich schrie, hielt den Mund meine Vertraute mir zu.          [Alte,
Was soll ich Arme nun tun? Von Wehen gezwungen zu stöhnen,
  hemmen mich Amme und Angst und meine eigene Scham.
Ich unterdrücke das Stöhnen, die Worte, die mir entfahren,
  da ich nicht anders kann, schluck ich die Tränen herab.
Vor mir sah ich den Tod, und Lucina versagte mir Hilfe –
  starb ich, so brachte der Tod Schande und Schimpf über mich.          *(Lücke)*
Du aber rauftest dein Haar, zerrissest dein Hemd und umschlangst mich,
  an meine Brust geschmiegt wärmtest den Busen du mir,
sagtest mir: «Lebe, Schwester, o geliebteste Schwester!
  Lebe und reiß nicht allein beide mit dir in das Grab!
Hoffnung schenke dir Kraft! Denn du wirst die Braut deines Bruders,
  von ihm zur Mutter gemacht wirst du auch Gattin ihm sein.»
Glaube mir, tot war ich schon, doch dein Wort rief mich wieder zum Leben,
  und ich brachte zur Welt Schande und Last meines Leibs.
Freu dich zu früh nicht: Aeolus thront hier mitten im Burgsaal,
  und meines Vaters Blick muß man die Schande entziehn.
Sorgsam verhüllt die Alte das Kind mit des graugrünen Ölbaums
  Zweigen und Laubwerk und hüllt hauchdünne Binden darum,
täuscht einen Opfergang vor und spricht vor sich hin die Gebete,
  Diener machen ihr Platz, Platz macht der Vater sogar.

iam prope limen erat – patrias vagitus ad auris
   venit et indicio proditur ille suo!
eripit infantem mentitaque sacra revelat
   Aeolus; insana regia voce sonat.
ut mare fit tremulum, tenui cum stringitur aura,        75
   ut quatitur tepido fraxina virga Noto,
sic mea vibrari pallentia membra videres;
   quassus ab inposito corpore lectus erat.
inruit et nostrum vulgat clamore pudorem
   et vix a misero continet ore manus.        80
ipsa nihil praeter lacrimas pudibunda profudi;
   torpuerat gelido lingua retenta metu.
iamque dari parvum canibusque avibusque nepotem
   iusserat, in solis destituique locis.
vagitus dedit ille miser – sensisse putares –        85
   quaque suum poterat voce rogabat avum.
quid mihi tunc animi credis, germane, fuisse –
   nam potes ex animo colligere ipse tuo –
cum mea me coram silvas inimicus in altas
   viscera montanis ferret edenda lupis?        90
exierat thalamo; tunc demum pectora plangi
   contigit inque meas unguibus ire genas.
interea patrius vultu maerente satelles
   venit et indignos edidit ore sonos:
«Aeolus hunc ensem mittit tibi» – tradidit ensem –     95
   «et iubet ex merito scire, quid iste velit.»
scimus, et utemur violento fortiter ense;
   pectoribus condam dona paterna meis.
his mea muneribus, genitor, conubia donas?
   hac tua dote, pater, filia dives erit?        100
tolle procul, decepte, faces, Hymenaee, maritas
   et fuge turbato tecta nefanda pede!
ferte faces in me quas fertis, Erinyes atrae,
   et meus ex isto luceat igne rogus!
nubite felices Parca meliore sorores,        105
   amissae memores sed tamen este mei!
quid puer admisit tam paucis editus horis?
   quo laesit facto vix bene natus avum?

Schon war sie nahe der Schwelle. Da dringt zu den Ohren des Vaters
    ein Gewimmer, das Kind zeigt damit selber sich an.
Aeolus reißt ihr das Kind weg, entlarvt das erlogene Opfer;
    wahnsinnig ist das Geschrei, das im Palaste erschallt.
Wie das Meer erschauert, wenn leise Brise es streichelt,
    wie im lauwarmen Süd sanft sich der Eschenzweig wiegt,
so erschauerten sichtlich meine erblassenden Glieder,
    so erbebte mein Bett von meinem zitternden Leib.
Der stürzt herein, verkündet schreiend mein schändlich Geheimnis,
    und es fehlte nicht viel, schlug er mich gar ins Gesicht.
Ich selbst tat nichts weiter als Tränen vor Scham zu vergießen,
    und von eiskalter Angst war meine Zunge gelähmt.
Er aber hatte den kleinen Enkel an einsamer Stelle
    auszusetzen bestimmt, Hunden und Vögeln zum Mahl.
Wimmernd ließ der Arme sich hören, als ob er es merkte,
    flehte den Großvater an, wie's seiner Stimme gelang.
Bruder, was glaubst du, wie es mir damals zumute gewesen –
    denn du kannst ja wohl gut schließen von mir auf dich selbst –,
als dieser Teufel mein eigenes Fleisch und Blut mir entführte,
    daß man's im tiefen Wald Bergwölfen gebe zum Fraß.
Dann verließ er den Raum, ich schlug erst jetzt meine Brüste,
    krallte die Nägel der Hand in meine Wangen hinein.
Alsbald erschien mit trauriger Miene des Vaters Geselle
    und verkündete mir jenes empörende Wort:
«Aeolus sendet dir hier dieses Schwert» – er reicht mir ein Schwert hin,
    «und er gebietet mit Recht, daß du auch merkst, was das soll.»
Ja, ich merk's! Dies tödliche Schwert will ich tapfer verwenden:
    Meines Vaters Geschenk stoße ich mir in die Brust.
Vater, ist dies das Geschenk, das zu meiner Hochzeit bestimmt ist?
    Vater, machst du dein Kind mit solcher Mitgift nun reich?
Fort mit den ehlichen Fackeln, du bist, Hymenaeus, betrogen,
    lauf mit verstörtem Fuß fort aus dem schändlichen Haus!
Werft die Fackeln auf mich, die ihr tragt, ihr schwarzen Erinyen,
    und von solch einem Brand leuchte mein Scheitergerüst!
Heiratet unter besserem Stern, ihr glücklichen Schwestern,
    geh ich zugrunde jetzt dann, denkt dennoch immer an mich!
Was hat der Kleine, seit wenigen Stunden am Leben, verbrochen,
    womit den Großvater auch, eben geboren, gekränkt?

si potuit meruisse necem, meruisse putetur –
   a, miser admisso plectitur ille meo!             110
nate, dolor matris, rapidarum praeda ferarum,
   ei mihi! natali dilacerate tuo;
nate, parum fausti miserabile pignus amoris –
   haec tibi prima dies, haec tibi summa fuit.
non mihi te licuit lacrimis perfundere iustis,         115
   in tua non tonsas ferre sepulcra comas;
non super incubui, non oscula frigida carpsi.
   diripiunt avidae viscera nostra ferae.
ipsa quoque infantis cum vulnere prosequar umbras
   nec mater fuero dicta nec orba diu.         120
tu tamen, o frustra miserae sperate sorori,
   sparsa, precor, nati collige membra tui
et refer ad matrem socioque inpone sepulcro
   urnaque nos habeat quamlibet arta duos!
vive memor nostri lacrimasque in vulnera funde     125
   neve reformida corpus amantis amans!
tu, rogo, dilectae nimium mandata sororis
   perfice; mandatum persequar ipsa patris!

Konnte den Tod er verdienen, so stelle man ihn vor den Richter.
  Ach, nur für meine Tat wird nun der Ärmste gebüßt!
Sohn, du Kummer der Mutter, du Beute der reißenden Tiere,
  weh mir, am Tag der Geburt reißt man in Stücke dich schon!
Sohn, unglückliches Pfand einer allzu unseligen Liebe,
  dies war dein erster Tag, dies war der letzte für dich!
Keine Tränen durft ich, wie's recht ist, über dir weinen,
  auf dein Grab nicht das Haar hinlegen, das ich mir schnitt,
beugte mich nicht über dich, empfing nicht die fröstelnden Küsse.
  Opfer gierigen Wilds wird nun mein eigenes Fleisch.
So such auch ich den Tod, um dem Schatten des Kindes zu folgen,
  Mutter nennt man mich kurz, kinderlos heiß ich nicht lang.
Du aber, o der glücklosen Schwester vergebliche Hoffnung,
  sammle, ich bitte dich, ein doch deines Sohnes Gebein,
bring es zur Mutter zurück und leg's ins gemeinsame Grabmal!
  *Eine* Urne, sie sei noch so eng, nehme uns auf!
Leb im Gedenken an mich und benetz meine Wunden mit Tränen,
  schrecke als Liebender nicht vor meiner Leiche zurück!
Bitte, erfülle du nun das Gebot deiner allzu geliebten
  Schwester: Ich selbst aber will tun, was der Vater gebot.

## XII
## MEDEA IASONI

[Exul inops contempta novo Medea marito       a
    dicit: an a regnis tempora nulla vacant?]     b
At tibi Colchorum, memini, regina vacavi,
    ars mea cum peteres ut tibi ferret opem.
tunc quae dispensant mortalia fila sorores
    debuerant fusos evoluisse meos.
tum potui Medea mori bene! quidquid ab illo     5
    produxi vitae tempore, poena fuit.
ei mihi! cur umquam iuvenalibus acta lacertis
    Phrixeam petiit Pelias arbor ovem?
cur umquam Colchi Magnetida vidimus Argon
    turbaque Phasiacam Graia bibistis aquam?     10
cur mihi plus aequo flavi placuere capilli
    et decor et linguae gratia ficta tuae?
aut, semel in nostras quoniam nova puppis harenas
    venerat audacis attuleratque viros,
isset anhelatos non praemedicatus in ignes     15
    inmemor Aesonides oraque adusta boum!
semina iecisset, totidem sevisset et hostes,
    ut caderet cultu cultor ab ipse suo!
quantum perfidiae tecum, scelerate, perisset,
    dempta forent capiti quam mala multa meo!     20
est aliqua ingrato meritum exprobrare voluptas.
    hac fruar; haec de te gaudia sola feram.
iussus inexpertam Colchos advertere puppim
    intrasti patriae regna beata meae.
hoc illic Medea fui, nova nupta quod hic est;     25
    quam pater est illi, tam mihi dives erat.
hic Ephyren bimarem, Scythia tenus ille nivosa
    omne tenet, Ponti qua plaga laeva iacet.
accipit hospitio iuvenes Aeeta Pelasgos,
    et premitis pictos, corpora Graia, toros.     30
tunc ego te vidi, tunc coepi scire, quis esses;
    illa fuit mentis prima ruina meae.

# BRIEF 12
## MEDEA AN JASON

[Arm, verachtet, verbannt spricht zum Neuvermählten Medea:
   Bleibt dir vom Leben am Hof denn etwa gar keine Zeit?]
Ach, für dich hatte ich Zeit als Prinzessin in Colchis, ich weiß noch,
   damals, als du meine Kunst für deine Rettung umwarbst.
Hätten die Schwestern, welche die Schicksalsfäden verteilen,
   von meiner Spindel schon da fertig gesponnen das Garn!
Damals konnte Medea gut sterben. Was ich erlebte
   von jenem Zeitpunkt an fortan, das war eine Qual.
Weh mir! Warum fuhr der Baum, von jungen Armen getrieben,
   je von des Pelions Höhn nach dem phrixeischen Fell?
Warum erblickten in Colchis wir je die magnesische Argo,
   trank die grajische Schar Wasser im phasischen Land?
Warum gefiel dein blondes Haar mir mehr, als es sollte,
   und deine Anmut, der Dank, den deine Zunge mir log?
Oder – wenn schon das seltsame Schiff an unserem Strande
   landete und mit sich her brachte den tapferen Trupp –
hätte der Stiere feurigem Atem und rußigem Antlitz
   Aesons vergeßlicher Sohn ohne den Zauber getrotzt!
Hätt' er die Samen gestreut und mit ihnen gleich viele Feinde,
   daß der Sämann verdarb durch seine eigene Saat!
Wieviel Verrat wär mit dir, du Schuft, zugrunde gegangen,
   wieviel Unsegen blieb dann meinem Haupte erspart!
Undankbaren Verdienste vorzuhalten, ist lustvoll.
   Das will ich tun: Diese Lust ist, was von dir mir noch bleibt.
Mit dem Befehl, ein Schiff erstmals zu den Colchern zu steuern,
   kamst du ins glückliche Land, wo meine Heimatstadt lag.
Ich, Medea, war das dort, was nun deine neue Braut hier ist:
   Reich, wie ihr Vater hier ist, war ja mein Vater dort auch:
*Er* beherrscht Éphyre, beidseits am Meer; bis zum schneereichen Scythien
   ist am Pontus *sein* alles, was linkerhand liegt.
Gastlich empfängt Aeeta die jugendlichen Pelasger,
   Polster mit buntem Gewirk dienen euch Griechen als Bett.
Da erblickte ich dich, da erfuhr ich, um wen es sich handle,
   das war der erste Schlag, der in die Seele mich traf.

et vidi et perii; nec notis ignibus arsi,
    ardet ut ad magnos pinea taeda deos.
et formosus eras et me mea fata trahebant;        35
    abstulerant oculi lumina nostra tui.
perfide, sensisti – quis enim bene celat amorem?
    eminet indicio prodita flamma suo.
dicitur interea tibi lex, ut dura ferorum
    insolito premeres vomere colla boum.        40
Martis erant tauri plus quam per cornua saevi,
    quorum terribilis spiritus ignis erat,
aere pedes solidi praetentaque naribus aera,
    nigra per adflatus haec quoque facta suos.
semina praeterea populos genitura iuberis        45
    spargere devota lata per arva manu,
qui peterent natis secum tua corpora telis;
    illa est agricolae messis iniqua suo.
lumina custodis succumbere nescia somno
    ultimus est aliqua decipere arte labor.        50
dixerat Aeetes; maesti consurgitis omnes
    mensaque purpureos deserit alta toros.
quam tibi tunc longe regnum dotale Crëusae
    et socer et magni nata Creontis erat!
tristis abis; oculis abeuntem prosequor udis        55
    et dixit tenui murmure lingua: «vale!»
ut positum tetigi thalamo male saucia lectum,
    acta est per lacrimas nox mihi, quanta fuit;
ante oculos taurique meos segetesque nefandae,
    ante meos oculos pervigil anguis erat.        60
hinc amor, hinc timor est; ipsum timor auget amorem.
    mane erat, et thalamo cara recepta soror
disiectamque comas adversaque in ora iacentem
    invenit et lacrimis omnia plena meis.
orat opem Minyis – «alter petit, alter habebit» –        65
    Aesonio iuveni, quod rogat illa, damus.
est nemus et piceis et frondibus ilicis atrum;
    vix illuc radiis solis adire licet.
sunt in eo – fuerant certe – delubra Dianae;
    aurea barbarica stat dea facta manu.        70

Als ich dich sah, war ich hin, ich entbrannte, wie ich's nicht kannte,
    wie der fichtene Span mächtigen Gottheiten brennt.
Schön war deine Gestalt, mein Schicksal zog mich gewaltsam,
    und deiner Augen Glanz blendete mir meinen Blick.
Treuloser, du hast's gemerkt – wer kann Liebe schon richtig verbergen? –
    Feuer tritt selber ans Licht, leuchtend verrät es sich selbst.
Mittlerweile vernimmst du die Regeln: Steifnackige wilde
    Stiere, die's nicht gewohnt, seien geschirrt vor den Pflug.
Stiere des Mars – schon wegen der Hörner waren sie schrecklich,
    noch entsetzlicher war aber ihr glühender Hauch,
erzbeschlagen die Hufe, mit Erz gepanzert die Nüstern,
    doch auch dies war bereits von ihrem Atem geschwärzt.
Außerdem mußtest du Samen, die Männer hervorbringen sollten,
    mit gehorsamer Hand ausstreuen weit übers Feld,
daß sie auf dich mit den mitgeborenen Waffen sich stürzten –
    eine unselige Saat erntet der Ackermann da!
Doch des Wächters Augen, die niemals dem Schlaf unterliegen,
    listig zu hintergehn, das kommt als Prüfung zuletzt.
So des Aeetes Gebot. Betrübt erhebt ihr euch alle,
    weg vom purpurnen Bett geht der erhabene Kreis.
Wie fern war jetzt das Reich, der erhoffte Brautschatz Crëusas
    fern der Schwäher und fern Creons, des mächtigen, Kind!
Traurig gehst du; mit feuchten Augen verfolg ich den Weggang,
    und meine Zunge sagt leis flüsternd zu dir: «Lebe wohl!»
Wie ich zutiefst getroffen im Zimmer aufs Lager mich werfe,
    bringe ich weinend die Nacht zu – ach, wie endlos sie war!
Vor meinen Augen waren die Stiere, die gräßliche Aussaat,
    vor meinen Augen das stets wachsame Drachengezücht.
Da treibt mich Liebe, dort Angst; Angst steigert dann wieder die Liebe.
    Morgen war's; in mein Gemach kommt meine Schwester herein,
findet mit zerzaustem Haar mich auf meinem Antlitz
    liegend und alles ringsum von meinen Tränen benetzt.
Hilfe erfleht sie den Minyern – «Der bettelt, der andere erntet» –
    Aesons wackerem Sohn geb ich, was jene erfleht.
Da ist ein Hain, von Fichtengeäst und Eichenlaub finster,
    kaum daß der Sonne Strahl dorthin zu dringen vermag.
Dort befindet sich, sicher schon lange, ein Tempel Dianas;
    von barbarischer Hand steht drin die Göttin aus Gold.

noscis? an exciderunt mecum loca? venimus illuc.
   orsus es infido sic prior ore loqui:
«ius tibi et arbitrium nostrae fortuna salutis
   tradidit inque tua est vitaque morsque manu.
perdere posse sat est, siquem iuvet ipsa potestas;         75
   sed tibi servatus gloria maior ero.
per mala nostra precor, quorum potes esse levamen,
   per genus et numen cuncta videntis avi,
per triplicis vultus arcanaque sacra Dianae,
   et si forte aliquos gens habet ista deos:         80
o virgo, miserere mei, miserere meorum,
   effice me meritis tempus in omne tuum!
quodsi forte virum non dedignare Pelasgum –
   sed mihi tam faciles unde bonosque deos? –
spiritus ante meus tenues vanescat in auras,         85
   quam thalamo nisi tu nupta sit ulla meo!
conscia sit Iuno sacris praefecta maritis
   et dea, marmorea cuius in aede sumus!»
haec animum – et quota pars haec sunt! – movere puellae
   simplicis et dextrae dextera iuncta meae.         90
vidi etiam lacrimas – an pars est fraudis in illis? –
   sic cito sum verbis capta puella tuis.
iungis et aeripedes inadusto corpore tauros
   et solidam iusso vomere findis humum.
arva venenatis pro semine dentibus inples;         95
   nascitur et gladios scutaque miles habet.
ipsa ego, quae dederam medicamina, pallida sedi,
   cum vidi subitos arma tenere viros,
donec terrigenae, facinus mirabile, fratres
   inter se strictas conseruere manus.         100
insopor ecce vigil squamis crepitantibus horrens
   sibilat et torto pectore verrit humum!
dotis opes ubi erant? ubi erat tibi regia coniunx,
   quique maris gemini distinet Isthmos aquas?
illa ego, quae tibi sum nunc denique barbara facta,         105
   nunc tibi sum pauper, nunc tibi visa nocens,
flammea subduxi medicato lumina somno
   et tibi, quae raperes, vellera tuta dedi.

Weißt du's noch oder vergaßt du's, wie mich, daß wir uns dort trafen?
　　So begannst du, so sprachst du mit verlogenem Mund:
«Recht und Entscheidung über mein Heil verlieh dir das Schicksal,
　　in deiner Hand allein liegt für mich Leben und Tod.
Liebt jemand Macht überhaupt, dann reicht's ihm verderben zu können,
　　rettest du mich jedoch, winkt dir noch größerer Ruhm.
Bei meinem Unglück, welches du lindern kannst, bei deiner Herkunft
　　bitt ich dich, bei deines Ahns Gottheit, der alles erblickt,
bei dem dreifachen Antlitz, den heimlichen Weihen Dianas,
　　und bei den Göttern hier, falls euer Volk welche hat:
O erbarme dich meiner, Mädchen, erbarm dich der Meinen,
　　mache, daß ich dank dir dein bin auf ewige Zeit.
Falls du einen Pelasger als Mann vielleicht doch nicht verachtest –
　　aber wo fände ich je Götter, so gnädig und gut? –
eher entschwinde mein Geist hinauf in die hauchfeinen Lüfte,
　　eh' eine Braut außer dir je meine Kammer betritt!
Juno, die bürgt für die Weihen der Ehe, sei unsere Zeugin
　　und des marmornen Baus Göttin, in dem wir jetzt sind!»
Worte wie die – und wie viele noch! – rührten des arglosen Mädchens
　　Herz, sowie deine Hand, die sich der meinen verband.
Tränen sah ich sogar – waren die am Betrug auch beteiligt?
　　So fiel ich Mädchen denn rasch auf deine Worte herein.
Unversengt spannst du ins Joch die Stiere mit ehernen Hufen,
　　pflügst das harte Gefild mit dem befohlenen Pflug,
füllst in die Furchen giftige Zähne anstelle von Samen,
　　und schon entsprießt ein Heer, Schwerter und Schilde zur Hand.
Bleich saß ich sogar da, die die Zaubermittel gegeben,
　　als ich in Waffen die Schar sah, die so plötzlich entsproß,
bis die erdgeborenen Brüder, ein Wunder zu schauen,
　　gegeneinander zum Kampf schritten, die Klingen gezückt.
Sieh, wie der schlaflose Wächter, der strotzt von knirschenden Schuppen,
　　zischt, mit sich windender Brust über den Boden hin fegt!
Wo war die Mitgift da? Wo war deine fürstliche Gattin,
　　wo des Isthmos Strand, Grenze des doppelten Meers?
*Ich* war da, die nun schließlich für dich zur Barbarin geworden,
　　die ich für dich nun arm, schädlich bin, wie es dir scheint.
*Ich* versenkte in Zauberschlaf seine flammenden Augen,
　　half dir, daß du das Vlies ohne Gefährdung bekamst.

proditus est genitor, regnum patriamque reliqui;
   munus, in exilio quod licet esse, tuli!              110
virginitas facta est peregrini praeda latronis;
   optima cum cara matre relicta soror.
at non te fugiens sine me, germane, reliqui!
   deficit hoc uno littera nostra loco.
quod facere ausa mea est, non audet scribere dextra.     115
   sic ego, sed tecum, dilaceranda fui.
nec tamen extimui – quid enim post illa timerem? –
   credere me pelago femina iamque nocens.
numen ubi est? ubi di? meritas subeamus in alto,
   tu fraudis poenas, credulitatis ego!            120
compressos utinam Symplegades elisissent
   nostraque adhaererent ossibus ossa tuis!
aut nos Scylla rapax canibus misisset edendos! –
   debuit ingratis Scylla nocere viris.
quaeque vomit totidem fluctus totidemque resorbet,    125
   nos quoque Trinacriae supposuisset aquae!
sospes ad Haemonias victorque reverteris urbes;
   ponitur ad patrios aurea lana deos.
quid referam Peliae natas pietate nocentes
   caesaque virginea membra paterna manu?      130
ut culpent alii, tibi me laudare necesse est,
   pro quo sum totiens esse coacta nocens.
ausus es – o, iusto desunt sua verba dolori! –
   ausus es «Aesonia», dicere, «cede domo!»
iussa domo cessi natis comitata duobus             135
   et, qui me sequitur semper, amore tui.
ut subito nostras Hymen cantatus ad aures
   venit et accenso lampades igne micant
tibiaque effundit socialia carmina vobis,
   at mihi funerea flebiliora tuba,              140
pertimui nec adhuc tantum scelus esse putabam,
   sed tamen in toto pectore frigus erat.
turba ruunt et «Hymen», clamant, «Hymenaee!» frequenter;
   quo propior vox haec, hoc mihi peius erat.
diversi flebant servi lacrimasque tegebant –       145
   quis vellet tanti nuntius esse mali?

Ich verriet meinen Vater, ließ Heimat und Königreich fahren;
   daß ich verbannt sein darf, das ist mein Dank und mein Lohn.
Meine Unschuld wurde dem landsfremden Räuber zur Beute,
   ich ließ, teuer und lieb, Mutter und Schwester zurück.
Doch dich ließ ich nicht allein auf der Flucht zurück, Bruder –
   an dieser Stelle allein klafft eine Lücke im Brief.
Was meine Rechte zu tun gewagt, sie wagt's nicht zu schreiben.
   So hätt auch ich, doch mit dir, stückweis zu sterben verdient.
Angst aber hatte ich nicht, – was gab es danach noch zu fürchten? –
   auch nicht als Frau, mich dem Meer, schuldig jetzt, anzuvertraun.
Wo ist ein Gott? Wo die Götter? Ereilte zur See uns die Strafe,
   dich für deinen Betrug, mich für die Leichtgläubigkeit!
Hätten die Symplegaden uns beide zerquetscht und zerschmettert!
   Klebten an deinem Gebein meine Gebeine nun fest!
Hätte die räubrische Scylla den Hunden zum Fraß uns gegeben! –
   Männer, die undankbar sind, sind Scyllas Opfer zu Recht.
Sie, die ebenso oft die Fluten ausspeit wie einschlürft,
   hätte auch uns sie versenkt dort in Trinacrias See!
Heil und siegreich kehrst du heim in Haemoniens Städte,
   und den Göttern daheim weihst du das goldene Vlies.
Was soll ich reden von Pelias' Töchtern, die freveln aus Liebe,
   die ihres Vaters Leib schlachten mit eigener Hand?
Sollen mich andere tadeln, an dir jedoch ist's, mich zu loben,
   freveln mußt' ich für dich, was ich so häufig getan.
Du hast's gewagt – o, es fehlen dem Schmerz, dem gerechten, die Worte –
   wagtest zu sagen: «Verlaß nun das aesonische Haus!»
Auf dein Geheiß verließ ich's, von beiden Kindern begleitet
   und von der Liebe zu dir, die mich auf ewig verfolgt.
Als auf einmal der Hochzeitsgesang zu unseren Ohren
   dringt, als der Fackeln Licht scheint, da man Feuer entfacht,
als der Flöte für euch die Vermählungsweisen entströmen,
   was mich ärger noch schmerzt als die Posaune am Grab,
da erschreck ich, noch glaube ich nicht an ein solches Verbrechen,
   doch in der ganzen Brust fühlt es sich an wie vereist.
Alles strömt herbei, ruft «Hymen!», ruft oft «Hymenaeus!»
   und je näher der Ruf kommt, desto übler wird's mir.
Abgewandt weinten die Diener, verbargen vor mir ihre Tränen –
   denn wer wünschte schon Bote des Unheils zu sein?

me quoque, quidquid erat potius nescire iuvabat;
   sed tamquam scirem, mens mea tristis erat,
cum minor e pueris iussus studiove videndi
   constitit ad geminae limina prima foris.         150
«hinc mihi, mater, abi! pompam pater», inquit, «Iason
   ducit et adiunctos aureus urget equos!»
protinus abscissa planxi mea pectora veste,
   tuta nec a digitis ora fuere meis.
ire animus mediae suadebat in agmina turbae       155
   sertaque conpositis demere rapta comis.
vix me continui, quin dilaniata capillos
   clamarem «meus est!» iniceremque manus.
laese pater, gaude! Colchi gaudete relicti!
   inferias umbrae fratris habete mei;        160
deseror amissis regno patriaque domoque
   coniuge, qui nobis omnia solus erat!
serpentis igitur potui taurosque furentes,
   unum non potui perdomuisse virum,
quaeque feros pepuli doctis medicatibus ignes,   165
   non valeo flammas effugere ipsa meas.
ipsi me cantus herbaeque artesque relinquunt;
   nil dea, nil Hecates sacra potentis agunt.
non mihi grata dies; noctes vigilantur amarae
   nec tener, a miserae! pectora somnus habet.   170
quae me non possum, potui sopire draconem;
   utilior cuivis quam mihi cura mea est.
quos ego servavi, paelex amplectitur artus
   et nostri fructus illa laboris habet.
forsitan et, stultae dum te iactare maritae     175
   quaeris et iniustis auribus apta loqui,
in faciem moresque meos nova crimina fingas.
   rideat et vitiis laeta sit illa meis.
rideat et Tyrio iaceat sublimis in ostro –
   flebit et ardores vincet adusta meos!     180
dum ferrum flammaeque aderunt sucusque veneni,
   hostis Medeae nullus inultus erit.
quodsi forte preces praecordia ferrea tangunt,
   nunc animis audi verba minora meis!

Mir war es ebenfalls lieber, was immer es war, nicht zu wissen,
    aber als wüßte ich's doch, war ich im Herzen betrübt,
als unser jüngerer Knabe, geheißen oder aus Neugier,
    hier an der Schwelle stand, vorn am geflügelten Tor.
«Mutter», rief er, «komm her! An der Spitze des Zuges der Vater,
    Jason, in goldenem Schmuck lenkt er das Pferdegespann!»
Augenblicks zerrte ich mir das Gewand weg und schlug mir die Brüste,
    auch mein Gesicht blieb nicht von meinen Fingern verschont.
Mitten ins Volksgedränge riet mir mein Herz mich zu stürzen,
    wegzureißen den Kranz von deiner schönen Frisur.
Kaum beherrschte ich mich, mir nicht die Haare zu raufen,
    daß ich nicht rief: «Er ist mein!» und dich gewaltsam ergriff.
Freu dich, beleidigter Vater, freut euch, ihr verlassenen Colcher!
    Totenopfer nimm an, Schatten des Bruders, von mir!
Königreich, Heimat und Haus gab ich auf, nun läßt er mich sitzen,
    er, mein Gemahl, der allein alles bisher für mich war.
Schlangen also verstand ich zu zähmen und wütende Stiere,
    doch einen einzigen Mann nur zu bezähmen mißlang.
Ich, die ich loderndes Feuer vertrieb mit listigem Zauber,
    kann meinem eigenen Brand nicht einmal selber entgehn.
Zaubersprüche und Kräuter, die eigenen Künste versagen,
    nichts hilft die Göttin, nichts hilft Hecates heilige Macht.
Unwillkommen der Tag. Ich durchwache bittere Nächte,
    weh mir! kein Schlummer umfängt milde mein leidendes Herz.
Mich versenke ich nicht in Schlaf, doch beim Drachen, da konnt ich's,
    jedermann kommt meine Kunst eher zu Hilfe als mir.
Seine Glieder, von mir gerettet, umarmt jetzt das Flittchen,
    sie genießt den Ertrag, den meine Arbeit gebracht.
Vor deiner törichten Gattin willst du vielleicht dich jetzt brüsten,
    schwatzest, was gerne sie hört, gibst ihr ein Zerrbild von mir,
schilderst mein Antlitz, mein Wesen von neuem in düsteren Farben,
    sie aber lacht und ist froh, daß ich so lasterhaft bin.
Lache sie nur und räkle sich stolz auf tyrischem Purpur!
    Weinen wird sie, verbrannt löscht sie mir erst meinen Brand!
Wenn es noch Eisen und Flammen gibt und giftige Säfte,
    bleibt bei Medea kein Feind jemals von Rache verschont.
Sind aber Bitten imstand, dein eisernes Zwerchfell zu rühren,
    hör meine Worte nun an, harmloser, als ich es bin.

tam tibi sum supplex, quam tu mihi saepe fuisti,                     185
   nec moror ante tuos procubuisse pedes.
si tibi sum vilis, communis respice natos;
   saeviet in partus dira noverca meos.
et nimium similes tibi sunt et imagine tangor,
   et quotiens video, lumina nostra madent.                    190
per superos oro, per avitae lumina flammae,
   per meritum et natos, pignora nostra, duos –
redde torum, pro quo tot res insana reliqui,
   adde fidem dictis auxiliumque refer!
non ego te inploro contra taurosque virosque,                       195
   utque tua serpens victa quiescat ope.
te peto, quem merui, quem nobis ipse dedisti,
   cum quo sum pariter facta parente parens.
dos ubi sit, quaeris? campo numeravimus illo,
   qui tibi laturo vellus arandus erat.                        200
aureus ille aries villo spectabilis alto
   dos mea, quam, dicam si tibi «redde!» neges.
dos mea tu sospes; dos est mea Graia iuventus!
   i nunc, Sisyphias, inprobe, confer opes!
quod vivis, quod habes nuptam socerumque potentis,                  205
   hoc ipsum, ingratus quod potes esse, meum est.
quos equidem actutum – sed quid praedicere poenam
   attinet? ingentis parturit ira minas.
quo feret ira, sequar! facti fortasse pigebit –
   et piget infido consuluisse viro.                           210
viderit ista deus, qui nunc mea pectora versat!
   nescio quid certe mens mea maius agit!

Demütig fleh ich dich an, wie du es mit mir oft getan hast,
    und ich zögere nicht niederzuknien vor dir.
Bist du mich satt, so denk an unsre gemeinsamen Kinder;
    geht jenes grausame Weib doch auf die Stiefkinder los.
Allzu ähnlich sind sie dir ja, ihr Anblick ergreift mich,
    und sooft ich sie seh', werden die Augen mir feucht.
Hör bei den Göttern mich an, bei des Großvaters flammenden Augen,
    bei den Verdiensten, beim Paar, das wir in Liebe gezeugt.
Schenk mir die Liebe, für die ich im Wahn so viel opferte, wieder,
    halte dein Wort, das du gabst, hilf mir, wie ich dir einst half!
Deinen Beistand erflehe ich nicht gegen Stiere und Männer,
    aber auch nicht, daß dank dir Schlangen der Schlaf übermannt.
Dich will ich haben, dich hab ich verdient, du gabst dich mir selber,
    denn als ich Mutter ward, wurdest du Vater zugleich.
Wo denn die Mitgift sei, fragst du? Ich zahlte sie aus auf dem Felde,
    welches zu pflügen war, wolltest als Preis du das Vlies.
Jener goldene Widder mit zottigem Fell war die Mitgift;
    sagte ich «Gib ihn zurück!» würdest du antworten: «Nein!»
Mitgift war auch deine Rettung und Mitgift die grajische Jugend.
    Geh nun, vergleiche, du Schuft, Schätze aus Sisyphus' Haus!
Daß du noch lebst, eine Braut, einen Schwäher hast, mächtig sie beide,
    undankbar sein kannst zudem: Dies ist ja doch mein Verdienst.
Ja, euch werde ich bald – doch ist es wohl sinnvoll, die Strafe
    anzukünden? Der Zorn brütet die Schreckenstat aus.
Folgen will ich, wohin mich der Zorn treibt. Vielleicht wird's mich reuen,
    reut`s mich doch auch, daß ich einst half einem treulosen Mann.
Möge der Gott das sehen, der jetzt mein Inneres aufwühlt!
    Größeres plant mein Geist sicher, doch weiß ich nicht was!

# XIII
## LAODAMIA PROTESILAO

Mittit et optat amans, quo mittitur, ire salutem
    Haemonis Haemonio Laodamia viro.
Aulide te fama est vento retinente morari.
    a, me cum fugeres, hic ubi ventus erat?
tum freta debuerant vestris obsistere remis;           5
    illud erat saevis utile tempus aquis.
oscula plura viro mandataque plura dedissem;
    et sunt quae volui dicere multa tibi.
raptus es hinc praeceps, et qui tua vela vocaret,
    quem cuperent nautae, non ego, ventus erat.      10
ventus erat nautis aptus, non aptus amanti.
    solvor ab amplexu, Protesilae, tuo,
linguaque mandantis verba inperfecta reliquit;
    vix illud potui dicere triste «vale!»
incubuit Boreas abreptaque vela tetendit           15
    iamque meus longe Protesilaus erat.
dum potui spectare virum, spectare iuvabat
    sumque tuos oculos usque secuta meis.
ut te non poteram, poteram tua vela videre,
    vela diu vultus detinuere meos.           20
at postquam nec te nec vela fugacia vidi,
    et, quod spectarem, nil nisi pontus erat,
lux quoque tecum abiit tenebrisque exsanguis obortis
    succiduo dicor procubuisse genu.
vix socer Iphiclus, vix me grandaevus Acastus,      25
    vix mater gelida maesta refecit aqua.
officium fecere pium, sed inutile nobis.
    indignor miserae non licuisse mori!
ut rediit animus, pariter rediere dolores.
    pectora legitimus casta momordit amor.      30
nec mihi pectendos cura est praebere capillos
    nec libet aurata corpora veste tegi.
ut quas pampinea tetigisse Bicorniger hasta
    creditur, huc illuc, qua furor egit, eo.

# BRIEF 13
## LAODAMIA AN PROTESILAUS

Grüße sendet verliebt dem haemonischen Mann aus Haemonien
  Laodamia und wünscht, daß sie der Gatte erhält.
Doch das Gerücht geht, vom Winde gehindert verweilst du in Aulis;
  ach, als du weggingst von mir, wo blieb denn da dieser Wind?
Damals hatte das Meer euren Rudern entgegenzutreten;
  dies war die richtige Zeit für einen Sturm auf der See.
Küsse hätt ich dir mehr und mehr zu bestellen gegeben,
  und ich hätte dir noch vieles zu sagen gehabt.
Hastig stürztest du fort. Der dich zu segeln verlockte,
  den sich der Seemann gewünscht – ich war es nicht, nein, der Wind.
Seefahrern paßte der Wind, doch paßte er nicht der Verliebten,
  aus deinen Armen riß, Protesilaus, man mich,
auf meiner Zunge erstarben die Worte, die ich dir mitgab,
  kaum gelang es mir noch, traurig zu sagen «Leb wohl!»
Boreas stürmte heran und spannte zerrend die Segel,
  und nicht lange, so war Protesilaus weit weg.
Gerne spähte ich hin, solang ich den Gatten erspähte,
  mit meinen Augen sah ständig den deinen ich nach.
Als mir dies nicht mehr gelang, gelang's noch, die Segel zu sehen,
  lange noch hielt meinen Blick weiter dein Segelschiff fest.
Als ich jedoch weder dich noch die flüchtigen Segel erblickte
  und es außer dem Meer nichts zu erblicken mehr gab,
schwand mit dir auch das Licht, und als die Dunkelheit aufstieg,
  wankten die Knie, und ich sank blutleer zu Boden, wie's heißt.
Schwäher Iphiclus, Acastus, der Greis, die traurige Mutter –
  kaum mit kühlendem Naß weckten sie mich wieder auf.
Ihre fromme, mir unnütze Pflicht erfüllten sie alle,
  weh mir, daß sie mir nicht damals zu sterben gegönnt.
Als ich wieder zu mir kam, da kehrten die Schmerzen auch wieder.
  Sehnsucht nach meinem Mann fraß sich ins lautere Herz.
Ich verspür keinen Drang, das Haar mir kämmen zu lassen,
  mag auch nicht meinen Leib schmücken mit goldenem Kleid.
So wie die, die der Weinlaubstab des Gehörnten berührte,
  irre ich ziellos umher, wohin der Wahnsinn mich treibt.

conveniunt matres Phylaceides et mihi clamant: 35
  «indue regales, Laodamia, sinus!»
scilicet ipsa geram saturatas murice vestes,
  bella sub Iliacis moenibus ille geret?
ipsa comas pectar, galea caput ille premetur?
  ipsa novas vestes, dura vir arma feret? 40
qua possum, squalore tuos imitata labores
  dicar et haec belli tempora tristis agam.
Dyspari Priamide, damno formose tuorum,
  tam sis hostis iners, quam malus hospes eras!
aut te Taenariae faciem culpasse maritae 45
  aut illi vellem displicuisse tuam!
tu, qui pro rapta nimium, Menelae, laboras,
  ei mihi, quam multis flebilis ultor eris!
di, precor, a nobis omen removete sinistrum,
  et sua det Reduci vir meus arma Iovi! 50
sed timeo, quotiens subiit miserabile bellum;
  more nivis lacrimae sole madentis eunt.
Ilion et Tenedos Simoisque et Xanthus et Ide
  nomina sunt ipso paene timenda sono.
nec rapere ausurus, nisi se defendere posset, 55
  hospes erat; vires noverat ille suas.
venerat, ut fama est, multo spectabilis auro
  quique suo Phrygias corpore ferret opes,
classe virisque potens, per quae fera bella geruntur –
  et sequitur regni pars quota quemque sui! 60
his ego te victam, consors Ledaea gemellis,
  suspicor; haec Danais posse nocere puto.
Hectora nescio quem timeo: Paris Hectora dixit
  ferrea sanguinea bella movere manu;
Hectora, quisquis is est, si sum tibi cara, caveto; 65
  signatum memori pectore nomen habe!
hunc ubi vitaris, alios vitare memento
  et multos illic Hectoras esse puta;
et facito ut dicas, quotiens pugnare parabis:
  «parcere me iussit Laodamia sibi.» 70
si cadere Argolico fas est sub milite Troiam,
  te quoque non ullum vulnus habente cadat!

Phylaces Frauen strömen zusammen und mahnen mich dringlich:
    «Zieh ein königlich Kleid, Laodamia, doch an!»
Ich soll also die purpurgetränkten Gewänder mir anziehn,
    er aber nimmt den Krieg auf sich vor Ilions Burg?
Ich soll das Haar mir kämmen und ihn drückt der Helm auf dem Haupte?
    Ich trag ein neues Gewand, stahlharte Waffen mein Mann?
Nein, in Sack und Asche soll man mich sehn, ein getreues
    Bild deiner Leiden im Krieg, deren ich trauernd gedenk.
Dysparis, Priamus' Sohn, du Schöner zum Unheil der Deinen,
    sei du als Krieger so lahm, wie du gemein warst als Gast!
Hättest du doch das Gesicht der taenarischen Gattin bemängelt
    oder hätte doch ihr niemals das deine behagt!
Du, Menelaos, der für die Geraubte du allzusehr leidest,
    weh mir, wie mancher vergießt Tränen, wenn du dich einst rächst!
Götter, ich bitte euch, haltet mir fern das böse Verhängnis,
    bringe mein Mann seine Wehr Jupiter Redux zurück!
Doch mir wird angst, sooft mir der scheußliche Krieg in den Sinn kommt,
    wie wenn die Sonne den Schnee schmilzt, steigen Tränen mir auf.
Ilion, Tenedos und Simois und Xanthus und Ide –
    bei dieser Namen Klang wird mir beinahe schon bang.
Niemals hätte der Gast sie zu rauben gewagt, hätt' er nicht auch
    sich zu wehren gewußt, kannte er doch seine Macht.
Üppig prunkend in Gold, wie die Sage geht, war er gekommen,
    trug am eigenen Leib phrygische Schätze zur Schau,
reich an Schiffen und Leuten, was harte Kriege ermöglicht –
    und welch bescheidener Teil folgt einem Herrscher schon nach!
Dies überzeugte dich, Tochter der Leda, der Zwillinge Schwester,
    denk ich; die Danaer bringt dies vielleicht doch in Gefahr.
Vor jenem Hector graut es mir; Paris erzählte von Hector,
    daß er eisern den Krieg führe mit blutiger Hand.
Vor jenem Hector, ich kenn ihn nicht, hüte dich, wenn du dir lieb bin,
    präge den Namen dir fest in deinem Herzen doch ein!
Wenn du dem aus dem Weg gehst, vergiß nicht auch andre zu meiden,
    stelle dir vor, daß es doch viele wie Hector dort gibt.
Halte es so: Sag stets, wenn du dich anschickst zu kämpfen:
    «Laodamia gebot mir, sie zu schonen, ja, sie!»
Ist es schon Troja bestimmt, von der Hand der Argoler zu fallen,
    falle es, ohne daß du je eine Wunde empfängst.

pugnet et adversos tendat Menelaus in hostis;
    ut rapiat Paridi, quam Paris ante sibi;
inruat et, causa quem vicit, vincat et armis:            75
    hostibus e mediis nupta petenda viro est.
causa tua est dispar; tu tantum vivere pugna
    inque pios dominae posse redire sinus.
parcite, Dardanidae, de tot, precor, hostibus uni,
    ne meus ex illo corpore sanguis eat!           80
non est, quem deceat nudo concurrere ferro
    saevaque in oppositos pectora ferre viros.
fortius ille potest multo, quam pugnat, amare.
    bella gerant alii; Protesilaus amet!
nunc fateor – volui revocare animusque ferebat;     85
    substitit auspicii lingua timore mali.
cum foribus velles ad Troiam exire paternis,
    pes tuus offenso limine signa dedit.
ut vidi, ingemui, tacitoque in pectore dixi:
    «signa reversuri sint, precor, ista viri!»        90
haec tibi nunc refero, ne sis animosus in armis;
    fac, meus in ventos hic timor omnis eat!
sors quoque nescio quem fato designat iniquo,
    qui primus Danaum Troada tangat humum.
infelix, quae prima virum lugebit ademptum!      95
    di faciant, ne tu strenuus esse velis!
inter mille rates tua sit millensima puppis
    iamque fatigatas ultima verset aquas!
hoc quoque praemoneo: de nave novissimus exi;
    non est, quo properas, terra paterna tibi.     100
cum venies, remoque move veloque carinam
    inque tuo celerem litore siste gradum!
sive latet Phoebus seu terris altior exstat,
    tu mihi luce dolor, tu mihi nocte venis,
nocte tamen quam luce magis – nox grata puellis,     105
    quarum suppositus colla lacertus habet.
aucupor in lecto mendaces caelibe somnos;
    dum careo veris, gaudia falsa iuvant.
sed tua cur nobis pallens occurrit imago?
    cur venit a labris multa querela tuis?      110

Kämpfen soll Menelaos und auf die Feinde sich werfen,
   daß er Paris entreißt, was ihm einst Paris entriß;
stürme er los – der Sieger im Recht sei auch Sieger mit Waffen;
   mitten aus Feindeshand hole der Mann seine Frau!
Deine Sache liegt anders: Du zieh in den Kampf um zu leben,
   daß dich die treue Frau wieder ans Herz drücken kann.
Schont, Dardaniden, bitte, von so vielen Feinden nur einen,
   daß er mit seinem Blut nicht auch das meine vergießt.
Er ist nicht geschaffen, mit nackter Klinge zu streiten
   und mit tollkühner Brust anzugehn gegen den Feind.
Weitaus heftiger, als er kämpft, vermag er zu lieben.
   Krieg sei von andren geführt, Protesilaus – verliebt.
Nun gesteh ich's: Fast rief ich dich wieder zurück, denn es trieb mich,
   Angst vor verkündigtem Leid bannte die Zunge mir fest.
Als du die Tür deines Hauses beim Aufbruch nach Troja durchschrittest,
   gab ein Zeichen dein Fuß, als an die Schwelle er stieß.
Als ich's bemerkte, seufzte ich auf und sagte im stillen:
   «Zeichen, so bet ich, sei dies, daß mein Gemahl wiederkehrt!»
Dies erzähl ich dir jetzt, daß im Kampf nicht zu kühn du dich vorwagst.
   Mach, daß all meine Angst alsbald sich auflöst in nichts!
Auch bestimmt den einen das Los zu traurigem Schicksal,
   der von den Danaern einst Troas als erster betritt.
Arme Frau, die als erste den toten Gatten betrauert!
   Geben die Götter, daß du nicht dieser Tapfre sein willst!
Sei unter tausend Schiffen das deine das tausendste Fahrzeug,
   und es durchkreuze zuletzt das schon ermüdete Meer!
Dies auch schärf ich dir ein: Verlasse das Schiff erst als letzter;
   nicht dein väterlich Land ist es, wohin du jetzt fährst.
Kommst du zurück, dann treibe das Schiff mit Ruder und Segel,
   ende die rasche Fahrt erst an dem eigenen Strand!
Ob sich Phoebus verbirgt oder aufsteigt über den Ländern,
   du bist mein Kummer bei Tag, du bist mein Kummer bei Nacht,
nachts jedoch mehr als bei Tag. Die Nacht ist den Mädchen willkommen,
   wenn des Geliebten Arm unter den Nacken sich schiebt.
Ich aber hasche im ledigen Bett nach den Lügen des Schlafes,
   da mir die echte Lust fehlt, kost ich die unechte aus.
Doch warum seh ich jeweils dein bleiches Bildnis im Traume?
   Warum kommen so viel Klagen denn aus deinem Mund?

excutior somno simulacraque noctis adoro;
  nulla caret fumo Thessalis ara meo;
tura damus lacrimamque super, qua sparsa relucet,
  ut solet adfuso surgere flamma mero.
quando ego, te reducem cupidis amplexa lacertis,                    115
  languida tristitia solvar ab ipsa mea?
quando erit, ut lecto mecum bene iunctus in uno
  militiae referas splendida facta tuae?
quae mihi dum referes, quamvis audire iuvabit,
  multa tamen capies oscula, multa dabis.                          120
semper in his apte narrantia verba resistunt;
  promptior est dulci lingua referre mora.
sed cum Troia subit, subeunt ventique fretumque;
  spes bona sollicito victa timore cadit.
hoc quoque, quod venti prohibent exire carinas,                    125
  me movet – invitis ire paratis aquis.
quis velit in patriam vento prohibente reverti?
  a patria pelago vela vetante datis.
ipse suam non praebet iter Neptunus ad urbem.
  quo ruitis? vestras quisque redite domos!                       130
quo ruitis, Danai? ventos audite vetantis!
  non subiti casus, numinis ista mora est.
quid petitur tanto nisi turpis adultera bello?
  dum licet, Inachiae vertite vela rates!
sed quid ago? revoco? revocaminis omen abesto                      135
  blandaque conpositas aura secundet aquas!
Troasin invideo, quae si lacrimosa suorum
  funera conspicient nec procul hostis erit.
ipsa suis manibus forti nova nupta marito
  inponet galeam Dardanaque arma dabit.                           140
arma dabit, dumque arma dabit, simul oscula sumet –
  hoc genus officii dulce duobus erit –
producetque virum, dabit et mandata reverti
  et dicet: «referas ista fac arma Iovi!»
ille ferens dominae mandata recentia secum                         145
  pugnabit caute respicietque domum.
exuet haec reduci clipeum galeamque resolvet
  excipietque suo corpora lassa sinu.

Aus dem Schlaf schreck ich auf, verehre die nächtlichen Bilder,
und in Thessalien spend Weihrauch ich jedem Altar.
Weihrauch spend ich und Tränen dazu. Es lodert die Flamme
wie das Feuer empor, gießt man den Wein drüberhin.
Wann werd ich voll Sehnsucht dich bei der Rückkehr umarmen,
wann, von Trauer gelähmt, von meiner Trauer erlöst?
Wann wirst endlich du eng verschlungen im Bett mit mir liegen,
gibst von den Taten Bericht, die du im Kriegsdienst begingst?
Während du mir erzählst, auch wenn es mich freut dich zu hören,
erntest du öfters von mir Küsse, gibst viele zurück.
So gerät dann eben jeweils die Erzählung ins Stocken;
muntrer nach süßem Verbleib plaudert die Zunge dann fort.
Denk ich an Troja jedoch, dann denk ich ans Meer und die Feinde.
Schöne Hoffnung zerstiebt, Unruh erfaßt mich und Angst.
Dies auch, daß an der Ausfahrt die Winde die Kiele verhindern,
macht mich besorgt; ihr wollt gehn gegen den Willen des Meers.
Wer will schon in die Heimat zurück, wenn der Wind es verbietet?
Ihr segelt fort von daheim gegen des Meeres Verbot.
Neptun selber versperrt den Weg zur eigenen Stadt euch.
Wo eilt ihr hin? Nach Haus kehre ein jeder zurück.
Wo eilt ihr Danaer hin? Hört die Winde, die es verbieten!
Plötzlicher Zufall ist's nicht: Gottes Gebot hält euch fest.
Worum geht dieser Krieg wenn nicht um die schändliche Buhle?
Wechselt, solang es noch geht, Inachus' Schiffe, den Kurs!
Doch was tu ich? Ich warne dich! Folge der Warnung kein Unheil,
und ein freundlicher Wind streiche die Wogen euch glatt!
Trojas Frauen beneid ich: Wenn sie die Ihren zu Grabe
tragen, des Jammers voll, ist doch der Feind ihnen nah.
Eben vermählt setzt die Frau mit den Händen dem tapferen Gatten
selber den Helm auf und reicht Dardanerwaffen ihm hin.
Reicht ihm die Waffen, und reicht sie ihm Waffen, dann holt sie sich Küsse –
diese Beschäftigung wird beiden sehr angenehm sein –
und sie geleitet den Mann, sie heißt ihn wiederzukommen,
sagt ihm: «Dem Jupiter bring hier diese Waffen zurück!»
Der behält den Auftrag der Liebsten frisch im Gedächtnis,
kämpft mit allem Bedacht, denkt an sein eigenes Heim.
Kehrt er zurück, nimmt den Schild sie ihm ab, löst den Helm los,
drückt den ermüdeten Leib innig dann an ihre Brust.

nos sumus incertae; nos anxius omnia cogit,
    quae possunt fieri, facta putare timor.          150
dum tamen arma geres diverso miles in orbe,
    quae referat vultus est mihi cera tuos.
illi blanditias, illi tibi debita verba
    dicimus, amplexus accipit illa meos.
crede mihi, plus est, quam quod videatur, imago;          155
    adde sonum cerae, Protesilaus erit.
hanc specto teneoque sinu pro coniuge vero
    et, tamquam possit verba referre, queror.
per reditus corpusque tuum, mea numina, iuro,
    perque pares animi coniugiique faces,          160
perque, quod ut videam canis albere capillis,
    protectum possis ipse referre, caput:
me tibi venturam comitem, quocumque vocaris,
    sive – quod heu! timeo – sive superstes eris.
ultima mandato claudatur epistula parvo:          165
    si tibi cura mei, sit tibi cura tui!

Ich weiß von nichts: Mich zwingen Angst und Beklemmung zu glauben,
    alles sei schon geschehn, was auch nur möglich erscheint.
Während als Krieger am Ende der Welt in Waffen du streitest,
    bleibt mir dein Bild doch aus Wachs, das deine Züge mir zeigt.
Ihm sag ich zärtliche Worte, ihm alles, was dir ich zu sagen
    hätte; Umarmung und Kuß – all das bekommt es von mir.
Glaube mir, mehr als es scheint, ist dieses Bildnis in Wahrheit:
    Füge zum Wachs nur den Ton, Protesilaus ist's schon.
Dies schau ich an und drück's an die Brust statt des richtigen Gatten,
    und ich klag ihm mein Leid, als ob es antworten könnt'.
Bei deiner Rückkehr schwör ich, bei deiner Gestalt – meiner Gottheit –,
    bei unsrer Herzen Glut, bei unsres Hochzeitszugs Licht,
bei deinem Haupt – ich möcht's weißhaarig erglänzen einst sehen,
    möchte, daß du's bewahrt selbst wieder heimbringen kannst:
Überall werd ich, wohin du auch immer mich rufst, dich begleiten,
    sei's, was mich ängstigt, ach, sei's du kommst lebend davon.
Mit einem kleinen Wunsch sei mein Brief am Ende geschlossen:
    Willst du sorgen für mich, sorge vor allem für dich!

## HYPERMESTRA LYNCEO

Mittit Hypermestra de tot modo fratribus uni –
    cetera nuptarum crimine turba iacet.
clausa domo teneor gravibusque coercita vinclis;
    est mihi supplicii causa fuisse piam.
quod manus extimuit iugulo demittere ferrum,     5
    sum rea; laudarer, si scelus ausa forem.
esse ream praestat, quam sic placuisse parenti;
    non piget inmunes caedis habere manus.
me pater igne licet, quem non violavimus, urat,
    quaeque aderant sacris, tendat in ora faces;     10
aut illo iugulet, quem non bene tradidit ensem,
    ut, qua non cecidit vir nece, nupta cadam.
non tamen, ut dicant morientia «paenitet!» ora,
    efficiet. non est, quam piget esse piam.
paeniteat sceleris Danaum saevasque sorores;     15
    hic solet eventus facta nefanda sequi.
cor pavet admonitu temeratae sanguine noctis
    et subitus dextrae praepedit ossa tremor.
quam tu caede putes fungi potuisse mariti,
    scribere de facta non sibi caede timet!     20
sed tamen experiar. modo facta crepuscula terris;
    ultima pars lucis primaque noctis erat.
ducimur Inachides magni sub tecta Pelasgi
    et socer armatas accipit ipse nurus.
undique conlucent praecinctae lampades auro;     25
    dantur in invitos inpia tura focos;
vulgus «Hymen, Hymenaee!» vocant. fugit ille vocantis,
    ipsa Iovis coniunx cessit ab urbe sua!
ecce, mero dubii, comitum clamore frequentes,
    flore novo madidas inpediente comas,     30
in thalamos laeti – thalamos, sua busta! – feruntur
    strataque corporibus foedere digna premunt.
iamque cibo vinoque graves somnoque iacebant
    securumque quies alta per Argos erat.

# BRIEF 14
## HYPERMESTRA AN LYNCEUS

Hypermestra schreibt von so vielen Brüdern noch einem –
    alle übrigen sind Opfer der mordenden Braut.
Schwer gekettet hält man mich eingekerkert zu Hause;
    meiner Bestrafung Grund ist, daß ich unschuldig blieb.
Daß meine Hand sich gescheut, dir den Dolch in die Kehle zu stoßen,
    richtet mich; lobenswert wär's, hätt ich die Bluttat gewagt.
Besser gerichtet sein, als so dem Vater gefallen;
    daß meine Hände von Blut rein sind, bedaure ich nicht.
Soll mich der Vater im Feuer, das ich nicht entweihte, verbrennen,
    Fackeln, der Ehe geweiht, stoße er mir ins Gesicht,
schneide die Kehle mir durch mit dem Dolch, den er schändlich mir aufdrang,
    daß ich als Braut in den Tod geh, den mein Gatte nicht ging.
Daß mein Mund jedoch sterbend noch sagt: «Ich bereue», erreicht er
    niemals. Zur Reue besteht für meine Unschuld kein Grund.
Danaus reue die Schandtat und meine grausamen Schwestern;
    dies pflegt die Folge zu sein, wenn man Verbrechen begeht.
Denk ich an die blutbesudelte Nacht, pocht das Herz mir,
    plötzlicher Schauder hält lähmend die Rechte mir fest:
Sie, der du den Mord am Gatten zutrauen konntest,
    scheut sich zu schreiben vom Mord, welchen sie niemals beging.
Dennoch versuch ich's: Schon senkte sich Dämmerung über die Erde;
    dies war das Ende des Tags, dies war der Anfang der Nacht.
Uns Inachiden führt man ins Haus des großen Pelasgus,
    wo uns der Schwäher selbst, Bräute mit Waffen, empfängt.
Fackeln leuchten von überall her in goldener Fassung,
    Weihrauch wird schamlos gestreut auf den sich sträubenden Herd,
«Hymen» ruft, «Hymenaeus» das Volk. Der flieht vor den Rufern,
    Jupiters Gattin sogar floh aus der eigenen Stadt!
Siehe da, alle taumelnd vom Wein, unterm Lärmen der Freunde,
    frischer Blumen Zier kränzt das befeuchtete Haar,
eilen voll Freude ins Ehegemach – das Gemach wird ihr Grab sein –,
    betten aufs Lager sich hin, wie es zur Paarung gehört.
Und schon lagen sie da vom Essen, vom Wein und vom Schlaf schwer,
    Argos' sorglose Stadt sank nun in Schlummer zutiefst.

circum me gemitus morientum audire videbar;       35
    quod tamen audibam quodque verebar, erat.
sanguis abit mentemque calor corpusque relinquit
    inque novo iacui frigida facta toro.
ut leni Zephyro graciles vibrantur aristae,
    frigida populeas ut quatit aura comas,       40
aut sic, aut etiam tremui magis. ipse iacebas,
    quaeque tibi dederam, causa soporis erant.
excussere metum violenti iussa parentis;
    erigor et capio tela tremente manu.
non ego falsa loquar: ter acutum sustulit ensem,       45
    ter male sublato reccidit ense manus.
admovi iugulo – sine me tibi vera fateri! –
    admovi iugulo tela paterna tuo.
sed timor et pietas crudelibus obstitit ausis
    castaque mandatum dextra refugit opus.       50
purpureos laniata sinus, laniata capillos
    exiguo dixi talia verba sono:
«saevus, Hypermestra, pater est tibi; iussa parentis
    effice; germanis sit comes iste suis!
femina sum et virgo natura mitis et annis;       55
    non faciunt molles ad fera tela manus.
quin age, dumque iacet, fortis imitare sorores –
    credibile est caesos omnibus esse viros. –
si manus haec aliquam posset committere caedem,
    morte foret dominae sanguinolenta suae.       60
aut meruere necem patruelia regna tenendo?
    quae tamen externis danda forent generis.
finge viros meruisse mori – quid fecimus ipsae?
    quo mihi commisso non licet esse piae?
quid mihi cum ferro? quo bellica tela puellae?       65
    aptior est digitis lana colusque meis.»
haec ego; dumque queror, lacrimae sua verba sequuntur
    deque meis oculis in tua membra cadunt.
dum petis amplexus sopitaque bracchia iactas,
    paene manus telo saucia facta tua est.       70
iamque patrem famulosque patris lucemque timebam.
    expulerunt somnos haec mea dicta tuos:

Ringsum glaubte ich nur der Sterbenden Röcheln zu hören,
  doch was ich hörte, war wahr, was ich befürchtet, war wahr!
Da entwich mir das Blut und die Wärme dem Leib und den Sinnen,
  und im bräutlichen Bett lag ich zu Eise erstarrt.
Wie bei lindem Zephyr die zarten Ähren erzittern,
  wie ein frostiger Hauch Blätter der Pappeln bewegt,
so oder mehr noch erzitterte ich. Du aber schliefst ruhig,
  was ich zuvor dir gereicht, hatte dich schläfrig gemacht.
Meines grausamen Vaters Befehl verscheuchte die Angst mir;
  Mut faß ich nun, und den Dolch pack ich mit zitternder Hand.
Was ich sage, ist wahr: Ich hob dreimal die schneidende Klinge,
  dreimal sank mir die Hand, als ich den Dolch – weh! – erhob.
An deine Kehle gesetzt, laß mich die Wahrheit gestehen! –
  an deine Kehle gesetzt war Vaters Waffe bereits.
Angst und Ehrfurcht jedoch widerstrebten dem grausigen Wagnis,
  und meine reine Hand wies diesen Auftrag zurück.
Ich zerriß mein purpurnes Kleid, ich raufte die Haare,
  und in leisestem Ton flüsterte ich vor mich hin:
«Grausam ist, Hypermestra, dein Vater; des Vaters Befehle
  führ jedoch aus: Auch der folge den Brüdern jetzt nach. –
Frau und Jungfrau bin ich, bin zart von Natur und an Jahren,
  in meine weiche Hand paßt doch kein schrecklicher Dolch. –
Nein, tu's nur, und solang er noch schläft, wie die tapferen Schwestern,
  umgebracht haben sie wohl alle die Männer bereits. –
Doch beginge die Hand hier je eine blutige Mordtat,
  von ihrer Herrin Tod wäre sie blutüberströmt –
Sie verdienten den Tod, weil des Oheims Reich sie besitzen?
  Schwiegersöhnen von fern fiele es andernfalls zu.
Stell dir vor, sie verdienten den Tod: Was verbrach denn ich selber?
  Was beging denn ich selbst, daß ich nicht rein bleiben darf?
Was soll die Waffe mir? Kriegsgerät für ein Mädchen, wozu das?
  Besser sind meiner Hand Wolle und Rocken gemäß.»
Dies meine Worte, und während ich klage, kommen die Tränen,
  tropfen auf deinen Leib von meinen Augen herab.
Als du im Schlaf die Arme schlenkernd mich suchst zu umarmen,
  hätt ich dir beinah die Hand mit meiner Waffe geritzt.
Nun erfaßte mich Angst vor dem Vater, den Dienern, dem Morgen,
  und was ich sagte zu dir, scheuchte dich schnell aus dem Schlaf:

«surge age, Belide, de tot modo fratribus unus!
  nox tibi, ni properas, ista perennis erit!»
territus exsurgis; fugit omnis inertia somni;                    75
  adspicis in timida fortia tela manu.
quaerenti causam «dum nox sinit, effuge!» dixi.
  dum nox atra sinit, tu fugis, ipsa moror.
mane erat, et Danaus generos ex caede iacentis
  dinumerat. summae criminis unus abes.                          80
fert male cognatae iacturam mortis in uno
  et queritur facti sanguinis esse parum.
abstrahor a patriis pedibus raptamque capillis –
  haec meruit pietas praemia! – carcer habet.
scilicet ex illo Iunonia permanet ira,                           85
  cum bos ex homine est, ex bove facta dea.
at satis est poenae teneram mugisse puellam
  nec, modo formosam, posse placere Iovi.
adstitit in ripa liquidi nova vacca parentis
  cornuaque in patriis non sua vidit aquis                       90
conatoque queri mugitus edidit ore
  territaque est forma, territa voce sua.
quid furis, infelix? quid te miraris in umbra?
  quid numeras factos ad nova membra pedes?
illa Iovis magni paelex metuenda sorori                          95
  fronde levas nimiam caespitibusque famem,
fonte bibis spectasque tuam stupefacta figuram
  et, te ne feriant, quae geris, arma, times,
quaeque modo, ut posses etiam Iove digna videri,
  dives eras, nuda nuda recumbis humo.                           100
per mare, per terras cognataque flumina curris;
  dat mare, dant amnes, dat tibi terra viam.
quae tibi causa fugae? quid, io, freta longa pererras?
  non poteris vultus effugere ipsa tuos.
Inachi, quo properas? eadem sequerisque fugisque;                105
  tu tibi dux comiti, tu comes ipsa duci.
per septem Nilus portus emissus in aequor
  exuit insanae paelicis ora bovis.
ultima quid refero, quorum mihi cana senectus
  auctor? dant anni, quod querar, ecce, mei.                     110

«Los, steh auf, Belide, von so vielen Brüdern der letzte!
  Wenn du nicht eilst, wird bald ewige Nacht für dich sein.»
Angstvoll fährst du empor, es weicht alle Trägheit des Schlummers,
  in meiner mutlosen Hand siehst du den mutigen Dolch.
Als du mich fragst nach dem Grund, sag ich: «Flieh, solange es Nacht ist!
  Noch in der Schwärze der Nacht fliehst du, ich selbst bleibe hier.»
Morgen war's; es zählt die ermordeten Gatten der Töchter
  Danaus. Du allein fehlst noch als Krönung der Tat.
Übel nimmt er's, daß einer dem Sippenmord sich entzogen,
  klagt, zu wenig sei bisher vergossen an Blut.
Weg von den Füßen des Vaters reißt man mich, zerrt an den Haaren –
  Ist das der Ehrfurcht Lohn? – mich in den Kerker hinab.
Juno zürnt gewiß noch immer seit jenen Zeiten,
  als eine Frau zur Kuh wurde, zur Göttin die Kuh.
Strafe genug für ein zartes Mädchen ist's doch zu muhen,
  daß es dann, eben noch schön, Jupiter nicht mehr gefällt.
Nun stand die neue Kuh am Ufer des flüssigen Vaters,
  Hörner, sie waren ihr fremd, sah in den Wellen sie dort.
Als sie zu sprechen versuchte, kam aus dem Maul nur ein Muhen,
  Schrecken jagt die Gestalt, Schrecken die Stimme ihr ein.
Arme, was tobst du denn? Was bestaunst du dich in den Wellen,
  zählst deine Füße, die neu wuchsen zu Gliedern heran?
Du, zum Schrecken der Schwester des großen Jupiters Liebste,
  stillst deinen Hunger mit Laub, stillst ihn, den großen, mit Gras,
trinkst aus der Quelle, erblickst dein Spiegelbild voll Entsetzen,
  meinst, das Horn, das du trägst, könne verwunden dich selbst.
Die du eben noch prunktest, so daß du Jupiters würdig
  scheinen konntest, du liegst nackt nun auf nacktem Gefild,
eilst übers Meer, über Länder und Flüsse, die dir verwandt sind;
  dir weisen Ströme und Meer, dir weist das Land einen Weg.
Was soll die Flucht? Was irrst du, o weh, durch die Weite der Meere?
  Deiner eignen Gestalt kannst du ja doch nicht entgehn.
Inachus' Kind, wohin eilst du? Du folgst und vermeidest – dasselbe.
  Gehst du voraus, folgst du nach, folgst du dir, gehst du voraus.
Endlich nahm der Nil, der in sieben Armen ins Meer strömt,
  von der Geliebten Gesicht das einer rasenden Kuh.
Doch was erzähl ich die alte Mär weißhaariger Greise?
  Sieh doch, mein Leben gibt Anlaß zu klagen genug.

bella pater patruusque gerunt; regnoque domoque
    pellimur; eiectos ultimus orbis habet.
ille ferox solus solio sceptroque potitur;
    cum sene nos inopi turba vagamur inops.
de fratrum populo pars exiguissima restat.             115
    quique dati leto, quaeque dedere, fleo.
nam mihi quot fratres, totidem periere sorores.
    accipiat lacrimas utraque turba meas!
en, ego, quod vivis, poenae crucianda reservor;
    quid fiet sonti, cum rea laudis agar?             120
et consanguineae quondam centensima turbae
    infelix uno fratre manente cadam?
at tu, siqua piae, Lynceu, tibi cura sororis,
    quaeque tibi tribui, munera dignus habes,
vel fer opem vel dede neci defunctaque vita        125
    corpora furtivis insuper adde rogis
et sepeli lacrimis perfusa fidelibus ossa,
    sculptaque sint titulo nostra sepulcra brevi:
«EXUL HYPERMESTRA, PRETIUM PIETATIS INIQUUM,
    QUAM MORTEM FRATRI DEPULIT, IPSA TULIT.»    130
scribere plura libet, sed pondere lassa catenae
    est manus et vires subtrahit ipse timor.

Krieg führen Vater und Oheim; wir werden vom Throne vertrieben
    und aus der Heimat. Der Welt Ende bewohnen wir nun.
Jener beansprucht allein den Thron und das Szepter, der Unhold,
    mit einem hilflosen Greis streifen wir hilflos umher.
Von der Menge der Brüder blieb der geringste Teil übrig.
    Opfer und die es getan, beide beweine ich nun.
Denn ich verlor soviel Schwestern, wie ich Brüder verloren;
    jenen und diesen zugleich sei meine Trauer geweiht.
Weil du noch lebst, sieh, bin ich im Kerker zu qualvoller Strafe.
    Was geschieht erst bei Schuld, klagt man mich an bei Verdienst?
Soll ich, die hundertste einst in der großen Schar der Verwandten,
    sterben, ein unglücklich Weib, weil mir ein Vetter noch bleibt?
Doch du, Lynceus, wenn dir noch liegt an der schuldlosen Base
    und du das Opfer auch, das ich geleistet, verdienst,
bring mir Hilfe – sonst gib mir den Tod, doch wenn ich dann tot bin,
    wirf insgeheim meinen Leib oben aufs Scheitergerüst,
trag die Gebeine, benetzt mit echten Tränen, zu Grabe,
    und auf mein Grabmal sei kurz folgende Inschrift gesetzt:
«Hypermestra, verbannt, – mit Unrecht belohnte man Liebe –
    starb aus Liebe den Tod, dem sie den Vetter entriss.»
Gerne schriebe ich mehr, doch erschlafft von der Schwere der Kette
    ist meine Hand und die Angst rafft mir die Kräfte hinweg.

## SAPPHO PHAONI

Ecquid, ut adspecta est studiosae littera dextrae,
    protinus est oculis cognita nostra tuis –
an, nisi legisses auctoris nomina Sapphus,
    hoc breve nescires unde movetur opus?
forsitan et quare mea sint alterna requiras         5
    carmina, cum lyricis sim magis apta modis.
flendus amor meus est: elegiae flebile carmen,
    non facit ad lacrimas barbitos ulla meas.
uror, ut indomitis ignem exercentibus Euris
    fertilis accensis messibus ardet ager.         10
arva, Phaon, celebras diversa Typhoidos Aetnae;
    me calor Aetnaeo non minor igne tenet.
nec mihi, dispositis quae iungam carmina nervis,
    proveniunt – vacuae carmina mentis opus –
nec me Pyrrhiades Methymniadesve puellae,     15
    nec me Lesbiadum cetera turba iuvant.
vilis Anactorie, vilis mihi candida Cydro;
    non oculis grata est Atthis, ut ante, meis
atque aliae centum, quas non sine crimine amavi;
    inprobe, multarum quod fuit, unus habes.     20
est in te facies, sunt apti lusibus anni –
    o facies oculis insidiosa meis!
sume fidem et pharetram – fies manifestus Apollo,
    accedant capiti cornua – Bacchus eris:
et Phoebus Daphnen, et Gnosida Bacchus amavit   25
    nec norat lyricos illa vel illa modos;
at mihi Pegasides blandissima carmina dictant;
    iam canitur toto nomen in orbe meum.
nec plus Alcaeus, consors patriaeque lyraeque,
    laudis habet, quamvis grandius ille sonet.     30
si mihi difficilis formam natura negavit,
    ingenio formae damna repende meae.
sum brevis, at nomen, quod terras inpleat omnes,
    est mihi; mensuram nominis ipsa fero.

# BRIEF 15 (21)
## SAPPHO AN PHAON

Hast du, als du die Handschrift einer Gelehrten erblicktest,
    etwa sogleich meine Hand mit deinen Augen erkannt?
Oder, hättest du nicht den Namenszug »Sappho« gelesen,
    wüßtest du nicht, woher wohl dieses knappe Werk stammt?
Möglich, daß du mich fragst, warum ich in wechselnden Versen
    schreibe, beherrsche ich doch lyrische Versmaße mehr.
Traurig ist meine Liebe: Elegische Verse sind traurig,
    zu meinen Tränen paßt also der Barbitos nicht.
Wie wenn vom unbezähmbaren Eurus das Feuer geschürt wird,
    brenn ich: Bei lodernder Saat brennt so das fruchtbare Land.
Fern weilst du, Phaon, in des typhoischen Aetnas Gefilden;
    mich hat ein Feuer erfaßt wie die aetnaeische Glut.
Lieder, die zu gestimmten Saiten zu fügen mein Wunsch ist,
    glücken mir nicht – der Gesang braucht einen heiteren Sinn –
noch beglücken mich Mädchen von Pyrrha oder Methymna,
    auch nicht die übrige Schar, welche aus Lesbos selbst kommt.
Anactorie mag ich nicht mehr, nicht die strahlende Cydro,
    mag auch die Atthis nicht sehn, die ich zuvor so geliebt,
hundert andere nicht, die ich liebte – nicht ohne Vorwurf;
    zahlreicher Mädchen Besitz, Ruchloser, hast du allein.
Schön bist du, deine Jahre passen zu munteren Spielen,
    deine schöne Gestalt hat meine Augen betört.
Greif zu Lyra und Köcher: So bist du der wahre Apollo.
    Laß dir am Haupt ein Gehörn wachsen – und Bacchus bist du.
Phoebus liebte die Daphne und Bacchus das Mädchen aus Gnosos:
    Lyrische Melodie kannte nicht jene, nicht die.
Doch mir diktieren des Pegasus Freundinnen schmeichelndste Lieder,
    und auf der ganzen Welt wird schon mein Name genannt.
Auch nicht Alcaeus, mit dem mich Heimat und Lyra verbinden,
    erntet mehr Ruhm, obschon dieser erhabener singt.
Hat mir auch die Natur mißmutig Schönheit verweigert,
    wiege mit meinem Geist leibliche Mängel doch auf!
Klein bin ich zwar, doch mein Name, so groß, alle Länder zu füllen,
    der ist mein, und der ist für meine Größe das Maß.

candida si non sum, placuit Cepheïa Perseo                          35
   Andromede, patriae fusca colore suae.
et variis albae iunguntur saepe columbae
   et niger a viridi turtur amatur ave.
si, nisi quae facie poterit te digna videri,
   nulla futura tua est, nulla futura tua est.                     40
at mea cum legeres, etiam formosa videbar;
   unam iurabas usque decere loqui.
cantabam, memini – meminerunt omnia amantes –
   oscula cantanti tu mihi rapta dabas.
haec quoque laudabas, omnique a parte placebam –                    45
   sed tum praecipue, cum fit amoris opus.
tunc te plus solito lascivia nostra iuvabat
   crebraque mobilitas aptaque verba ioco,
et quod, ubi amborum fuerat confusa voluptas,
   plurimus in lasso corpore languor erat.                         50
nunc tibi Sicelides veniunt nova praeda puellae.
   quid mihi cum Lesbo? Sicelis esse volo.
o vos erronem tellure remittite vestra,
   Nisiades matres Nisiadesque nurus,
nec vos decipiant blandae mendacia linguae!                         55
   quae dicit vobis, dixerat ante mihi.
tu quoque, quae montes celebras, Erycina, Sicanos –
   nam tua sum – vati consule, diva, tuae!
an gravis inceptum peragit fortuna tenorem
   et manet in cursu semper acerba suo?                            60
sex mihi natales ierant, cum lecta parentis
   ante diem lacrimas ossa bibere meas.
arsit iners frater meretricis captus amore
   mixtaque cum turpi damna pudore tulit;
factus inops agili peragit freta caerula remo,                      65
   quasque male amisit, nunc male quaerit opes.
me quoque, quod monui bene multa fideliter, odit;
   hoc mihi libertas, hoc pia lingua dedit.
et tamquam desint, quae me sine fine fatigent,
   accumulat curas filia parva meas.                               70
ultima tu nostris accedis causa querelis.
   non agitur vento nostra carina suo.

Ist meine Haut auch nicht weiß: Andromede, Tochter des Cepheus,
   schwarzhäutig herkunftsgemäß, wurde von Perseus geliebt.
Öfters paaren sich doch auch weiße Tauben mit bunten,
   schwarz kann die Taube auch sein, welche ein Papagei liebt.
Wenn außer denen, die deiner Schönheit würdig erscheinen,
   keine die Deine sein kann, kann keine Deine je sein.
Als du noch meine Werke lasest, schien ich dir schön noch,
   und du schworest, nur mir sei auch ihr Vortrag vergönnt.
Damals sang ich, ich weiß noch, denn nichts vergessen Verliebte,
   Küsse raubtest du mir, gabst sie mir, während ich sang.
Dieses lobtest du auch, ich gefiel dir in jeglicher Hinsicht,
   aber am meisten dann, wenn uns die Liebe verband.
Damals freute es dich, wenn wir mutwillig scherzten, besonders,
   wenn wir herumgetollt und uns mit Worten geneckt,
und, wenn die Lust von uns beiden ineins zusammengeströmt war,
   wenn den ermatteten Leib tiefste Erschöpfung ergriff.
Nun aber winken als neue Beute die Mädchen Siziliens.
   Was geht Lesbos mich an? Ich will Sizilierin sein!
Ach, schickt mir den Vaganten zurück von euerer Insel,
   Mütter im nisischen Land, Frauen im nisischen Land!
Laßt euch nicht täuschen von den Lügen der schmeichelnden Stimme!
   Was er jetzt euch sagt, hat er mir vorher gesagt.
Du auch, die du die Berge Sicaniens bewohnst, Erycina,
   Göttin, ich bin nämlich dein, hilf deiner Dichterin jetzt!
Oder setzt das schlimme Geschick den begonnenen Lauf fort?
   Bleibt es, bitter wie je, auf dem bisherigen Kurs?
Erst sechs Jahre alt war ich, als ich des Vaters Gebeine
   auflas, viel zu früh, und mit den Tränen begoß.
In eine Dirne verliebte sich feurig mein Nichtsnutz von Bruder,
   mit der Schande zugleich trug er den Schaden davon.
Schließlich verarmt durchkreuzt er mit flinkem Ruder die Hochsee,
   Geld, das er übel verlor, holt er jetzt übel herein.
Mich auch haßt er, weil ich so oft ihn gutmütig warnte.
   Das hat mein Freimut gebracht, das mein besorgtes Gespräch.
Und als ob mir's nicht fehlte an endlos bedrückenden Nöten,
   häuft mein Töchterchen an, was es an Sorgen schon gibt.
Endlich kommst du noch hinzu als Anlaß zu unserer Klage,
   nicht mit günstigem Wind segelt mein Nachen dahin.

ecce, iacent collo sparsi sine lege capilli
    nec premit articulos lucida gemma meos.
veste tegor vili, nullum est in crinibus aurum,        75
    non Arabum noster dona capillus habet.
cui colar infelix aut cui placuisse laborem?
    ille mei cultus unicus auctor abest.
molle meum levibusque cor est violabile telis
    et semper causa est, cur ego semper amem.      80
sive ita nascenti legem dixere Sorores
    nec data sunt vitae fila severa meae,
sive abeunt studia in mores artisque magistra
    ingenium nobis molle Thalia facit.
quid mirum, si me primae lanuginis aetas      85
    abstulit atque anni, quos vir amare potest?
hunc ne pro Cephalo raperes, Aurora, timebam –
    et faceres, sed te prima rapina tenet!
hunc si conspiciat, quae conspicit omnia, Phoebe,
    iussus erit somnos continuare Phaon;      90
hunc Venus in caelum curru vexisset eburno,
    sed videt et Marti posse placere suo.
o nec adhuc iuvenis, nec iam puer, utilis aetas,
    o decus atque aevi gloria magna tui,
huc ades inque sinus, formose, relabere nostros!     95
    non ut ames oro, me sed amare sinas.
scribimus et lacrimis oculi rorantur obortis;
    adspice, quam sit in hoc multa litura loco!
si tam certus eras hinc ire, modestius isses,
    si modo dixisses «Lesbi puella, vale!»      100
non tecum lacrimas, non oscula nostra tulisti;
    denique non timui, quod dolitura fui.
nil de te mecum est nisi tantum iniuria; nec tu,
    admoneat quod te, pignus amantis habes.
non mandata dedi, neque enim mandata dedissem     105
    ulla, nisi ut nolles inmemor esse mei.
per tibi, qui numquam longe discedit, amorem
    perque novem iuro, numina nostra, deas,
cum mihi nescio quis «fugiunt tua gaudia» dixit,
    nec me flere diu, nec potuisse loqui.     110

Sieh, mein offenes Haar fällt zerzaust mir über den Nacken,
    und meine Finger umschließt auch nicht ein leuchtender Stein.
Schäbig das Kleid, das ich trage, kein Gold ist zu sehn in den Locken,
    nicht, was Arabien uns schenkt, habe ich in meinem Haar.
Ach, für wen dieser Aufwand, für wen mich bemühn zu gefallen?
    Er, der einzige Mann meiner Bemühung ist fort.
Weich ist mein Herz und für leichte Geschosse ist es verletzlich,
    immer gibt's einen Grund, daß ich mich ständig verlieb',
sei's daß die Schwestern bei meiner Geburt dies Gesetz mir erließen
    und kein grämlich Gespinst mir für das Leben gereicht,
sei's daß die Studien mein Wesen bestimmten und mir Thalía,
    Lehrerin meiner Kunst, sanfte Gemütsart verlieh.
Wunderst du dich, wenn mich das Alter des keimenden Bartflaums
    lockte, die Zeit, wo der Mann fähig zur Liebe schon ist?
Daß du *den* statt Cephalus raubtest, Aurora, so dacht ich –
    tätest es auch, doch dich fesselt dein früherer Raub.
Würde Phoebe, sie, die alles erblickt, ihn erblicken,
    schliefe auf ihren Befehl Phaon den ewigen Schlaf.
Venus hätt ihn im Elfenbeinwagen zum Himmel gefahren,
    doch sie sah, auch ihr Mars fände Gefallen an ihm.
O noch nicht Mann und nicht mehr Knabe – welch köstliches Alter!
    O du Zierde, o du herrlicher Ruhm deiner Zeit!
Komm zu mir her, kehr heim in meine Buchten, du Schöner!
    Liebe verlange ich nicht, lass dich nur lieben von mir!
Während ich schreibe, quellen die Tränen wie Tau aus den Augen.
    Schau diese Stelle, wie hier Flecken auf Flecken sich häuft!
Wolltest du sicher hier weg, wär ich nicht so beleidigt gewesen,
    hättest du nur gesagt: «Mädchen aus Lesbos, ade!»
Meine Tränen nahmst du nicht mit und nicht meine Küsse,
    schließlich befürchtete ich nicht meinen künftigen Schmerz.
Nichts behielt ich von dir, nur Unrecht. Und du besitzest
    von der Geliebten kein Pfand, das dich erinnert an sie.
Aufträge gab ich dir nicht, ich hätte auch keine gegeben,
    keinen außer dem, daß du mich niemals vergißt.
Bei Gott Amor schwöre ich dir, der mich nie lang im Stich läßt,
    bei den neun Göttinnen auch mit ihrem göttlichen Schutz:
Als mir einer sagte: «Auf und davon ist dein Liebling!»,
    haben mir lange Zeit Tränen und Sprache versagt.

et lacrimae deerant oculis et verba palato,
    adstrictum gelido frigore pectus erat.
postquam se dolor invenit, nec pectora plangi
    nec puduit scissis exululare comis,
non aliter, quam si nati pia mater adempti          115
    portet ad exstructos corpus inane rogos.
gaudet et e nostro crescit maerore Charaxus
    frater et ante oculos itque reditque meos,
utque pudenda mei videatur causa doloris,
    «quid dolet haec? certe filia vivit!» ait.          120
non veniunt in idem pudor atque amor. omne videbat
    vulgus: eram lacero pectus aperta sinu.
tu mihi cura, Phaon; te somnia nostra reducunt –
    somnia formoso candidiora die.
illic te invenio, quamvis regionibus absis;         125
    sed non longa satis gaudia somnus habet.
saepe tuos nostra cervice onerare lacertos,
    saepe tuae videor supposuisse meos;
oscula cognosco, quae tu committere linguae
    aptaque consueras accipere, apta dare.         130
blandior interdum verisque simillima verba
    eloquor et vigilant sensibus ora meis.
ulteriora pudet narrare, sed omnia fiunt,
    et iuvat, et siccae non licet esse mihi.
at cum se Titan ostendit et omnia secum,         135
    tam cito me somnos destituisse queror.
antra nemusque peto, tamquam nemus antraque prosint –
    conscia deliciis illa fuere meis.
illuc mentis inops, ut quam furialis Enyo
    attigit, in collo crine iacente feror.         140
antra vident oculi scabro pendentia tofo,
    quae mihi Mygdonii marmoris instar erant;
invenio silvam, quae saepe cubilia nobis
    praebuit et multa texit opaca coma.
sed non invenio dominum silvaeque meumque.     145
    vile solum locus est; dos erat ille loci.
cognovi pressas noti mihi caespitis herbas;
    de nostro curvum pondere gramen erat.

Tränen blieben den Augen fern und die Worte dem Gaumen,
  und meine Brust war erstarrt in einem eisigen Frost.
Als der Schmerz sich dann wieder fand, da gab's keine Hemmung:
  Ich zerschlug mir die Brust, heulte, zerraufte das Haar,
so wie die liebende Mutter ihres entrissenen Kindes
  leblose Leiche trägt hin zu der Scheiter Gerüst.
Freude zeigt mein Bruder Charaxus und bei meiner Trauer
  bläht er sich auf und geht ständig vor mir auf und ab.
Und damit der Grund meines Schmerzes peinlich erscheine,
  sagt er: «Was trauert die denn? Lebt doch ihr Töchterchen noch!»
Scham und Liebe vertragen sich schlecht. Alle möglichen Leute
  sahen's: Die Brust lag bloß, denn ich zerriß das Gewand.
Phaon, ich sehne nach dir mich, dich bringen die Träume mir wieder,
  Träume, die heiterer noch sind als ein prachtvoller Tag.
Denn dort finde ich dich, selbst wenn die Entfernung so groß ist,
  aber die Freuden des Schlafs dauern nicht sonderlich lang.
Oft scheint's, daß deine Arme auf meinen Nacken sich legen,
  oft auch, daß meinen Arm unter den deinen ich schob.
Küsse spüre ich, die du zu nehmen, zu geben geschickt warst,
  wenn du, wie du's gewohnt, mit deiner Zunge sie gabst.
Bisweilen schäkere ich und rede Worte, die täuschend
  echt sind, während mein Mund wach bleibt mit all meinem Sinn.
Weiteres zu berichten, ist peinlich, doch alles geschieht jetzt,
  und es macht Spaß, ich muß, bleib auf dem trockenen nicht.
Doch wenn Titan sich zeigt, sich selber und alles im Umkreis,
  klage ich, daß der Schlaf wieder so bald mich verließ.
Wald und Höhle suche ich auf, als ob Höhlen und Wälder mir hülfen,
  diese wissen genau um meinen Liebesgenuß.
Dorthin eil ich von Sinnen, als ob mich die irre Enyo
  angerührt, ins Genick fällt mir das offene Haar.
Grotten sehe ich dort, gewölbt in löchrigem Tuffstein, –
  Marmor der Mygdoner ist keineswegs schöner als sie –
finde den Wald noch dort, der oft uns Lager geboten
  und in üppigem Laub düstere Stellen verbarg.
Doch ihn finde ich nicht, meinen Liebling und den dieses Waldes,
  schäbig ist jetzt dieser Platz; er war der Schatz dieses Orts.
Ich erkenne im Gras des vertrauten Rasens den Abdruck, –
  noch von unserer Last waren die Halme gekrümmt –

incubui tetigique locum, qua parte fuisti;
   grata prius lacrimas conbibit herba meas.           150
quin etiam rami positis lugere videntur
   frondibus, et nullae dulce queruntur aves.
sola virum non ulta pie maestissima mater
   concinit Ismarium Daulias ales Ityn.
ales Ityn, Sappho desertos cantat amores –         155
   hactenus; ut media cetera nocte silent.
est nitidus vitreoque magis perlucidus amni
   fons sacer – hunc multi numen habere putant –
quem supra ramos expandit aquatica lotos,
   una nemus; tenero caespite terra viret.         160
hic ego cum lassos posuissem flebilis artus,
   constitit ante oculos Naïas una meos.
constitit et dixit: «quoniam non ignibus aequis
   ureris, Ambracia est terra petenda tibi.
Phoebus ab excelso, quantum patet, adspicit aequor –   165
   Actiacum populi Leucadiumque vocant.
hinc se Deucalion Pyrrhae succensus amore
   misit et inlaeso corpore pressit aquas.
nec mora, versus amor fugit lentissima mersi
   pectora, Deucalion igne levatus erat.         170
hanc legem locus ille tenet. pete protinus altam
   Leucada nec saxo desiluisse time!»
ut monuit, cum voce abiit; ego territa surgo
   nec lacrimas oculi continuere mei.
ibimus, o nymphe, monstrataque saxa petemus;    175
   sit procul insano victus amore timor!
quidquid erit, melius quam nunc erit! aura, subito;
   et mea non magnum corpora pondus habent.
tu quoque, mollis Amor, pennas suppone cadenti,
   ne sim Leucadiae mortua crimen aquae!      180
inde chelyn Phoebo, communia munera, ponam;
   et sub ea versus unus et alter erunt:
Grata lyram posui tibi, Phoebe, poetria Sappho:
   convenit illa mihi, convenit illa tibi.
cur tamen Actiacas miseram me mittis ad oras,    185
   cum profugum possis ipse referre pedem?

werfe mich hin und streichle die Stelle, wo du gelegen;
    das mir einst liebe Kraut saugt meine Tränen nun auf.
Ja sogar die Zweige lassen aus Trauer die Blätter
    fallen, so scheint's, und es fehlt lieblicher Vogelgesang.
Nur die tieftraurige Mutter, die grausam den Gatten bestrafte,
    Vogel aus Daulis, besingt Itys vom Ismarus jetzt.
Hier singt ein Vogel von Itys, da Sappho von treuloser Liebe,
    dies schon, doch alles sonst ist wie um Mitternacht still.
Da ist ein heiliger Quell, durchsichtiger als ein Kristallstrom,
    glasklar, deswegen glaubt mancher, hier wohne ein Gott.
Breit spannt hier ein Wasserlotus die Zweige darüber,
    einer ein Hain. Zartgrün sprießt auf dem Boden das Gras.
Als ich dort weinend meine erschöpften Glieder gelagert,
    war meinem staunenden Blick eine Naiade genaht.
War genaht. Und sagte: «Da dich ein gefährliches Feuer
    peinigt, so reise du nun in das ambracische Land.
Phoebus schaut von der Höhe aufs Meer, so weit es sich ausdehnt;
    actisches nennt es das Volk oder leucadisches Meer.
Hier warf von Liebe zu Pyrrha entbrannt sich Deucalion herunter,
    wohlbehalten indes traf auf dem Wasser er auf.
Gleich floh die Liebe erkaltet des Schwimmers fühllosen Busen,
    und Deucalion war von seinem Feuer befreit.
Dies ist des Ortes Gesetz. Begib dich sogleich zum hohen
    Leucasfelsen und spring ohne zu zagen herab!»
So ermahnte sie mich und verschwand, ich erhob mich erschrocken,
    meine Augen jedoch hielten die Tränen nicht mehr.
Ja, ich gehe, o Nymphe, ersteige den Fels, den du wiesest.
    Fern sei's von mir, daß die Angst über den Liebeswahn siegt!
Alles, was sein wird, wird besser als jetzt sein. Ihr Lüfte, erhebt mich!
    Denn mein Körper verfügt nicht über großes Gewicht.
Du auch, zärtlicher Amor, breit aus, wenn ich falle, die Flügel,
    daß nicht ein Vorwurf mein Tod sei der leucadischen See.
Dann weih ich Phoebus die Lyra, die Gabe, die uns verbindet,
    und ein Distichon wird drunter als Weihinschrift stehn:
«DANKBAR WEIH ICH DIR, PHOEBUS, DIE LYRA, DIE DICHTERIN SAPPHO.
    DIESE PASST BESTENS ZU MIR, ABER SIE PASST AUCH ZU DIR.»
Doch warum schickst du mich Arme an Actiums Küste,
    wenn du den flüchtigen Fuß jederzeit umwenden kannst?

tu mihi Leucadia potes esse salubrior unda;
   et forma et meritis tu mihi Phoebus eris.
an potes, o scopulis undaque ferocior omni,
   si moriar, titulum mortis habere meae?                    190
at quanto melius iungi mea pectora tecum,
   quam poterant saxis praecipitanda dari!
haec sunt illa, Phaon, quae tu laudare solebas,
   visaque sunt totiens ingeniosa tibi.
nunc vellem facunda forem! dolor artibus obstat          195
   ingeniumque meis substitit omne malis.
non mihi respondent veteres in carmina vires;
   plectra dolore tacent, muta dolore lyra est.
Lesbides aequoreae, nupturaque nuptaque proles,
   Lesbides, Aeolia nomina dicta lyra,                     200
Lesbides, infamem quae me fecistis amatae,
   desinite ad citharas turba venire mea!
abstulit omne Phaon, quod vobis ante placebat,
   me miseram, dixi quam modo paene «meus!»
efficite ut redeat; vates quoque vestra redibit.          205
   ingenio vires ille dat, ille rapit.
ecquid ago precibus pectusve agreste movetur?
   an riget et Zephyri verba caduca ferunt?
qui mea verba ferunt, vellem tua vela referrent;
   hoc te, si saperes, lente, decebat opus.              210
sive redis puppique tuae votiva parantur
   munera, quid laceras pectora nostra mora?
solve ratem! Venus orta mari mare praestat amanti.
   aura dabit cursum; tu modo solve ratem!
ipse gubernabit residens in puppe Cupido;                 215
   ipse dabit tenera vela legetque manu.
sive iuvat longe fugisse Pelasgida Sappho –
   non tamen invenies, cur ego digna fugi –
hoc saltem miserae crudelis epistula dicat,
   ut mihi Leucadiae fata petantur aquae!                 220

Heilsamer kannst du mir sein als selbst die leucadischen Wogen,
    dank Verdienst und Gestalt wirst du mir Phoebus dann sein.
Oder willst du, grausamer als jenes Meer und die Klippen,
    falls ich sterbe, den Ruhm, daß du mich umgebracht hast?
Doch wieviel besser wär's, dich an meinen Busen zu drücken,
    als daß bei jähem Sturz er auf den Klippen zerschellt.
Dies ist, Phaon, der Busen, den du zu preisen gewohnt warst,
    und er schien dir so oft voller Begabung zu sein.
Wäre ich doch noch beredt! Der Schmerz ist den Künsten ein Hemmnis,
    all meine geistige Kraft stockte, vom Leiden erschöpft.
Nicht mehr regt sich bei mir meine einstige Gabe zu singen,
    nun schweigt das Plektrum vor Schmerz, stumm ist die Lyra vor Schmerz.
Lesbierinnen am Meer, jung vermählt oder vor der Vermählung,
    Lesbierinnen, bekannt durch mein äolisch Gedicht,
Lesbierinnen, die mich in Verruf gebracht als Geliebte,
    kommt, meine Lieben,  nicht mehr zu meiner Kithara her!
Alles nahm Phaon mir weg, was euch zuvor so entzückte,
    ach, ich Arme! Beinah hätt ich «mein Phaon» gesagt!
Macht, daß er wieder kommt, dann kehrt eure Dichterin wieder,
    er gibt Kräfte dem Geist, aber er nimmt sie ihm auch.
Ob ich's mit Bitten erreiche, die fühllose Brust wohl gerührt wird?
    Bleibt sie wohl starr? Und mein Wort, wird es vom Zephyr verweht?
Brächte doch der, der die Worte verweht, mir dein Segelschiff wieder!
    Wärst du gescheit, wäre dies, Säumiger, besser getan.
Kehrst du zurück und machst für dein Schiff bereit schon die Gaben
    an die Götter, warum säumst du, zerreißt du mein Herz?
Fahre nur! Venus, geboren im Meer, bürgt fürs Meer bei Verliebten.
    Eile verleiht dir der Wind. Du aber fahre nun los!
Auf dem Heck des Schiffs sitzt Cupido persönlich und lenkt es,
    hißt die Segel auch selbst, refft sie mit fühlsamer Hand.
Wenn es indessen dich freut, die pelasgische Sappho zu meiden, –
    mir aus dem Weg zu gehn findest du kaum einen Grund –
dann soll ein grausamer Brief mir Armen wenigstens sagen,
    daß ich mein Ende such in der leucadischen See.

## XVI (XV)
## PARIS HELENAE

Hanc tibi Priamides mitto, Ledaea, salutem,
  quae tribui sola te mihi dante potest.
eloquar an flammae non est opus indice notae,
  et plus quam vellem iam meus exstat amor?
ille quidem lateat malim, dum tempora dentur          5
  laetitiae mixtos non habitura metus,
sed male dissimulo; quis enim celaverit ignem,
  lumine qui semper proditur ipse suo?
si tamen expectas, vocem quoque rebus ut addam –
  uror! habes animi nuntia verba mei.                 10
parce, precor, fasso nec vultu cetera duro
  perlege, sed formae conveniente tuae.
iam primum gratum est, quod epistula nostra recepta
  spem facit hoc recipi me quoque posse modo.
quae rata sit; nec te frustra promiserit, opto,       15
  hoc mihi quae suasit, mater Amoris, iter;
namque ego divino monitu – ne nescia pecces –
  advehor, et coepto non leve numen adest.
praemia magna quidem, sed non indebita, posco;
  pollicita est thalamo te Cytherea meo.              20
hac duce Sigeo dubias a litore feci
  longa Pherelea per freta puppe vias.
illa dedit faciles auras ventosque secundos –
  in mare nimirum ius habet orta mari.
perstet et ut pelagi, sic pectoris adiuvet aestum;    25
  deferat in portus et mea vota suos.
attulimus flammas, non hic invenimus, illas.
  hae mihi tam longae causa fuere viae,
nam neque tristis hiems neque nos huc appulit error;
  Taenaris est classi terra petita meae.              30
nec me crede fretum merces portante carina
  findere! quas habeo, di tueantur opes.
nec venio Graias veluti spectator ad urbes.
  oppida sunt regni divitiora mei.

# BRIEF 16 (15)
## PARIS AN HELENA

Segen wünsche ich, Priamus' Sohn, dir Tochter der Leda!
  Doch nur wenn du ihn verleihst, wird mir der Segen zuteil.
Sprech ich es aus oder braucht es das nicht, weil man weiß, wie ich brenne?
  Mehr als mir lieb sein kann, zeigt meine Liebe sich schon?
Zwar wär es besser, sie bliebe versteckt, bis der Zeitpunkt gekommen,
  wo man nicht mit dem Genuß gleichzeitig Angst haben muß.
Doch ich verstelle mich schlecht; wer kann schon das Feuer verbergen,
  das durch sein eigenes Licht ständig sich selber verrät?
Wartest du aber darauf, daß zur Sache das Wort ich hinzufüg:
  Liebe – jetzt hast du das Wort, das meinen Sinn offenbart!
Bitte, verzeih meine Offenheit, lies nicht mit grimmiger Miene
  weiter, sondern lies so, wie's deiner Schönheit entspricht.
Dafür schon danke ich dir, daß der gute Empfang meines Briefes
  Hoffnung mir weckt, daß auch ich freundliche Aufnahme find'.
Die sei erfüllt! Und ich wünsche, sie habe dich ernsthaft versprochen,
  sie, Amors Mutter, die jüngst zu dieser Reise mir riet.
Denn, damit du nicht ahnungslos sündigst, auf göttliche Weisung
  kam ich hierher, meinem Tun hilft eine Gottheit von Rang.
Groß ist der Preis, doch nicht unangemessen, den ich verlange:
  Cytherea versprach dich zur Vermählung mit mir.
Sie lieh mir Schutz für die unsichre Fahrt vom sigeischen Strande
  über das weite Meer auf pherecleischem Deck.
Sie verschaffte mir milde Brisen und günstige Winde,
  hat sie doch Macht übers Meer, da sie dem Meere entsprang.
Weiter so! Mildere sie wie des Meeres die Brandung des Herzens,
  und mein Herzenswunsch sei in ihren Hafen gelenkt!
Jenes Feuer brachte ich mit, ich fand es nicht hier erst.
  *Das* war der Anlaß für mich zu der weitläufigen Fahrt.
Denn kein Irrtum, kein widriger Sturm hat mich hierher verschlagen.
  Meine Flotte hielt Kurs auf das taenarische Land.
Glaub nicht, ich kreuze durchs Meer, weil mein Schiff mit Waren beladen!
  Was ich an Schätzen besitz, steh unter göttlichem Schutz!
Auch nicht aus Neugier besuch ich als Gaffer die griechischen Städte.
  Städtischer Wohlstand ist hier weniger groß als bei mir.

te peto, quam pepigit lecto Venus aurea nostro;                    35
    te prius optavi, quam mihi nota fores.
ante tuos animo vidi quam lumine vultus;
    prima fuit vultus nuntia Fama tui.
nec tamen est mirum, si, sicut oportet, ab arcu
    missilibus telis eminus ictus amo.                    40
sic placuit fatis; quae ne convellere temptes,
    accipe cum vera dicta relata fide.
matris adhuc utero partu remorante tenebar;
    iam gravidus iusto pondere venter erat.
illa sibi urgentis visa est sub imagine somni                    45
    flammiferam pleno reddere ventre facem.
territa consurgit metuendaque noctis opacae
    visa seni Priamo, vatibus ille refert.
arsurum Paridis vates canit Ilion igni:
    pectoris, ut nunc est, fax fuit illa mei.                    50
*(lacuna)*

forma vigorque animi, quamvis de plebe videbar,
    indicium tectae nobilitatis erat.
*(lacuna)*

est locus in mediis nemorosae vallibus Idae
    devius et piceis ilicibusque frequens,
qui nec ovis placidae nec amantis saxa capellae                    55
    nec patulo tardae carpitur ore bovis.
hinc ego Dardaniae muros excelsaque tecta
    et freta prospiciens arbore nixus eram.
ecce! pedum pulsu visa est mihi terra moveri –
    vera loquar veri vix habitura fidem:                    60
constitit ante oculos actus velocibus alis
    Atlantis magni Pleïonesque nepos –
fas vidisse fuit, fas sit mihi visa referre! –
    inque dei digitis aurea virga fuit.
tresque simul divae, Venus et cum Pallade Iuno,                    65
    graminibus teneros inposuere pedes.
obstipui gelidusque comas erexerat horror,
    cum mihi «pone metum!» nuntius ales ait,

Dich will ich, da für mein Bett dich die goldene Venus bestimmte;
    dich begehrte ich schon, als ich dich noch nicht gekannt.
Eher als mit den Augen erblickt ich im Geist deine Züge.
    Botin deines Gesichts war denn auch Fama zuerst.
Und doch ist es kein Wunder, wenn ich verliebt bin, ich muß ja,
    denn vom Bogen geschnellt traf mich von fern das Geschoß.
So entschied das Geschick. Versuche das nicht zu vereiteln!
    Höre, was man erzählt, wie es der Wahrheit entspricht!
Als mich der Mutterschoß noch barg, die Geburt sich hinauszog, –
    und auf den schwangeren Bauch drückte die zeitige Last –
schien ihr, es komme, in eines Albtraums Bild, eine Fackel
    feuerspeiend hervor aus ihrem schwangeren Schoß.
Angstvoll fährt sie auf und des Nachtdunkels grause Gesichte
    teilt sie dem Greis Priamus, jener den Sehern sie mit.
Ilion brenne einst, kündet der Seher, vom Feuer des Paris:
    Das war des Herzens Brand, so wie er jetzt mich verzehrt.
*(Größere Lücke: Aussetzung des Paris und Hirtenleben auf dem Ida. Darin*
    *die Verse:)*
Schönheit und Geisteskraft, wenn ich auch aus dem Volke zu sein schien,
    waren ein Fingerzeig heimlicher Adelsgeburt.
*(Lücke)*

Tief in den Tälern des waldreichen Ida liegt eine Stätte,
    abseits vom Weg, dicht stehn Fichten und Eichen ringsum,
wo nicht das friedliche Schaf, nicht die felsenliebende Ziege,
    nicht die bedächtige Kuh, breitmäulig, Gräser sich rupft.
Auf Dardanias Mauern und seine hochragenden Dächer
    blickt ich von hier und aufs Meer, an einen Baumstamm gelehnt.
Siehe, da schien mir der Boden vom Stampfen von Füßen zu beben, –
    Was ich nun sage, ist wahr, traust du der Wahrheit auch kaum:
Vor meinen Augen erschien der Enkel des Atlas, des Riesen,
    und der Pleione; ihn trieb hurtiger Flügelschlag her, –
Sehen durfte ich ihn; was ich sah, sei erlaubt zu berichten –
    und in des Gottes Hand blinkte der goldene Stab.
Und drei Göttinnen noch, mit Pallas Venus und Juno,
    setzten den zarten Fuß dort auf den Rasen zugleich.
Ich erstarrte, der kalte Schauer sträubte die Haare,
    doch der geflügelte Gott kündet mir: «Laß deine Angst!

«arbiter es formae; certamina siste dearum,
    vincere quae forma digna sit una duas!»    70
neve recusarem, verbis Iovis imperat et se
    protinus aetheria tollit in astra via.
mens mea convaluit subitoque audacia venit
    nec timui vultu quamque notare meo.
vincere erant omnes dignae iudexque querebar    75
    non omnes causam vincere posse suam.
sed tamen ex illis iam tunc magis una placebat,
    hanc esse ut scires, unde movetur amor.
tantaque vincendi cura est: ingentibus ardent
    iudicium donis sollicitare meum.    80
regna Iovis coniunx, virtutem filia iactat;
    ipse potens dubito fortis an esse velim.
dulce Venus risit; «nec te, Pari, munera tangant
    utraque suspensi plena timoris!» ait;
«nos dabimus, quod ames, et pulchrae filia Ledae    85
    ibit in amplexus pulchrior illa tuos!»
dixit, et ex aequo donis formaque probata
    victorem caelo rettulit illa pedem.
interea – credo versis ad prospera fatis –
    regius adgnoscor per rata signa puer.    90
laeta domus nato post tempora longa recepto est,
    addit et ad festos hunc quoque Troia diem.
utque ego te cupio, sic me cupiere puellae;
    multarum votum sola tenere potes!
nec tantum regum natae petiere ducumque,    95
    sed nymphis etiam curaque amorque fui.
quas super Oenones facies mirarer in orbe?
    nec Priamo fuerat dignior ulla nurus.
sed mihi cunctarum subeunt fastidia, postquam
    coniugii spes est, Tyndari, facta tui.    100
te vigilans oculis, animo te nocte videbam,
    lumina cum placido victa sopore iacent.
quid facies praesens, quae nondum visa placebas?
    ardebam, quamvis hic procul ignis erat,
nec potui debere mihi spem longius istam,    105
    caerulea peterem quin mea vota via.

Sei du Richter der Schönheit und schlichte der Göttinnen Wettstreit:
    Welche von ihnen verdient dank ihrer Schönheit den Sieg?»
Und in Jupiters Namen verbietet er mir, mich zu weigern,
    hebt sich auf luftiger Bahn gleich zu den Sternen hinan.
Langsam faßte ich mich und plötzlich wurde ich kecker,
    musterte mit meinem Blick jede genau ohne Scheu.
Alle verdienten den Sieg und als Richter beklagte ich mehrmals,
    daß in keinem Prozeß jeder gewinnt vor Gericht.
Doch schon damals gefiel mir die eine am besten von allen,
    sie, damit du es weißt, welche die Liebe erregt.
Und der Ehrgeiz zu siegen ist groß: Mit gewaltigen Gaben
    werben sie voller Fleiß um meines Richterspruchs Gunst.
Juno empfiehlt mir die Macht, die Tapferkeit preist ihre Tochter,
    selber schwanke ich: Geht Macht oder Tapferkeit vor?
Venus lächelte süß und sagte: «Auf solche Geschenke,
    Paris, fall nicht herein, beides bringt Sorgen und Pein.
Mein Geschenk kannst du lieben: Die Tochter der reizenden Leda,
    selber noch schöner als die, wirft sich dir an deine Brust.»
Sprach's, und da mich Gaben wie Schönheit gleich überzeugten,
    kehrte sie siegreich darauf wieder zum Himmel zurück.
Mittlerweile, das Schicksal wandte sich, glaub ich, zum Guten,
    werd ich als Prinz anerkannt, sicheren Zeichen gemäß.
Froh ist das Haus, daß der Sohn nach langer Zeit wieder heimkehrt,
    Troja fügt diesen Tag zu seinen Festen hinzu.
So wie ich jetzt für dich schwärme, umschwärmten mich damals die Mädchen;
    was sich gar manche ersehnt, kannst du jetzt haben – allein!
Nicht nur Königs- und Fürstentöchter liefen mir nach, nein,
    Nymphen schenkten sogar mir ihre Liebe und Gunst.
Welche Gestalt auf der Welt hätt ich tiefer verehrt als Oenones?
    Und für des Priamus Haus war sie die würdigste Braut.
Doch überkommt mich der Ekel an allen, seit mir die Hoffnung
    auf eine Ehe gekeimt, Tyndareus' Tochter, mit dir!
Dich erblickt ich im Wachen vor mir, bei Nacht mit dem Geiste,
    wenn der Schlummer sich sanft über die Augen gesenkt.
Wie erst, wenn du erscheinst, wo du ungesehn schon entzücktest?
    Lange brannte ich schon, war auch das Feuer noch fern.
Und ich konnte mir diesen Wunsch nicht länger versagen,
    daß ich auf blauem Pfad mir das Ersehnte gewann.

Troïa caeduntur Phrygia pineta securi
    quaeque erat aequoreis utilis arbor aquis.
ardua proceris spoliantur Gargara silvis
    innumerasque mihi longa dat Ida trabes.         110
fundatura citas flectuntur robora naves,
    texitur et costis panda carina suis.
addimus antennas et vela sequentia malos;
    accipit et pictos puppis adunca deos.
qua tamen ipse vehor, comitata Cupidine parvo    115
    sponsor coniugii stat dea picta sui.
inposita est factae postquam manus ultima classi,
    protinus Aegaeis ire lubebat aquis –
at pater et genetrix inhibent mea vota rogando
    propositumque pia voce morantur iter;        120
et soror, effusis ut erat, Cassandra, capillis,
    cum vellent nostrae iam dare vela rates,
«quo ruis?» exclamat, «referes incendia tecum!
    quanta per has nescis flamma petatur aquas!»
vera fuit vates; dictos invenimus ignes        125
    et ferus in molli pectore flagrat amor.
portubus egredior ventisque ferentibus usus
    applicor in terras, Oebali nympha, tuas.
excipit hospitio vir me tuus – hoc quoque factum
    non sine consilio numinibusque deum:        130
ille quidem ostendit, quidquid Lacedaemone tota
    ostendi dignum conspicuumque fuit.
sed mihi laudatam cupienti cernere formam
    lumina nil aliud, quo caperentur, erat.
ut vidi, obstipui praecordiaque intima sensi    135
    attonitus curis intumuisse novis.
his similes vultus, quantum reminiscor, habebat,
    venit in arbitrium cum Cytherea meum.
si tu venisses pariter certamen in illud,
    in dubium Veneris palma futura fuit!        140
magna quidem de te rumor praeconia fecit
    nullaque de facie nescia terra tua est;
nec tibi par usquam Phrygia nec solis ab ortu
    inter formosas altera nomen habet.

Pinien werden gefällt mit dem Beil im phrygischen Troja,
    und was an Bäumen noch sonst brauchbar im Meerwasser ist.
Gargaras Hänge werden entblößt ihrer ragenden Wälder,
    Idas Gebirgszug gibt zahllose Balken mir her.
Hartholz wird zum Gerippe der schnittigen Schiffe gebogen,
    und in den bauchigen Kiel passen die Spanten sich ein.
Rahen und Segel bringen wir an, als die Masten schon stehen,
    und das gekrümmte Heck wird noch mit Göttern bemalt.
Auf meinem eigenen Schiff, begleitet vom kleinen Cupido,
    steht die Göttin gemalt, die deine Hand mir verbürgt.
Als die letzte Hand an den Bau der Flotte gelegt war,
    lockte sogleich mich die Fahrt übers ägäische Meer.
Vater und Mutter wehren indes meinen Wünschen mit Bitten,
    und ihr gütiges Wort hält meinen Reiseplan auf.
Auch die Schwester Cassandra mit ihren fliegenden Locken,
    als unsre Schiffe bereits Segel aufziehen zum Start,
schreit: «Wohin eilst du? Du bringst eine Feuersbrunst mit dir nach Hause,
    weißt nicht, welch riesigen Brand über das Wasser du holst!»
Wahr war der Seherin Spruch; ich fand das verheißene Feuer.
    Wild brennt die Liebeslust in der empfindsamen Brust.
Fort aus dem Hafen fahr ich, befördert von günstigen Winden
    land ich in diesem Land, Nymphe aus Oebalus' Stamm!
Gastlich nimmt dein Mann mich auf – auch dieses geschah nicht
    ohne der Götter Rat, ohne der Götter Geheiß.
Alles führte er mir zwar vor, was in ganz Lacedaemon
    wert ist, daß man es zeigt, und was da sehenswert war.
Doch da ich nur die gepriesene Schönheit zu sehen begehrte,
    hatte ich Augen für nichts, was es zu sehen sonst gab.
Als ich dich sah, erstarrte ich, fühlte verzückt, daß zuinnerst
    Kummer mein Herz wie noch nie mir zu erregen begann.
Ähnlich nach meiner Erinnerung waren die Züge den deinen,
    als Cytherea erschien vor meinem Schiedstribunal.
Wärst du zusammen mit ihr zu jenem Wettstreit gekommen,
    hätte Venus gebangt, ob sie den Palmzweig gewinnt.
Groß war wahrhaftig dein Ruhm, der in aller Welt sich herumsprach,
    und es gibt kein Land, das deine Schönheit nicht kennt.
Nirgends kommt eine dir gleich von den schönen Frauen in Phrygien
    oder im Osten der Welt, weder an Schönheit noch Ruhm.

credis et hoc nobis? – minor est tua gloria vero          145
    famaque de forma paene maligna tua est.
plus hic invenio, quam quod promiserat illa,
    et tua materia gloria victa sua est.
ergo arsit merito, qui noverat omnia, Theseus
    et visa es tanto digna rapina viro,          150
more tuae gentis nitida dum nuda palaestra
    ludis et es nudis femina mixta viris.
quod rapuit, laudo; miror, quod reddidit umquam.
    tam bona constanter praeda tenenda fuit.
ante recessisset caput hoc cervice cruenta,          155
    quam tu de thalamis abstraherere meis.
tene manus umquam nostrae dimittere vellent?
    tene meo paterer vivus abire sinu?
si reddenda fores, aliquid tamen ante tulissem,
    nec Venus ex toto nostra fuisset iners.          160
vel mihi virginitas esset libata vel illud,
    quod poterat salva virginitate rapi.
da modo te, quae sit Paridis constantia, nosces;
    flamma rogi flammas finiet una meas.
praeposui regnis ego te, quae maxima quondam          165
    pollicita est nobis nupta sororque Iovis;
dumque tuo possem circumdare bracchia collo,
    contempta est virtus Pallade dante mihi.
[cum Venus et Iuno Pallasque in vallibus Ide          168a
    corpora iudicio supposuere meo.]          168b
nec piget, aut umquam stulte legisse videbor;
    permanet in voto mens mea firma suo.          170
spem modo ne nostram fieri patiare caducam,
    deprecor, o tanto digna labore peti!
non ego coniugium generosae degener opto,
    nec mea, crede mihi, turpiter uxor eris.
Pliada, si quaeres, in nostra gente Iovemque          175
    invenies, medios ut taceamus avos;
sceptra parens Asiae, qua nulla beatior ora est,
    finibus inmensis vix obeunda, tenet.
innumeras urbes atque aurea tecta videbis,
    quaeque suos dicas templa decere deos.          180

Glaubst du das folgende auch? Dein Ruhm verblaßt vor der Wahrheit
    Mißgünstig setzt dein Ruf fast deine Schönheit herab.
Hier entdecke ich mehr, als was jene vorausgesagt hatte,
    und deinen Ruhm übertraf das, was er selber gerühmt.
Also entbrannte Theseus mit Recht, dem das alles bekannt war,
    und mit Recht hielt der Held dich der Entführung für wert,
als, wie dein Volk es gewohnt ist, du nackt auf dem gleißenden Sportplatz,
    spieltest als Frau, und nackt waren die Männer ringsum.
Daß er dich raubte, war gut; mich erstaunt, daß er je dich zurückgab.
    Beute von solchem Rang gibt man doch nicht aus der Hand!
Eher hätte mein Kopf sich getrennt vom blutigen Nacken,
    als daß dich einer entführt hätte aus meinem Gemach.
Hätten wohl meine Hände freiwillig dich jemals gelassen?
    Hätt ich das wohl überlebt, daß du mich nicht mehr umarmst?
Hätt ich dich abtreten müssen, ich hätte mir etwas erbeutet,
    und mein Liebesdrang hätte auch Folgen gehabt.
Deine Jungfräulichkeit hätt ich gekostet oder dann das nur,
    was sich sonst rauben ließ, so daß du Jungfrau noch bliebst.
Gib dich ruhig mir hin, Paris' Treue wirst du erfahren;
    einzig der Scheiter Brand setzt meinen Flammen ein End.
Dich zog der Herrschaft ich vor, die einst die machtvolle Göttin,
    Jupiters Schwester und Braut, mir zu verschaffen versprach.
Um meine Arme um deinen Nacken legen zu können,
    gab ich die Tapferkeit preis, welche mir Pallas verhieß.
[als in den Tälern des Ide Venus, Juno und Pallas
    in einem Schönheitstest sich meinem Urteil gebeugt.]
Nie bereu ich die Wahl noch wird sie mir töricht erscheinen;
    fest bleibt mein Herz bei dem Wunsch, so wie es damals entschied.
Laß meine Hoffnung, ich flehe dich an, nicht hinfällig werden!
    O, du verdienst es ja, daß man dich fleißig umwirbt!
Nicht als Gemeiner wünsche ich mir eine Gattin von Adel,
    glaub mir nur, schändlich ist's nicht, meine Gemahlin zu sein!
Eine Pliade und Jupiter findest du in meinem Stammbaum,
    frag nur – zu schweigen von dem, was dann an Ahnen noch kam.
Asien beherrscht mein Vater, das reichste Land an der Küste,
    weit sind die Grenzen, daß kaum einer das Ganze durchmißt.
Zahllose Städte und goldene Dächer wirst du erblicken,
    Tempel, von denen du sagst: Die stehn den Göttern gut an.

Ilion adspicies firmataque turribus altis
   moenia, Phoebeae structa canore lyrae.
quid tibi de turba narrem numeroque virorum?
   vix populum tellus sustinet illa suum.
occurrent denso tibi Troades agmine matres,                    185
   nec capient Phrygias atria nostra nurus.
o quotiens dices: «quam pauper Achaïa nostra est!»
   una domus quaevis urbis habebit opes.
nec mihi fas fuerit Sparten contemnere vestram;
   in qua tu nata es, terra beata mihi est.                 190
parca sed est Sparte, tu cultu divite digna;
   ad talem formam non facit iste locus.
hanc faciem largis sine fine paratibus uti
   deliciisque decet luxuriare novis.
cum videas cultus nostra de gente virorum,                     195
   qualem Dardanias credis habere nurus?
da modo te facilem, nec dedignare maritum,
   rure Therapnaeo nata puella, Phrygem.
Phryx erat et nostro genitus de sanguine, qui nunc
   cum dis potando nectare miscet aquas.                   200
Phryx erat Aurorae coniunx, tamen abstulit illum
   extremum noctis quae dea finit iter.
Phryx etiam Anchises, volucrum cui mater Amorum
   gaudet in Idaeis concubuisse iugis.
nec, puto, conlatis forma Menelaus et annis                    205
   iudice te nobis anteferendus erit.
non dabimus certe socerum tibi clara fugantem
   lumina, qui trepidos a dape vertat equos;
nec Priamo pater est soceri de caede cruentus,
   aut qui Myrtoas crimine signat aquas;                   210
nec proavo Stygia nostro captantur in unda
   poma nec in mediis quaeritur umor aquis.
quid tamen hoc refert, si te tenet ortus ab illis,
   cogitur huic domui Iuppiter esse socer?
heu facinus! totis indignus noctibus ille                      215
   te tenet amplexu perfruiturque tuo;
at mihi conspiceris posita vix denique mensa,
   multaque quae laedant hoc quoque tempus habet.

Ilion siehst du und Mauern, mit hohen Türmen befestigt,
   die mit der Lyra Klang Phoebus einst selber gebaut.
Was soll ich reden vom zahlreichen Volk und der Masse der Männer?
   Kaum faßt jenes Land seine Bevölkerung noch.
Troische Mütter kommen in dichtem Zug dir entgegen,
   Phrygiens Frauen bleibt kaum in unsren Hallen noch Raum.
O wie oft wirst du sagen: Wie arm ist unser Achaia!
   Schätze hat wie eine Stadt jedes beliebige Haus.
Doch es steht mir nicht zu, euer Sparta herunterzusetzen.
   Wo du geboren bist, dort ist mein seliges Land.
Ärmlich ist Sparta, indes, du verdientest im Wohlstand zu leben,
   zu einer Schönheit wie dir paßt dieser Flecken da nicht.
Eine Gestalt wie du soll prunkvollen Aufwand genießen,
   grenzenlos schwelgen sollst du stets von Genuß zu Genuß.
Wenn du den Luxus siehst bei den Männern aus unserem Volke,
   wie leben Frauen dann erst, meinst du, in Dardanus' Land?
Gib ohne Hemmung dich hin, und verschmäh einen phrygischen Mann nicht,
   gutes Mädchen vom Land, das aus Therapnae du kommst!
Phryger war auch er und stammte aus unsrer Familie,
   der jetzt den Göttern zum Trank Wasser mit Nektar vermischt.
Phryger war Auroras Gemahl, doch ihn raubte die Göttin,
   welche den Lauf der Nacht an seinem Ende beschließt.
Phryger war auch Anchises, dem gern auf den Höhen des Ida
   Venus sich hingab, die einst Amor mit Flügeln gebar.
Auch wird, denke ich, nicht Menelaus, vergleicht man bei beiden
   Aussehn und Jahre, wenn du richtest, mir vorzuziehn sein.
Keinen Schwäher bringe ich dir, der die strahlenden Lichter
   wegscheucht, daß er vom Mahl abdreht sein scheues Gespann.
Priamus' Vater hat nicht das Blut seines Schwähers vergossen,
   noch das myrtoische Meer mit einer Mordtat geprägt.
Weder hascht mein Urahn im stygischen Flusse nach Äpfeln,
   noch sucht er labendes Naß, wenn er im Wasser drin steht.
Doch was bringt das, wenn dich ein Sproß jener Sippe im Arm hält,
   wenn man gar Jupiter zwingt, hier im Haus Schwäher zu sein?
Ach, wie abscheulich! Er, der's nicht wert ist, hält dich umschlungen
   ganze Nächte hindurch, kostet die Lust mit dir aus!
Ich aber sehe dich nur bei gedecktem Tisch und auch das kaum,
   doch auch zu dieser Zeit gibt es so viel, was mich quält.

hostibus eveniant convivia talia nostris,
    experior posito qualia saepe mero! 220
paenitet hospitii, cum me spectante lacertos
    inponit collo rusticus iste tuo.
rumpor et invideo – quidni tamen omnia narrem? –
    membra superiecta cum tua veste fovet.
oscula cum vero coram non dura daretis, 225
    ante oculos posui pocula sumpta meos;
lumina demitto, cum te tenet artius ille,
    crescit et invito lentus in ore cibus.
saepe dedi gemitus; et te – lasciva! – notavi
    in gemitu risum non tenuisse meo. 230
saepe mero volui flammam compescere, at illa
    crevit et ebrietas ignis in igne fuit,
multaque ne videam, versa cervice recumbo;
    sed revocas oculos protinus ipsa meos.
quid faciam, dubito; dolor est meus illa videre, 235
    sed dolor a facie maior abesse tua.
qua licet et possum, luctor celare furorem;
    sed tamen apparet dissimulatus amor.
nec tibi verba damus; sentis mea vulnera, sentis!
    atque utinam soli sint ea nota tibi! 240
a, quotiens lacrimis venientibus ora reflexi,
    ne causam fletus quaereret ille mei!
a, quotiens aliquem narravi potus amorem,
    ad vultus referens singula verba tuos
indiciumque mei ficto sub nomine feci. 245
    ille ego, si nescis, verus amator eram!
quin etiam, ut possem verbis petulantius uti,
    non semel ebrietas est simulata mihi.
prodita sunt, memini, tunica tua pectora laxa
    atque oculis aditum nuda dedere meis – 250
pectora vel puris nivibus vel lacte tuamque
    complexo matrem candidiora Iove.
dum stupeo visis – nam pocula forte tenebam –
    tortilis a digitis excidit ansa meis.
oscula si natae dederas, ego protinus illa 255
    Hermiones tenero laetus ab ore tuli.

Solche Gelage wünsche ich meinen Feinden von Herzen,
  wie ich sie aushalten muß, hat man den Wein aufgetischt.
Gastrecht – nein danke, wenn ich mitansehe, wie dieser Tölpel
  vor meinen Augen den Arm um deinen Nacken dir legt.
Platzen könnt ich vor Neid, – warum soll ich nicht alles dir beichten? –
  wenn er sein Kleid um dich wirft und deine Glieder so wärmt.
Wenn ihr euch aber vor aller Augen zärtlich dann küßtet,
  nahm ich den Becher zur Hand, hielt ihn mir vor das Gesicht.
Hält er dich noch fester umschlungen, senk ich die Blicke,
  zäh quillt der Bissen im Mund, den ich verdrossen gekaut.
Oft gab ich Seufzer von mir – und du, freches Ding, wie ich merkte,
  hieltest bei meinem Gestöhn nicht mehr das Lachen zurück.
Oft versucht ich die Flamme im Wein zu ertränken, doch diese
  wuchs, und je mehr ich trank, goß ich ins Feuer noch Öl.
Leg ich mich hin mit dem Rücken zu dir, so erspar ich mir vieles,
  doch du ziehst meinen Blick selber sogleich wieder an.
Was soll ich tun? Ich bin ratlos. Denn zuzusehen ist qualvoll.
  Doch ist's die größere Qual, nicht mehr dein Antlitz zu sehn.
Wie ich es darf und vermag: Ich bemüh mich, den Wahn zu verbergen,
  doch die Liebe tritt doch trotz der Verstellung zutag.
Und ich beschwatze dich nicht: Du fühlst meine Wunden, du fühlst sie!
  Wären die Wunden doch dir nur bekannt, dir allein!
Ach, wie oft, wenn die Tränen kamen, wandt ich mich seitwärts,
  daß er nicht etwa den Grund, weshalb ich weine, erfragt!
Ach, wie oft erwähnt ich im Rausch eine andere Liebe,
  doch jedes einzelne Wort wies auf dein Angesicht hin.
Und mich selber verriet ich unter erfundenem Namen.
  Falls du's nicht weißt: Jenes Ich, jener Verehrer war ich!
Ja, ich habe, um kühnere Worte brauchen zu können,
  lediglich einen Rausch vorgetäuscht, mehrfach sogar!
Einmal, ich weiß noch, verschob sich dein Kleid, man sah deine Brüste,
  und sie boten nackt vor meinen Augen sich dar –
Brüste, weißer als reiner Schnee, als Milch, ja noch weißer,
  als es Jupiter war, der deine Mutter beschlief!
Staunend schaue ich hin, einen Becher hielt ich gerade,
  als der gewundene Griff jäh meinen Fingern entglitt.
Gabst du Hermione, deinem Töchterchen Küsse, so nahm ich
  sie voll Freude sogleich von ihrem zärtlichen Mund.

et modo cantabam veteres resupinus amores,
    et modo per nutum signa tegenda dabam.
et comitum primas, Clymenen Aethramque, tuarum
    ausus sum blandis nuper adire sonis,           260
quae mihi non aliud, quam formidare, locutae
    orantis medias deseruere preces.
di facerent, pretium magni certaminis esses
    teque suo posset victor habere toro! –
ut tulit Hippomenes Schoeneïda praemia cursus,       265
    venit ut in Phrygios Hippodamia sinus,
ut ferus Alcides Acheloïa cornua fregit,
    dum petit amplexus, Deïanira, tuos.
nostra per has leges audacia fortiter isset
    teque mei scires esse laboris opus.             270
nunc mihi nil superest nisi te, formosa, precari
    amplectique tuos, si patiare, pedes.
o decus, o praesens geminorum gloria fratrum,
    o Iove digna viro, ni Iove nata fores,
aut ego Sigeos repetam te coniuge portus          275
    aut hic Taenaria contegar exul humo!
non mea sunt summa leviter destricta sagitta
    pectora; descendit vulnus ad ossa meum.
hoc mihi – nam repeto – fore, ut a caeleste sagitta
    figar, erat verax vaticinata soror.           280
parce datum fatis, Helene, contemnere amorem –
    sic habeas faciles in tua vota deos!
multa quidem subeunt; sed coram ut plura loquamur,
    excipe me lecto nocte silente tuo.
an pudet et metuis Venerem temerare maritam       285
    castaque legitimi fallere iura tori?
a, nimium simplex Helene, ne rustica dicam,
    hanc faciem culpa posse carere putas?
aut faciem mutes aut sis non dura, necesse est;
    lis est cum forma magna pudicitiae.           290
Iuppiter his gaudet, gaudet Venus aurea furtis;
    haec tibi nempe patrem furta dedere Iovem.
vix fieri, si sunt vires in semine morum,
    et Iovis et Ledae filia, casta potes.

Und bald sang ich, zurückgelehnt, von vergangener Liebe,
    bald wieder zwinkerte ich heimliche Zeichen dir zu.
Aethra und Clymene wagte ich kürzlich zu bitten, die ersten
    deiner Bedienten, und bat beide in freundlichstem Ton.
Doch die entgegneten weiter nichts als, das sei zu gefährlich,
    ließen mitten im Wort mit meinen Bitten mich stehn.
Gäben's die Götter, du wärest der Preis eines heftigen Wettstreits,
    und es erhielte dich, der, welcher siegt, in sein Bett! –
So wie Hippómenes Schoeneus' Tochter im Schnellauf gewonnen,
    an eines Phrygers Brust Hippodamía auch kam,
wie Achelous' Horn der wilde Alcide zerknickte,
    als er verliebt sich um dich, Dëianira, bewarb:
Solche Bedingungen hätte ich kühn und tapfer bestanden,
    und du wüßtest jetzt: Ziel meiner Mühe bist du!
Nun bleibt nichts als dich selber zu bitten, du Schöne,
    daß ich flehend berühr', wenn du's erlaubst, deinen Fuß.
O du Zier, o du sichtbarer Ruhm deiner Zwillingsgeschwister,
    Jupiters würdig als Frau, wenn du die Tochter nicht wärst:
Entweder land ich mit dir als Gemahl im sigeischen Hafen,
    oder ich ruh im Exil hier in taenarischem Grab.
Meine Brust ist nicht nur geritzt von der Spitze des Pfeiles,
    nein, ich bin von dem Schuß bis auf die Knochen verletzt.
Das war's, ich wiederhol's, was mir meine prophetische Schwester
    richtig vorausgesagt: Opfer des himmlischen Pfeils.
Schätze drum, Helene, hoch die vom Schicksal gestiftete Liebe!
    Seien die Götter dir dann bei deinen Wünschen geneigt!
Vieles fällt mir noch ein, doch das muß man persönlich besprechen,
    nimm in der Stille der Nacht deshalb zu dir mich ins Bett!
Schämst du dich etwa und scheust dich, die ehliche Liebe zu schänden,
    hältst dich keusch an das Recht, das für den Ehestand gilt?
Ach, du bist zu naiv, gute Helene, beinahe töricht!
    Glaubst du, ein schönes Gesicht könne stets unschuldig sein?
Ändere unbedingt dein Gesicht oder laß dich erweichen!
    Das ist ein schweres Gefecht: Keuschheit und Schönheit im Streit.
Jupiter freut, die goldene Venus freut das Versteckspiel,
    Jupiter machte das Spiel nämlich zum Vater – von dir!
Keusch bleiben kannst du wohl kaum, als Jupiters Tochter und Ledas,
    wenn sich im Samen die Kraft unserer Sitten vererbt.

casta tamen tum sis, cum te mea Troia tenebit,                    295
  et tua sim, quaeso, crimina solus ego.
nunc ea peccemus, quae corriget hora iugalis,
  si modo promisit non mihi vana Venus!
sed tibi et hoc suadet rebus, non voce, maritus,
  neve sui furtis hospitis obstet, abest.                  300
non habuit tempus, quo Cresia regna videret,
  aptius – o mira calliditate virum!
ivit et «Idaei mando tibi», dixit iturus,
  «curam pro nobis hospitis, uxor, agas.»
neclegis absentis, testor, mandata mariti!                        305
  cura tibi non est hospitis ulla tui.
huncine tu speras, hominem sine pectore, dotes
  posse satis formae, Tyndari, nosse tuae?
falleris – ignorat; nec, si bona magna putaret,
  quae tenet, externo crederet illa viro.                  310
ut te nec mea vox nec te meus incitet ardor,
  cogimur ipsius commoditate frui –
aut erimus stulti, sic ut superemus et ipsum,
  si tam securum tempus abibit iners.
paene suis ad te manibus deducit amantem;                         315
  utere mandantis simplicitate viri!
sola iaces viduo tam longa nocte cubili;
  in viduo iaceo solus et ipse toro.
te mihi meque tibi communia gaudia iungant;
  candidior medio nox erit illa die.                        320
tunc ego iurabo quaevis tibi numina meque
  adstringam verbis in sacra iura meis;
tunc ego, si non est fallax fiducia nostra,
  efficiam praesens, ut mea regna petas.
si pudet et metuis, ne me videare secuta,                         325
  ipse reus sine te criminis huius ero;
nam sequar Aegidae factum fratrumque tuorum.
  exemplo tangi non propiore potes.
te rapuit Theseus, geminas Leucippidas illi;
  quartus in exemplis adnumerabor ego,                     330
Troïa classis adest armis instructa virisque;
  iam facient celeres remus et aura vias.

Keusch sein sollst du jedoch, wenn dereinst mein Troja dich aufnimmt;
    ich will bitte allein Grund deines Fehltrittes sein.
Laß uns sündigen jetzt – die Stunde der Hochzeit bereinigt's,
    wenn, was Venus versprach, nicht nur ein Gaukelspiel war.
Dazu rät auch dein Mann, mit Taten zwar, nicht mit Worten,
    fort ist er, daß er den Gast bei seinem Treiben nicht stört.
Niemals traf es sich besser, das cretische Reich zu besuchen.
    O wie prächtig der Mann in seiner Klugheit doch ist!
Ging und sagte im Gehen: "Ich lasse den Gastfreund vom Ida
    in deiner Obhut statt mir, sorge dich, Gattin, um ihn!"
Gleichgültig ist dir, ich seh's, der Auftrag des Gatten auf Reisen,
    denn um deinen Gast sorgst du dich eigentlich nicht.
Hoffst du, ein Mann ohne Herz wie der deine könne auch richtig
    schätzen der Schönheit Geschenk, Tyndareus' Tochter, an dir?
Irrtum, er hat keine Ahnung! Er würde sonst nicht einem Fremden,
    wüßte er, was er besitzt, je diesen Schatz anvertraun.
Sollte dich weder mein Wort noch meine Begeisterung reizen:
    Nützen müssen wir's fast, ist die Gelegenheit da –
Oder wir sind so dumm, daß wir ihn an Dummheit noch schlagen,
    wenn diese sorglose Zeit ohne Benützung verrinnt.
Mich Verliebten schob er dir zu, fast mit eigenen Händen.
    Nütze, was dir der Mann in seiner Einfalt gebot!
Einsam liegst du die endlose Nacht auf verwitwetem Lager,
    einsam liege auch ich auf dem verwitweten Bett.
Du mit mir und ich mit dir: Laß die Lust uns vereinen!
    Heller wird diese Nacht sein als der Tag im Zenit.
Schwören werde ich dann bei allen Göttern, mit meinem
    Wort mich verpflichten und dir leisten den heiligen Eid.
Alsdann, ist mein Ehrenwort nicht völlig verlogen,
    setz ich persönlich mich ein, daß in mein Reich du gelangst.
Wenn du dich schämst und befürchtest, es scheine, als ob du mir nachliefst:
    Ich nur werde es sein, der das Verbrechen beging.
Denn ich kopiere die Tat des Aegiden und die deiner Brüder –
    Gibt's zum Vergleich einen Fall, der dich noch näher berührt?
Dich hat Theseus geraubt und sie die zwei Töchter Leucippus',
    ich will Nummer Vier in dieser Reihe nun sein.
Trojas Flotte ist hier, gerüstet mit Waffen und Männern;
    bald bahnen Ruder und Wind uns einen eiligen Weg.

ibis Dardanias ingens regina per urbes
   teque novam credet vulgus adesse deam,
quaque feres gressus, adolebunt cinnama flammae,     335
   caesaque sanguineam victima planget humum.
dona pater fratresque et cum genetrice sorores
   Iliadesque omnes totaque Troia dabit.
ei mihi! pars a me vix dicitur ulla futuri.
   plura feres, quam quae littera nostra refert.     340
nec tu rapta time, ne nos fera bella sequantur,
   concitet et vires Graecia magna suas.
tot prius abductis ecqua est repetita per arma?
   crede mihi, vanos res habet ista metus.
nomine ceperunt Aquilonis Erechthida Thraces,     345
   et tuta a bello Bistonis ora fuit;
Phasida puppe nova vexit Pagasaeus Iason,
   laesa neque est Colcha Thessala terra manu.
te quoque qui rapuit, rapuit Minoïda Theseus;
   nulla tamen Minos Cretas ad arma vocat.     350
terror in his ipso maior solet esse periclo,
   quaeque timere libet, pertimuisse pudet.
finge tamen, si vis, ingens consurgere bellum –
   et mihi sunt vires, et mea tela nocent.
nec minor est Asiae quam vestrae copia terrae;     355
   illa viris dives, dives abundat equis.
nec plus Atrides animi Menelaus habebit
   quam Paris aut armis anteferendus erit.
paene puer caesis abducta armenta recepi,
   hostibus et causam nominis inde tuli;     360
paene puer iuvenes vario certamine vici,
   in quibus Ilioneus Deïphobusque fuit;
neve putes, non me nisi comminus esse timendum,
   figitur in iusso nostra sagitta loco.
num potes haec illi primae dare facta iuventae?     365
   instruere Atriden num potes arte mea?
omnia si dederis, numquid dabis Hectora fratrem?
   unus is innumeri militis instar erit!
quid valeam nescis, et te mea robora fallunt;
   ignoras, cui sis nupta futura viro.     370

Bald ziehst als mächtige Königin du durch Dardanias Städte,
    und wirst gläubig vom Volk als neue Göttin verehrt.
Wo du die Schritte hinlenkst, werden Feuer duften von Zimmet,
    und das geschlachtete Tier zappelt am Boden im Blut.
Gaben bringen dann Vater und Brüder und Mutter und Schwestern,
    Ilions Frauen, dazu alles, was Troja bewohnt.
Weh mir! Kaum einen Bruchteil der Zukunft kann ich dir schildern.
    Mehr erhältst du, als was in meinem Schreiben hier steht.
Fürchte nicht, wenn du geraubt bist, ein böser Krieg könnte folgen,
    Griechenland, mächtig zum Streit, hetze sein Heer in den Krieg!
Viele wurden entführt, stritt man auch nur um eine mit Waffen?
    Glaub mir, die Sache ruft haltlose Ängste hervor.
Thracer entführten Erechtheus' Tochter in Aquilos Namen –
    sicher vor einem Krieg blieb das bistonische Land.
Jason aus Pagasae raubte die Phasierin, – neu war die Schiffahrt –
    doch das thessalische Land fiel nicht von colchischer Hand.
Auch der dich raubte, Theseus, raubte die Tochter des Minos,
    dennoch rief Minos deshalb nicht seine Creter zum Krieg.
Angst ist in solchen Fällen meist größer als die Gefahr selbst;
    steigert man sich in die Angst, schämt man sich dann hinterher.
Stell dir doch, bitte sehr, vor, es breche ein schrecklicher Krieg aus:
    Auch ich habe ja Kraft, auch meine Waffen sind scharf.
Mittel hat Asien genug, nicht geringer als die eures Landes;
    überreich ist das Land, reich ist's an Mann und an Roß.
Mehr Mut wird auch Atreus' Sohn, Menelaus, nicht zeigen,
    als es ein Paris vermag, noch ist er besser im Kampf.
Fast noch ein Knabe holte ich, als ich die Feinde erschlagen,
    das gestohlene Vieh, trug so den Namen davon.
Fast noch ein Knabe besiegt ich im Allkampf erwachsene Männer,
    Ilioneus war dabei, ebenso Deïphobus.
Glaube auch nicht, ich sei allein im Nahkampf zu fürchten,
    denn fest haftet mein Pfeil an dem befohlenen Ort.
Kannst du bei ihm solche Taten in früher Jugend belegen?
    Kannst du behaupten, geschickt sei der Atride wie ich?
Billige alles ihm zu – doch hat er auch Hector zum Bruder?
    Der, ein einziger Mann, zählt wie ein zahlloses Heer.
Was ich vermag, weißt du nicht, kannst nicht meine Kräfte ermessen,
    ahnst nicht, welch einem Mann du dann Gemahlin sein wirst.

aut igitur nullo belli repetere tumultu
   aut cedent Marti Dorica castra meo.
nec tamen indigner pro tanta sumere ferrum
   coniuge. certamen praemia magna movent.
tu quoque, si de te totus contenderit orbis,          375
   nomen ab aeterna posteritate feres.
spe modo non timida dis hinc egressa secundis
   exige cum plena munera pacta fide!

Entweder läßt man es sein, dich im Kriegsgetümmel zu holen,
  oder das dorische Heer weicht meiner Waffen Gewalt.
Abgeneigt wäre ich nicht, zum Schwert zu greifen für solche
  Gattin. Der hohe Preis fordert den Wettkampf heraus.
Und auch dir, wenn um dich die ganze Welt sich gestritten,
  zollt die Nachwelt Ruhm über Jahrhunderte hin.
Nur keine Angst! Wenn du fort bist von hier mit Hilfe der Götter,
  fordre vertrauensvoll, was ich an Pflichten versprach!

## XVII (XVI)
## HELENE PARIDI

[Si mihi quae legi, Pari, non legisse liceret,      a
  servarem numeros sicut et ante probae.]      b
Nunc oculos tua cum violarit epistula nostros,
  non rescribendi gloria visa levis.
ausus es hospitii temeratis, advena, sacris
  legitimam nuptae sollicitare fidem.
scilicet idcirco ventosa per aequora vectum      5
  excepit portu Taenaris ora suo,
nec tibi, diversa quamvis e gente venires,
  oppositas habuit regia nostra fores,
esset ut officii merces iniuria tanti?
  qui sic intrabas, hospes an hostis eras?      10
nec dubito, quin haec, cum sit tam iusta, vocetur
  rustica iudicio nostra querela tuo.
rustica sim sane, dum non oblita pudoris
  dumque tenor vitae sit sine labe meae.
si non est ficto tristis mihi vultus in ore      15
  nec sedeo duris torva superciliis,
fama tamen clara est et adhuc sine crimine vixi
  et laudem de me nullus adulter habet.
quo magis admiror, quae sit fiducia coepti,
  spemque tori dederit quae tibi causa mei.      20
an, quia vim nobis Neptunius attulit heros,
  rapta semel videor bis quoque digna rapi?
crimen erat nostrum, si delenita fuissem;
  cum sim rapta, meum quid nisi nolle fuit?
non tamen e facto fructum tulit ille petitum;      25
  excepto redii passa timore nihil.
oscula luctanti tantummodo pauca protervus
  abstulit; ulterius nil habet ille mei.
quae tua nequitia est, non his contenta fuisset –
  di melius! similis non fuit ille tui.      30
reddidit intactam minuitque modestia crimen
  et iuvenem facti paenituisse patet;

[Paris, wär's möglich, das, was ich las, nicht gelesen zu haben,
    blieb ich als ehrbare Frau sittsam im Takt wie bisher.]
Da soeben ein Brief von dir meine Augen beleidigt,
    scheint mir der Ruhm zu gering, nichts zu entgegnen, zu sein.
Fremder, du hast es gewagt, das heilige Gastrecht zu schänden,
    hast den gesetzlichen Bund einer Gemahlin bedroht.
Dazu also nahm nach der Fahrt über windige Meere
    unser taenarischer Strand in seinen Hafen dich auf,
und obschon du doch aus einem anderen Volk kamst,
    schloß unsre Königsburg nicht ihre Tore vor dir,
daß du mit Unrecht belohnst, was hoher Verpflichtung entsprungen?
    Gastlich tratest du ein: Kamst du als Freund oder Feind?
Und kein Zweifel, nach deinem Maßstab wird meine Klage
    weltfremd heißen und plump, sei sie auch noch so gerecht.
Mag ich auch weltfremd sein, wenn ich nur nicht den Anstand vergesse,
    wenn meines Lebens Lauf nur ohne Fehltritte bleibt.
Trag ich auch keinen Ernst zur Schau mit geheuchelter Miene,
    sitze nicht griesgrämig da, runzle nicht grimmig die Stirn,
strahlt doch mein Ruf weitum, und ich lebte bisher ohne Tadel;
    keiner gewann den Ruhm, daß er mein Liebhaber war.
Desto befremdlicher scheint mir, wie unverfroren du vorgingst
    und warum du dir wohl Hoffnung gemacht hast auf mich.
Meinst du, weil Neptuns heldischer Sohn mich gewaltsam entführte,
    habe man etwa das Recht, daß man mich noch einmal raubt?
Vorwürfe hätt ich verdient, wär ich der Verführung erlegen.
    Da ich geraubt war, was blieb außer dem Nein noch zu tun?
Dennoch gelang es ihm nicht, das erstrebte Ziel zu erreichen,
    außer der Angst, die ich litt, kehrte ich unversehrt heim.
Küsse raubte der Fremdling nur, obwohl ich mich wehrte;
    dies nur, darüber hinaus hatte er gar nichts von mir.
Deine Frechheit wäre damit nicht zufrieden gewesen.
    Dank sei den Göttern, denn er war nicht so einer wie du!
Unberührt bracht er mich heim; sein Anstand mildert die Schande;
    allen ist klar, daß der Mann nun seinen Mißgriff bereut.

Thesea paenituit, Paris ut succederet illi,
   ne quando nomen non sit in ore meum?
nec tamen irascor – quis enim succenset amanti? –       35
   si modo, quem praefers, non simulatur amor.
hoc quoque enim dubito – non quod fiducia desit,
   aut mea sit facies non bene nota mihi;
sed quia credulitas damno solet esse puellis
   verbaque dicuntur vestra carere fide.       40
«at peccant aliae matronaque rara pudica est.»
   quis prohibet raris nomen inesse meum?
nam mea quod visa est tibi mater idonea, cuius
   exemplo flecti me quoque posse putes,
matris in admisso falsa sub imagine lusae       45
   error inest; pluma tectus adulter erat.
nil ego, si peccem, possum nescisse, nec ullus
   error, qui facti crimen obumbret, erit.
illa bene erravit vitiumque auctore redemit.
   felix in culpa quo Iove dicar ego?       50
quod genus et proavos et regia nomina iactas:
   clara satis domus haec nobilitate sua est.
Iuppiter ut soceri proavus taceatur et omne
   Tantalidae Pelopis Tyndareïque genus,
dat mihi Leda Iovem cygno decepta parentem,       55
   quae falsam gremio credula fovit avem.
i nunc et Phrygiae late primordia gentis
   cumque suo Priamum Laomedonte refer!
quos ego suspicio; sed qui tibi gloria magna est
   septimus, a nostro nomine primus erit.       60
sceptra tuae quamvis rear esse potentia terrae,
   non tamen haec illis esse minora puto.
si iam divitiis locus hic numeroque virorum
   vincitur, at certe barbara terra tua est.
munera tanta quidem promittit epistula dives,       65
   ut possint ipsas illa movere deas.
sed si iam vellem fines transire pudoris,
   tu melior culpae causa futurus eras.
aut ego perpetuo famam sine labe tenebo
   aut ego te potius quam tua dona sequar;       70

Theseus bereute – und Paris sollte sein Nachfolger werden,
    daß meinen Namen kein Mensch mehr in den Mund nehmen will?
Und doch zürne ich nicht – wer ist einem Liebenden böse? –
    wenn deine Liebe auch echt und nicht erheuchelt nur ist.
Denn ich schwanke noch – nicht daß ich mißtrauisch wäre
    noch daß ich selbst nicht genau wüßte, wie schön ich doch bin –
aber die Gutgläubigkeit hat schon manchem Mädchen geschadet,
    und auf euer Wort, heißt es, sei gar kein Verlaß.
«Andere sündigen auch; eine züchtige Hausfrau ist selten.»
    Ja, warum soll ich denn nicht eine der wenigen sein?
Wenn du meinst, meine Mutter sei das geeignete Beispiel,
    wie du auch mich dazu bringst, daß du mich umstimmen kannst –
das war Betrug – ein Trugbild verführte die Mutter zum Fehltritt:
    Unter dem Federkleid war der Geliebte versteckt.
Würde ich mich verfehlen, so wüßte ich alles. Kein Irrtum
    also beschönigt die Tat, die man mir vorwerfen wird.
Jene hatte es gut: Auf den Urheber schob sie den Fehler.
    Werde ich sündig beglückt: Wer soll mein Jupiter sein?
Wenn du Familie und Ahnen und Königsnamen ins Spiel bringst:
    Ruhmreich genug ist mein Haus dank seinem adligen Stand.
Lassen wir Jupiter weg, der der Urahn war meines Schwähers,
    Pelops', des Tantalus Sohn, Tyndareus' ganzes Geschlecht.
Jupiter wurde mein Vater, als Leda, vom Schwan hintergangen,
    zutraulich in ihrem Schoß scheinbar den Vogel empfing.
Geh nun hin und erzähle den Ursprung des phrygischen Stammes,
    führe den Priamus an und seinen Laomedon!
Die bewundre ich zwar, doch der dein besonderer Stolz ist,
    ist nur der siebte vor dir, jedoch der erste vor mir.
Wenn ich auch glaube, dein Land gebiete mit mächtigem Zepter,
    denke ich doch, mein Land sei nicht geringer an Macht.
Wenn meine Stadt aber wirklich an Reichtum und Anzahl der Männer
    nachsteht, so ist gewiß deins ein barbarisches Land.
Freilich verspricht dein wortreicher Brief so große Geschenke,
    daß eine Göttin sogar darauf hereinfallen kann.
Wollte ich aber die Grenzen des Anstands schon überschreiten,
    dann wärst du selbst für die Schuld sicher ein besserer Grund.
Entweder kann ich hinfort meinen Ruf ohne Makel bewahren
    oder ich folge dir nach, eher als deinem Geschenk.

utque ea non sperno, sic acceptissima semper
   munera sunt, auctor quae pretiosa facit.
plus multo est, quod amas, quod sum tibi causa laboris,
   quod tam per longas spes tua venit aquas.
illa quoque adposita, quae nunc facis, inprobe, mensa,       75
   quamvis experiar dissimulare, noto –
cum modo me spectas oculis, lascive, protervis,
   quos vix instantes lumina nostra ferunt,
et modo suspiras, modo pocula proxima nobis
   sumis, quaque bibi, tu quoque parte bibis.       80
a, quotiens digitis, quotiens ego tecta notavi
   signa supercilio paene loquente dari.
et saepe extimui, ne vir meus illa videret,
   non satis occultis erubuique notis.
saepe vel exiguo vel nullo murmure dixi:       85
   «nil pudet hunc.» nec vox haec mea falsa fuit.
orbe quoque in mensae legi sub nomine nostro,
   quod deducta mero littera fecit, AMO.
credere me tamen hoc oculo renuente negavi –
   ei mihi, iam didici sic ego posse loqui!       90
his ego blanditiis, si peccatura fuissem,
   flecterer, his poterant pectora nostra capi.
est quoque, confiteor, facies tibi rara, potestque
   velle sub amplexus ire puella tuos;
altera vel potius felix sine crimine fiat,       95
   quam cadat externo noster amore pudor.
disce meo exemplo formosis posse carere;
   est virtus placitis abstinuisse bonis.
quam multos credis iuvenes optare, quod optas,
   qui sapiant? oculos an Paris unus habes?       100
non tu plus cernis, sed plus temerarius audes:
   nec tibi plus cordis, sed magis oris adest.
tunc ego te vellem celeri venisse carina,
   cum mea virginitas mille petita procis.
si te vidissem, primus de mille fuisses.       105
   iudicio veniam vir dabit ipse meo.
ad possessa venis praeceptaque gaudia serus;
   spes tua lenta fuit; quod petis, alter habet.

Zwar veracht ich das nicht, doch sind am meisten willkommen
    Gaben jeweils, die erst kostbar macht der, der sie gibt.
Wichtiger ist, daß du liebst, daß ich Anlaß bin für dein Werben,
    daß du hoffnungsvoll fuhrst über die Weite des Meers.
Auch bemerk ich das wohl, was du jetzt tust, rückt man den Tisch her,
    wenn ich es, schamloser Kerl, auch zu verheimlichen such,
wenn du mich bald mit frechen Augen, du Lüstling, betrachtest,
    die mein Blick kaum erträgt, wenn sie so zudringlich sind,
wenn du bald seufzest, bald zum Pokal greifst, der neben mir steht,
    und an der Stelle trinkst, wo ich gerade auch trank.
Oh, wie oft bemerkte ich, wie du verborgene Zeichen
    gabst mit den Fingern, und bald sprachen die Brauen beinah.
Oft befürchtete ich, mein Mann könnte alles entdecken,
    und ich errötete oft, waren die Winke zu klar.
Oft auch sprach ich zu mir, leis murmelnd oder gar tonlos:
    «Schamlos ist der.» Mein Wort war ja auch gar nicht so falsch.
Auch auf des Tisches Rund stand mit Wein mein Name geschrieben,
    während ich unterhalb «AMO – Ich liebe dich» las.
Dennoch wollt ich's nicht glauben und winkte ab mit den Augen –
    weh mir, schon hab ich gelernt, daß man auch so sich versteht!
Wenn man mich so umwirbt – wenn ich hätte sündigen wollen,
    ging ich drauf ein, ja, so nimmt man mein Herz in Beschlag.
Gut siehst du aus, ich geb's zu, wie wenige, und ich verstehe,
    wenn ein Mädchen von dir gerne umarmt werden will.
Eher kann man vielleicht eine andere harmlos beglücken,
    als daß mein Ehrgefühl sich einem Fremden ergibt.
Lerne an meinem Beispiel auf Schönes verzichten zu können:
    Tugend, das heißt Verzicht auf den Besitz, der uns reizt.
Wieviel vernünftige Männer, denkst du, wünschen, was du dir
    wünschest? Meinst du, allein Paris hab Augen im Kopf?
Mehr als andere siehst du nicht, nur bist du viel frecher,
    hast auch nicht mehr Herz, aber ein größeres Maul.
Besser, du wärest damals auf raschem Segler gekommen,
    als ich noch Mädchen war – tausendfach war ich umschwärmt.
Hätte ich dich gesehn, du hättest tausend geschlagen.
    Selbst mein eigener Mann wird mir mein Urteil verzeihn.
Spät kommst du her – erobert sind schon und genossen die Freuden.
    Deine Hoffnung war lahm. Er hat nun das, was du willst.

ut tamen optarem fieri tua Troica coniunx,
    invitam sic me nec Menelaus habet.          110
desine molle, precor, verbis convellere pectus
    neve mihi, quam te dicis amare, noce;
sed sine quam tribuit sortem fortuna tueri,
    nec spolium nostri turpe pudoris ave!
at Venus hoc pacta est et in altae vallibus Idae     115
    tres tibi se nudas exhibuere deae,
unaque cum regnum, belli daret altera laudem,
    «Tyndaridis coniunx», tertia dixit, «eris!»
credere vix equidem caelestia corpora possum
    arbitrio formam supposuisse tuo,          120
utque sit hoc verum, certe pars altera ficta est,
    iudicii pretium qua data dicor ego.
non est tanta mihi fiducia corporis, ut me
    maxima teste dea dona fuisse putem.
contenta est oculis hominum mea forma probari;     125
    laudatrix Venus est invidiosa mihi.
sed nihil infirmo; faveo quoque laudibus istis –
    nam mea vox quare, quod cupit, esse neget?
nec tu succense nimium mihi creditus aegre,
    tarda solet magnis rebus inesse fides.        130
prima mea est igitur Veneri placuisse voluptas;
    proxima, me visam praemia summa tibi,
nec te Palladios nec te Iunonis honores
    auditis Helenae praeposuisse bonis.
ergo ego sum virtus, ego sum tibi nobile regnum!     135
    ferrea sim, si non hoc ego pectus amem.
ferrea, crede mihi, non sum; sed amare repugno
    illum, quem fieri vix puto posse meum.
quid bibulum curvo proscindere litus aratro
    spemque sequi coner, quam locus ipse negat?    140
sum rudis ad Veneris furtum, nullaque fidelem –
    di mihi sunt testes – lusimus arte virum.
nunc quoque, quod tacito mando mea verba libello,
    fungitur officio littera nostra novo.
felices, quibus usus adest! ego nescia rerum       145
    difficilem culpae suspicor esse viam.

Dennoch wünschte ich mir, deine troische Gattin zu werden,
    schätz ich es auch, die Frau von Menelaus zu sein.
Bitte hör auf mit Worten mein weiches Herz zu zerreißen,
    schade mir nicht damit, wie du mich angeblich liebst,
sondern laß mich das Los, das Fortuna gegeben, bewahren,
    laß den schändlichen Raub, der meine Ehre zerstört!
Doch das hat Venus bestimmt; in den Schluchten des Idagebirges
    stellten die Göttinnen sich nackt deinen Augen zur Schau.
Eine versprach dir ein Reich, den Ruhm des Krieges die andre,
    «Tyndareus' Tochter wird dir,» sagte die dritte, «vermählt.»
Allerdings kann ich kaum glauben, es hätten himmlische Wesen,
    wenn es um Schönheit ging, sich deinem Urteil gebeugt.
Nehmen wir an, das sei wahr, ist das übrige sicher erfunden,
    daß ich als Preis des Entscheids selber verschenkt werden soll.
So viel bilde ich mir auf den Körper nicht ein, daß ich dächte,
    da eine Göttin es sagt, sei ich das größte Geschenk.
Wenn meine Schönheit vor menschlichen Augen besteht, so genügt's mir,
    daß eine Venus mich lobt, ziemlich verdächtig ist das!
Aber ich sag nichts dagegen, auch dieses Lob kann mir recht sein,
    weshalb sollte mein Wort ablehnen, was es sich wünscht?
Übel darfst du's nicht nehmen, wenn ich dir nicht alles gleich glaube.
    Ist ein Vorhaben groß, geht die Entscheidung nicht rasch.
Erstens freu ich mich also, der Venus gefallen zu haben,
    zweitens, daß ich dir schien Krönung des Wettstreits zu sein,
und du nicht Pallas' noch Junos Ehrungen vorziehen wolltest,
    sondern für Helenas Hand ausschlugst, was sonst man dir bot.
Gleich viel gelt ich dir also wie Tugend, wie adlige Herrschaft;
    eisern wäre mein Herz, wär ich in dich nicht verliebt.
Glaub mir, ich bin nicht aus Eisen, ich sträube mich nur, dich zu lieben,
    dich, von welchem ich glaub, daß er kaum mein werden kann.
Soll ich die krumme Pflugschar durch durstigen Sand zu ziehn suchen?
    Hoffnung nähren, wozu, wenn sie der Boden versagt?
Ungeschickt bin ich in heimlicher Liebe und niemals betrog ich –
    Götter sind Zeugen dafür – listig den treuen Gemahl.
Auch wenn ich insgeheim jetzt meine Worte dem Brief anvertraue,
    ist die Aufgabe neu, die meine Schrift übernimmt.
Glücklich, wer Übung hat! Ich verstehe ja nichts von den Dingen,
    doch ich vermute, die Schuld, geht keinen einfachen Weg.

ipse malo metus est; iam nunc confundor et omnes
    in nostris oculos vultibus esse reor.
nec reor hoc falso; sensi mala murmura vulgi,
    et quasdam voces rettulit Aethra mihi.            150
at tu dissimula, nisi si desistere mavis!
    sed cur desistas? dissimulare potes.
lude, sed occulte! maior, non maxima, nobis
    est data libertas, quod Menelaus abest.
ille quidem procul est, ita re cogente, profectus;     155
    magna fuit subitae iustaque causa viae –
aut mihi sic visum est. ego, cum dubitaret an iret,
    «quam primum», dixi, «fac rediturus eas!»
omine laetatus dedit oscula, «res» que «domusque
    et tibi sit curae Troicus hospes», ait.            160
vix tenui risum, quem dum conpescere luctor,
    nil illi potui dicere praeter «erit».
vela quidem Creten ventis dedit ille secundis;
    sed tu non ideo cuncta licere puta!
sic meus hinc vir abest, ut me custodiat absens –     165
    an nescis longas regibus esse manus?
fama quoque est oneri; nam quo constantius ore
    laudamur vestro, iustius ille timet.
quae iuvat, ut nunc est, eadem mihi gloria damno est,
    et melius famae verba dedisse fuit.            170
nec, quod abest, hic me tecum mirare relicta:
    moribus et vitae credidit ille meae.
de facie metuit, vitae confidit, et illum
    securum probitas, forma timere facit.
tempora ne pereant ultro data praecipis, utque     175
    simplicis utamur commoditate viri.
et libet et timeo, nec adhuc exacta voluntas
    est satis; in dubio pectora nostra labant.
et vir abest nobis et tu sine coniuge dormis
    inque vicem tua me, te mea forma capit;         180
et longae noctes et iam sermone coimus
    et tu, me miseram! blandus et una domus.
et peream, si non invitant omnia culpam;
    nescioquo tardor, sed tamen ipsa metu.

Schlimmer als das ist die Angst; ich bin jetzt schon verwirrt, alle Augen,
  meine ich, ruhen auf uns, um unsre Blicke zu sehn.
Das ist kein Wahn. Ich bemerkte das böse Geraune der Leute,
  einige Stimmen davon teilte auch Aethra mir mit.
Du aber heuchle, es sei denn du wolltest lieber verzichten.
  Doch aufhören, warum? Heucheln, das kannst du ja gut.
Treib es nur fort, doch im Stillen. Wir haben ziemliche Freiheit –
  wenn auch nicht unbeschränkt –, denn Menelaus ist fort.
Fern auf Reisen ist er, die Sache hat es erfordert;
  für die plötzliche Fahrt gab's einen wichtigen Grund.
Mir schien's wenigstens so. Er hatte gezögert zu gehen.
  «Mach, daß du möglichst bald,» sagt ich zu ihm, «wieder kommst.»
Küsse gab er mir drauf, erfreut vom Glückwunsch, und sagte:
  «Sorge für Wirtschaft und Haus und für den troischen Gast!»
Beinah platzt ich heraus, ich mußte das Lachen verbeißen,
  und ich konnte ihm nichts antworten außer «Ich tu's.»
Mit dem Segler fuhr er nach Crete bei günstigen Winden;
  doch glaub deshalb noch nicht, jetzt sei dir alles erlaubt!
Fort von hier ist mein Mann, doch schützt er mich auch, wenn er fort ist.
  Weit reicht der Könige Arm. Weißt du denn das etwa nicht?
Auch ist mein Ruf eine Last; denn je unablässiger ihr mich
  preist, desto mehr hat er Grund, daß er sich ängstigt um mich.
Wenn mich mein Ruhm auch freut, wie er ist, er kommt in die Quere;
  besser, es wäre mein Ruf längst schon ein großer Betrug.
Wundre dich nicht, wenn er fort ist und hier mit dir mich zurückließ:
  Für meine gute Moral bürgte mein Leben bisher.
Sorgen macht ihm mein Aussehn, mein Leben beruhigt, mein Anstand
  nimmt die Bedenken ihm weg, Wohlgestalt bringt sie zurück.
Nicht die Zeit, die von selbst sich ergab, zu vergeuden empfiehlst du,
  und unsren Nutzen zu ziehn aus dem beschränkten Gemüt.
Das macht mir Lust, doch auch Angst, mein Wille ist nicht recht entschieden,
  noch nicht; ohne Entschluß zögert und zaudert mein Herz.
Unterwegs ist mein Mann, und du schläfst ohne Gemahlin.
  Deine Schönheit hat mich und dich die meine gepackt.
Lang sind die Nächte, und schon verbinden wir uns in Gesprächen.
  Ach, du bist reizend, und wir sind hier gemeinsam im Haus!
Wahrlich verflucht soll ich sein, wenn nicht all das mich einlädt zum Fehltritt,
  und doch fühle ich selbst von einer Angst mich gehemmt.

quod male persuades, utinam bene cogere posses!        185
   vi mea rusticitas excutienda fuit.
utilis interdum est ipsis iniuria passis.
   sic certe felix esse coacta forem.
dum novus est, potius coepto pugnemus amori!
   flamma recens parva sparsa resedit aqua.        190
certus in hospitibus non est amor; errat, ut ipsi,
   cumque nihil speres firmius esse, fuit.
Hypsipyle testis, testis Minoïa virgo est,
   in non exhibitis utraque lusa toris.
tu quoque dilectam multos, infide, per annos        195
   diceris Oenonen destituisse tuam.
nec tamen ipse negas; et nobis omnia de te
   quaerere, si nescis, maxima cura fuit.
adde, quod, ut cupias, constans in amore manere
   non potes. expediunt iam tua vela Phryges.        200
dum loqueris mecum, dum nox sperata paratur,
   qui ferat in patriam, iam tibi ventus erit.
cursibus in mediis novitatis plena relinques
   gaudia; cum ventis noster abibit amor.
an sequar, ut suades, laudataque Pergama visam        205
   pronurus et magni Laomedontis ero?
non ita contemno volucris praeconia famae,
   ut probris terras inpleat illa meis.
quid de me poterit Sparte, quid Achaïa tota,
   quid gentes Asiae, quid tua Troia loqui?        210
quid Priamus de me, Priami quid sentiet uxor
   totque tui fratres Dardanidesque nurus?
tu quoque, qui poteris fore me sperare fidelem
   et non exemplis anxius esse tuis?
quicumque Iliacos intraverit advena portus,        215
   is tibi solliciti causa timoris erit.
ipse mihi quotiens iratus «adultera!» dices,
   oblitus nostro crimen inesse tuum!
delicti fies idem reprehensor et auctor.
   terra, precor, vultus obruat ante meos!        220
at fruar Iliacis opibus cultuque beato
   donaque promissis uberiora feram;

Könntest du's leicht doch erzwingen, was du so schwerlich mir beibringst.
  Ich bin die Unschuld vom Land, die man gewinnt mit Gewalt.
Nützlich ist Unrecht bisweilen auch denen, die Unrecht erleiden.
  Und so wär ich gewiß glücklich – gezwungen von dir! –
Nein, laß uns lieber die Liebe bekämpfen, solange sie neu ist!
  Wenig Wasser, gesprengt, löscht den entstehenden Brand.
Unstet ist Liebe von Gästen, sie schweift umher wie sie selber.
  Glaubst du, es gebe nichts Festeres, ist sie vorbei.
Hypsípyle kann's bezeugen, bezeugen die Tochter des Minos;
  beide täuschten sich schwer: Eheversprechen galt nichts.
Du auch, Treuloser, hast, wie es heißt, Oenone verlassen,
  welche du einst geliebt zahlreiche Jahre hindurch.
Und du leugnest's auch nicht; auch war mir die dringendste Sorge,
  falls du's nicht weißt, über dich völlig im Bilde zu sein.
Zudem, willst du auch ewig bei der Geliebten verweilen,
  kannst du nicht. Machen doch schon Phryger dein Segelschiff flott.
Während du mit mir sprichst, die erhoffte Nacht sich schon nähert,
  weht für dich schon der Wind, welcher dich heimbringen soll.
Freuden voll Reiz des Neuen, die mitten in Fahrt sind, verläßt du;
  mit den Winden zugleich geht unsre Liebe vorbei.
Soll, wie du rätst, ich dir nach, das gepriesene Pergamum sehen,
  um dort Laomedons Schwiegergroßtochter zu sein?
So veracht ich dann doch nicht die Kunde der hurtigen Fama,
  daß sie die Welt nicht sogleich mit meinen Schandtaten füllt.
Was kann Sparta von mir, was ganz Achaia berichten?
  Was sagt Asien dazu? Was sagt dein Troja von mir?
Was wird Priamus denken von mir und was seine Gattin,
  all deine Brüder und was jede dardanische Frau?
Du auch, wie kannst du noch hoffen, ich werde die Treue dir halten,
  wie nicht mißtrauisch sein, wenn du dein Beispiel bedenkst?
Jeder, der aus der Fremde im Hafen von Ilion ankommt,
  wird dir zu Unruhe Grund und zu Befürchtungen sein.
Wie oft wirst du im Zorn mir «Ehebrecherin» sagen,
  ohne zu denken, daß dich, was du mir vorwirfst, auch trifft.
Gleichzeitig wirst du den Fehltritt rügen, doch Urheber bleiben –
  Ach, es schütte zuvor Erde mein Antlitz mir zu! –
Doch ich soll Ilions Schätze, den üppigen Wohlstand genießen,
  Gaben bekäme ich dann, reicher, als du sie versprachst?

purpura nempe mihi pretiosaque texta dabuntur
  congestoque auri pondere dives ero!
da veniam fassae – non sunt tua munera tanti:         225
  nescioquo tellus me tenet ipsa modo.
quis mihi, si laedar, Phrygiis succurret in oris?
  unde petam fratres, unde parentis opem?
omnia Medeae fallax promisit Iason –
  pulsa est Aesonia num minus illa domo?         230
non erat Aeetes, ad quem despecta rediret,
  non Idyia parens Chalciopeve soror.
tale nihil timeo – sed nec Medea timebat;
  fallitur augurio spes bona saepe suo.
omnibus invenies, quae nunc iactantur in alto,      235
  navibus a portu lene fuisse fretum.
fax quoque me terret, quam se peperisse cruentam
  ante diem partus est tua visa parens;
et vatum timeo monitus, quos igne Pelasgo
  Ilion arsurum praemonuisse ferunt.         240
utque favet Cytherea tibi, quia vicit habetque
  parta per arbitrium bina tropaea tuum,
sic illas vereor, quae, si tua gloria vera est,
  iudice te causam non tenuere duae;
nec dubito, quin, te si prosequar, arma parentur.    245
  ibit per gladios, ei mihi! noster amor.
an fera Centauris indicere bella coegit
  Atracis Haemonios Hippodamia viros –
tu fore tam iusta lentum Menelaon in ira
  et geminos fratres Tyndarëumque putas?      250
quod bene te iactes et fortia facta loquaris,
  a verbis facies dissidet ista tuis.
apta magis Veneri, quam sunt tua corpora Marti.
  bella gerant fortes, tu, Pari, semper ama!
Hectora, quem laudas, pro te pugnare iubeto;     255
  militia est operis altera digna tuis.
his ego, si saperem pauloque audacior essem,
  uterer; utetur, siqua puella sapit –
aut ego deposito sapiam fortasse pudore
  et dabo cunctatas tempore victa manus.      260

Purpur bekäme ich auch gewiß und kostbare Stoffe;
   reich an Gold werd ich sein, haufenweis bringt man mir's her!
Offen gestanden, verzeih, deine Gaben sind wirklich nicht alles.
   Mich, ich weiß nicht wieso, hält meine Heimat zurück.
Greift man mich an, wer steht mir bei an den phrygischen Küsten,
   wo hol zu Hilfe ich dann Brüder und Vater herbei?
Alles versprach einst Jason trügerisch seiner Medea –
   Trieb man sie minder hinaus aus dem aesonischen Haus?
Kein Aeetes war da, der Verachteten Zuflucht zu geben,
   Mutter Idyia nicht, Schwester Chalciope nicht.
Davor hab ich nicht Angst – doch das fürchtete auch nicht Medea.
   Gute Hoffnung ist blind, wenn sie sich selbst prophezeit.
Jedem Schiff, das auf hoher See jetzt umhertreibt, so zeigt sich's,
   bot sich vom Hafen aus ruhig das Meer und gelind.
Auch erschreckt mich die Fackel voll Blut, die im Traum deine Mutter
   einst am Tage, bevor du auf die Welt kamst, gebar.
Und die Warnung der Seher fürcht ich: Pelasgisches Feuer,
   dies prophezeiten sie, heißt's, brenne einst Ilion ab.
Wenn Cytherea dir hold ist, weil sie ja siegte und zweifach
   dank deinem Urteilsspruch Siegestrophäen gewann,
fürcht ich die andern, das Paar, das, ist dein Ruhm nicht erfunden,
   dank deinem Richterspruch seinen Prozeß doch verlor.
Ohne Zweifel ergreift man, wenn ich dir folge, die Waffen.
   Mitten durch Schwerter, o weh, geht unsre Liebe hindurch.
Zwang nicht auch Hippodamía, das Mädchen aus Atrax, Haemoniens
   Männer, den schaurigen Krieg auf die Centauren zu ziehn?
Und Menelaus, die Zwillingsbrüder und Tyndareus, alle,
   meinst du, nehmen es hin, trotz der berechtigten Wut?
Wenn du dich aufspielst und von tapferen Taten berichtest,
   find ich, zu deinem Bericht paßt dein Gesicht aber nicht!
Weniger paßt dein Körper zu Mars, viel eher zu Venus.
   Krieg führen sollte ein Held; Liebe bleib, Paris, dein Feld!
Laß doch Hector, den du so lobst, an deiner Statt kämpfen!
   Deinen Aufwand verdient Kriegsdienst von anderer Art.
Nützen würde ich das, wär ich klüger und nur etwas kecker;
   nützen wird es das schon, wenn das ein Mädchen begreift.
Oder *ich* werde klug und lege vielleicht meine Scham ab,
   und von der Zeit besiegt reich' ich die zögernde Hand.

quod petis, ut furtim praesentes ista loquamur,
    scimus, quid captes conloquiumque voces;
sed nimium properas, et adhuc tua messis in herba est.
    haec mora sit voto forsan amica tuo.
hactenus; arcanum furtivae conscia mentis                    265
    littera iam lasso pollice sistat opus.
cetera per socias Clymenen Aethramque loquamur,
    quae mihi sunt comites consiliumque duae.

Wenn du verlangst, daß wir heimlich persönlich die Dinge besprechen:
  Ich weiß schon, was du willst und was Besprechung du nennst.
Doch du machst mir zu rasch, auf dem Halm ist noch deine Ernte.
  Dieser Aufschub ist wohl für deine Sehnsucht nur gut.
Bis dahin. Mein Brief, vertraut mit dem Seelengeheimnis,
  ende sein heimliches Werk, da schon mein Daumen erlahmt.
Näheres kannst du durch Aethra und Clymene mit mir besprechen,
  die mich begleiten jeweils und mich beraten zugleich.

## XVIII (XVII)
## LEANDER HERONI

[Quam cuperem solitas, Hero, tibi ferre per undas,            a
    accipe Leandri, dum venit ipse, manum.]            b
Mittit Abydenus, quam mallet ferre, salutem,
    si cadat unda maris, Sesta puella, tibi.
si mihi di faciles, si sunt in amore secundi,
    invitis oculis haec mea verba leges.
sed non sunt faciles; nam cur mea vota morantur            5
    currere me nota nec patiuntur aqua?
ipsa vides caelum pice nigrius et freta ventis
    turbida perque cavas vix adeunda rates.
unus, et hic audax, a quo tibi littera nostra
    redditur, e portu navita movit iter.            10
adscensurus eram, nisi quod, cum vincula prorae
    solveret, in speculis omnis Abydos erat.
non poteram celare meos, velut ante, parentes,
    quemque tegi volumus, non latuisset amor.
protinus haec scribens, «felix, i, littera!» dixi,            15
    «iam tibi formosam porriget illa manum.
forsitan admotis etiam tangere labellis,
    rumpere dum niveo vincula dente volet.»
talibus exiguo dictis mihi murmure verbis,
    cetera cum charta dextra locuta mea est.            20
at quanto mallem, quam scriberet, illa nataret
    meque per adsuetas sedula ferret aquas!
aptior illa quidem placido dare verbera ponto;
    est tamen et sensus apta ministra mei.
septima nox agitur, spatium mihi longius anno,            25
    sollicitum raucis ut mare fervet aquis.
his ego si vidi mulcentem pectora somnum
    noctibus, insani sit mora longa freti!
rupe sedens aliqua specto tua litora tristis
    et, quo non possum corpore, mente feror.            30
lumina quin etiam summa vigilantia turre
    aut videt aut acies nostra videre putat.

# BRIEF 18 (17)
## LEANDER AN HERO

[Lieber brächt ich die Hand dir, Hero, wie sonst durch die Wogen;
   nimm mit Leanders "Hand", bis er dann selbst kommt, vorlieb.]
Der aus Abydos sendet dir Grüße, Mädchen aus Sestus,
   brächte sie lieber dir selbst, ruhten die Wellen des Meers.
Sind mir die Götter geneigt, sind sie meiner Liebe gewogen,
   liest du die Worte hier nur mit verdrossenem Blick.
Doch sie sind mir nicht hold – warum gönnen sie mir denn das Glück nicht,
   lassen hinüber mich nicht rasch übers Meer wie gewohnt?
Siehst ja den Himmel, schwärzer als Pech, der Wind peitscht die Wogen,
   die auf dem hohlen Schiff kaum jetzt befahrbar mehr sind.
Nur dieser tollkühne Seemann, welcher von mir diesen Brief hier
   dir überbringt, unternahm aus unsrem Hafen die Fahrt.
Beinah ging ich an Bord, hätte nicht, als am Bug er die Seile
   löst', von Abydos' Volk jeder das Schauspiel verfolgt.
Nicht mehr wär meine Liebe den Eltern verborgen geblieben;
   die wir verheimlicht gewünscht, wäre nun nicht mehr geheim.
Wie ich das eben noch schreib, sag ich: »Geh, du glückliches Brieflein,
   bald schon streckt sie nach dir aus ihre reizende Hand,
kommt mit den Lippen dir nah, wird wohl gar an die Lippen dich drücken,
   wenn sie mit schneeweißem Zahn deine Verschnürung zerbeißt.«
Solches wurde von mir mit leisem Flüstern gesprochen,
   alles weitere sprach mit dem Papier meine *Hand*.
Doch wie viel lieber wollt ich, sie würde schwimmen statt schreiben,
   und sie brächte wie sonst brav mich hindurch durch die Flut!
Fähiger ist sie denn auch, die ruhigen Wogen zu peitschen,
   doch auch als meines Gefühls Dienerin ist sie geschickt.
Schon ist's die siebente Nacht, eine Zeit, die mir mehr als ein Jahr scheint,
   daß das tosende Meer brandet mit brausender Flut.
Fand ich in diesen Nächten Schlaf, der das Herz mir erquickte,
   sei dem tobenden Meer Zeit noch in Fülle gegönnt!
Auf einem Felsen sitzend seh ich traurig dein Ufer,
   da ich es leiblich nicht kann, eile ich geistig zu dir.
Ja, ich seh auf der Spitze des Turmes die wachsamen Feuer,
   sehe sie oder mein Blick meint doch, er sehe sie dort.

ter mihi deposita est in sicca vestis harena,
   ter grave temptavi carpere nudus iter –
obstitit inceptis tumidum iuvenalibus aequor,       35
   mersit et inversis ora natantis aquis.
at tu, de rapidis inmansuetissime ventis,
   quid mecum certa proelia mente geris?
in me, si nescis, Borea, non aequora, saevis!
   quid faceres, esset ni tibi notus amor?       40
tam gelidus quod sis, num te tamen, inprobe, quondam
   ignibus Actaeis incaluisse negas?
gaudia rapturo siquis tibi claudere vellet
   aërios aditus, quo paterere modo?
parce, precor, facilemque move moderatius auram –     45
   imperet Hippotades sic tibi triste nihil!
vana peto; precibusque meis obmurmurat ipse,
   quasque quatit, nulla parte coercet aquas.
nunc daret audaces utinam mihi Daedalus alas –
   Icarium quamvis hinc prope litus abest.      50
quidquid erit, patiar, liceat modo corpus in auras
   tollere, quod dubia saepe pependit aqua.
interea, dum cuncta negant ventique fretumque,
   mente agito furti tempora prima mei.
nox erat incipiens – namque est meminisse voluptas –    55
   cum foribus patriis egrediebar amans.
nec mora, deposito pariter cum veste timore
   iactabam liquido bracchia lenta mari.
Luna fere tremulum praebebat lumen eunti
   ut comes in nostras officiosa vias.      60
hanc ego suspiciens, «faveas, dea candida», dixi,
   «et subeant animo Latmia saxa tuo!
non sinit Endymion te pectoris esse severi.
   flecte, precor, vultus ad mea furta tuos!
tu dea mortalem caelo delapsa petebas;      65
   vera loqui liceat! – quam sequor, ipsa dea est.
neu referam mores caelesti pectore dignos,
   forma nisi in veras non cadit illa deas.
a Veneris facie non est prior ulla tuaque;
   neve meis credas vocibus, ipsa vide!      70

Dreimal legt ich die Kleider im trockenen Sande schon nieder,
  dreimal macht ich mich nackt schon auf den schwierigen Weg.
Das geschwollene Meer widersetzt sich den Plänen des Jünglings,
  in das brandende Naß taucht es des Schwimmenden Haupt.
Du aber, ungebärdig wie keiner der hurtigen Winde,
  weshalb führst du mit mir Krieg mit entschlossenem Sinn?
Boreas, falls du's nicht weißt: nicht das Meer ist dein Opfer, nein, ich bin's!
  Was aber tätest du erst, kenntest die Liebe du nicht?
Leugnest du etwa, so kühl du auch bist, du Garstiger, daß du
  dennoch von Liebesglut einst warst in Acte entbrannt?
Wollte dir einer jedoch die Tore der Lüfte versperren,
  wie ertrügest du dies, wärst du auf Liebeslust aus?
Schone mich bitte, bewege mit Maß die unsteten Lüfte –
  keinen so schlimmen Befehl gebe dir Hippotes' Sohn!
Nutzlos ist mein Gebet, meinen Bitten tost er entgegen,
  jagt die Wogen dahin, hält diese nirgends im Zaum.
Gäbe Daedalus jetzt mir seine verwegenen Flügel –
  gar nicht so weit von hier liegt ja des Icarus Strand.
Dulden will ich, was es auch sei, wenn ich nur in die Lüfte
  hebe den Leib, der oft schwebte auf kippender Flut.
Während indessen Winde und See mir alles verweigern,
  sinne ich, wie unser Bund einst im geheimen begann.
Nacht brach eben herein – die Erinnerung macht mir Vergnügen –
  wenn ich verliebt das Haus meiner Familie verließ.
Ohne zu zögern legt ich zugleich mit den Kleidern die Angst ab,
  schwang meine Arme im Takt langsam durchs lautere Meer.
Luna lieh gewöhnlich dem Schwimmer den zitternden Schimmer,
  gab wie mit willigem Blick mir auf den Weg ihr Geleit.
Zu ihr schaut ich einst auf, sprach: «Schirme mich, leuchtende Göttin,
  denk, was im Latmusgebirg dort in der Grotte geschah:
Grausamen Herzens zu sein, wird Endymion dir nicht gestatten.
  Wend auf mein heimliches Tun, bitte ich dich, deinen Blick!
Du, die Göttin, stiegst vom Himmel, verfielst einem Menschen,
  dürft ich die Wahrheit gestehn: göttlich ist, die ich begehr.
Schweig ich davon, daß ihr Wesen himmlischem Denken gemäß ist, –
  Schönheit wie die kommt nur richtigen Göttinnen zu.
Keine kann sich messen mit ihr, nimmt man Venus und dich aus.
  Glaub ja nicht meinem Wort, sondern schau selbst sie dir an!

quantum, cum fulges radiis argentea puris,
   concedunt flammis sidera cuncta tuis,
tanto formosis formosior omnibus illa est.
   si dubitas, caecum, Cynthia, lumen habes.»
haec ego, vel certe non his diversa, locutus      75
   per mihi cedentes nocte ferebar aquas.
unda repercussae radiabat imagine Lunae
   et nitor in tacita nocte diurnus erat;
nullaque vox usquam, nullum veniebat ad aures
   praeter dimotae corpore murmur aquae.      80
Alcyones solae, memores Ceycis amati,
   nescio quid visae sunt mihi dulce queri.
iamque fatigatis umero sub utroque lacertis
   fortiter in summas erigor altus aquas.
ut procul aspexi lumen, «meus ignis in illo est:      85
   illa meum», dixi, «litora lumen habent.»
et subito lassis vires rediere lacertis
   visaque, quam fuerat, mollior unda mihi.
frigora ne possim gelidi sentire profundi,
   qui calet in cupido pectore, praestat amor.      90
quo magis accedo propioraque litora fiunt
   quoque minus restat, plus libet ire mihi.
cum vero possum cerni quoque, protinus addis
   spectatrix animos, ut valeamque facis.
nunc etiam nando dominae placuisse laboro      95
   atque oculis iacto bracchia nostra tuis.
te tua vix prohibet nutrix descendere in altum –
   hoc quoque enim vidi, nec mihi verba dabam.
nec tamen effecit, quamvis retinebat euntem,
   ne fieret prima pes tuus udus aqua.      100
excipis amplexu feliciaque oscula iungis –
   oscula, di magni, trans mare digna peti! –
eque tuis demptos umeris mihi tradis amictus
   et madidam siccas aequoris imbre comam.
cetera nox et nos et turris conscia novit,      105
   quodque mihi lumen per vada monstrat iter.
non magis illius numerari gaudia noctis,
   Hellespontiaci quam maris alga potest.

So wie du, wenn silbern mit deinen Strahlen du schimmerst,
    mit deinem Flammenkranz jedes Gestirn überstrahlst,
so viel schöner ist sie als alle Mädchen, die schön sind.
    Zweifelst du, Cynthia, dann wäre dein Augenlicht blind.»
Solches sprach ich zu ihr oder sicher ähnliche Worte,
    während ich nachts die Flut, die sich mir auftat, durchschwamm.
Vom gespiegelten Abbild Lunas strahlten die Wogen,
    und in verschwiegener Nacht glänzte es hell wie am Tag.
Weit und breit drang nirgends ein Laut an mein Ohr, kein Geflüster,
    nur das Raunen des Meers, welches mein Körper durchschnitt.
Nur Eisvögel zwitscherten zart eine klagende Weise,
    dachten an Cëyx, so schien's, den sie vor Zeiten geliebt.
Schon erlahmten in den Schultergelenken die Arme,
    hoch auf den Wellenkamm schwang ich mich kraftvoll hinauf.
Wie ich von fern das Licht erblickte, sprach ich: «Da drüben
    ist meine Flamme, mein Licht hält sich am Strande hier auf.»
Da erwachten sogleich in den schlaffen Armen die Kräfte,
    weicher erschien mir die Flut, als sie zuvor mir erschien.
Daß ich nicht die Kälte der frostigen Tiefe verspüre:
    Liebe besorgt es; sie wärmt in der begierigen Brust.
Doch je weiter ich bin, je näher die Küste gekommen,
    und je kleiner der Rest, desto beschwingter mein Drang.
Kannst du mich aber dann sehen, verleihst du mir, wenn du mir zuschaust,
    neue Kräfte sogleich, machst, daß ich sehniger bin.
Immer noch müh ich im Schwimmen mich ab, will der Liebsten gefallen,
    und damit du es siehst, schwing ich die Arme wie wild.
Kaum hält dich deine Amme zurück, ins Wasser zu steigen,
    deutlich hab ich's gesehn, wirklich, ich täuschte mich nicht.
Doch sie erreichte nichts, obschon sie zu gehen dich abhielt,
    hast du am Ufersaum doch dir deine Füße benetzt.
In die Arme geschlossen empfange ich selige Küsse,
    große Götter, sie küßt, daß sich die Seereise lohnt!
Kleider gibst du mir nun, die du dir von den Schultern genommen,
    trocknest das nasse Haar, welches vom Meeresgischt trieft.
Was in der Nacht noch geschah, das wissen der Turm und wir beide,
    und auch das Licht, das den Weg über die Wogen mir weist.
Besser kann man die Freuden jener Nacht nicht berechnen,
    als man im Hellespont auszählt die Algen des Meers.

quo brevius spatium nobis ad furta dabatur,
   hoc magis est cautum, ne foret illud iners.                    110
iamque fugatura Tithoni coniuge noctem
   praevius Aurorae Lucifer ortus erat.
oscula congerimus properata sine ordine raptim
   et querimur parvas noctibus esse moras.
atque ita cunctatus monitu nutricis amaro                              115
   frigida deserta litora turre peto.
digredimur flentes repetoque ego virginis aequor
   respiciens dominam, dum licet, usque meam.
siqua fides vero est, veniens hinc esse natator,
   cum redeo, videor naufragus esse mihi.                          120
hoc quoque, si credes: ad te via prona videtur;
   a te cum redeo, clivus inertis aquae.
invitus repeto patriam – quis credere possit?
   invitus certe nunc moror urbe mea.
ei mihi! cur animis iuncti secernimur undis                            125
   unaque mens, tellus non habet una duos?
vel tua me Sestus vel te mea sumat Abydos;
   tam tua terra mihi, quam tibi nostra placet.
cur ego confundor, quotiens confunditur aequor?
   cur mihi causa levis, ventus, obesse potest?                    130
iam nostros curvi norunt delphines amores,
   ignotum nec me piscibus esse reor.
iam patet attritus solitarum limes aquarum,
   non aliter multa quam via pressa rota.
quod mihi non esset nisi sic iter, ante querebar;                      135
   at nunc per ventos hoc quoque deesse queror.
fluctibus inmodicis Athamantidos aequora canent
   vixque manet portu tuta carina suo.
hoc mare, cum primum de virgine nomina mersa,
   quae tenet, est nanctum, tale fuisse puto.                      140
et satis amissa locus hic infamis ab Helle est,
   utque mihi parcat, nomine crimen habet.
invideo Phrixo, quem per freta tristia tutum
   aurea lanigero vellere vexit ovis;
nec tamen officium pecoris navisve requiro,                            145
   dummodo, quas findam corpore, dentur aquae.

Je geringere Zeit uns zur heimlichen Liebe gegeben,
　　desto größer die Angst, unsere Zeit sei vertan.
Schon stand Tithónus Gattin bereit, die Nacht zu vertreiben,
　　Lucifer stieg schon herauf, eilte Aurora voran.
Küsse tauschen wir aus, überstürzt, unmäßig und hastig,
　　klagen, daß in der Nacht kurz das Verweilen nur sei.
Und so zaudere ich trotz bitterer Warnung der Amme.
　　Schließlich verlaß ich den Turm, eile zum kühlen Gestad.
Weinend trennen wir uns, ich spring in den Meersund des Mädchens,
　　blicke ständig zurück, ob ich die Liebste noch seh.
Wenn du der Wahrheit glaubst: Ich fühl mich beim Kommen als Schwimmer,
　　kehr ich dann aber zurück, komm ich mir schiffbrüchig vor.
Dies auch, wenn du's mir glaubst: Zu dir geht es scheinbar hinunter,
　　kehr ich von dir zurück, – Steilhang zähflüssiger Flut.
Ungern kehr ich zur Heimat zurück – wer könnte das glauben?
　　Ungern bleib ich gewiß länger in unserer Stadt.
Weh mir! Uns trennt das Wasser, doch sind wir im Herzen verbunden,
　　uns zwei einigt *ein* Sinn, leider nicht beide *ein* Land.
Lebt ich in Sestus doch oder du in meinem Abydos:
　　*Dein* Land behagt mir so gut, wie dir das meine behagt.
Was für krause Gedanken ich hab, wenn die Wogen sich kräuseln!
　　Was verstellt mir der Wind, luftig und nichtig, den Weg?
Schon ist unsere Liebe bekannt den geschweiften Delphinen,
　　und die Fische sogar kennen mich, glaube ich, gut.
Schon läuft, abgefahren bereits, durchs Meer ein Geleise,
　　wie eine Straße, auf der Karren um Karren schon fuhr.
Früher klagte ich noch, mir bleibe kein Weg außer diesem,
　　doch jetzt klage ich, daß diesen der Wind mir entreißt.
Weiß von entfesselter Flut schäumt das Meer von Athamas' Tochter,
　　kaum bleibt des Schiffes Kiel sicher im eigenen Port.
So war das Meer, als jenes Mädchen ertrank, wohl gewesen,
　　das den Namen ihm gab, den es auch jetzt noch bewahrt.
Ziemlich verrufen ist dieser Ort, seit Helle verschollen,
　　wenn er mich auch verschont, anrüchig bleibt er ja doch.
Phrixus beneide ich, den über die grimmigen Wogen
　　sicher das goldene Lamm brachte mit wollenem Vlies.
Doch ich verlange nicht Hilfe bei Widdern oder bei Schiffen,
　　wenn nur das Wasser erlaubt, daß ich's durchquer mit dem Leib.

parte egeo nulla; fiat modo copia nandi,
   idem navigium, navita, vector ero!
nec sequor aut Helicen, aut, qua Tyros utitur, Arcton;
   publica non curat sidera noster amor.                          150
Andromedan alius spectet claramque Coronam,
   quaeque micat gelido Parrhasis Ursa polo!
at mihi, quod Perseus et cum Iove Liber amarunt,
   indicium dubiae non placet esse viae.
est aliud lumen, multo mihi certius istis,                        155
   non errat tenebris quo duce noster amor;
hoc ego dum spectem, Colchos et in ultima Ponti,
   quaque viam fecit Thessala pinus, eam,
et iuvenem possim superare Palaemona nando
   miraque quem subito reddidit herba deum.                       160
saepe per adsiduos languent mea bracchia motus
   vixque per inmensas fessa trahuntur aquas.
his ego cum dixi: «pretium non vile laboris,
   iam dominae vobis colla tenenda dabo»,
protinus illa valent atque ad sua praemia tendunt,               165
   ut celer Eleo carcere missus equus.
ipse meos igitur servo, quibus uror, amores
   teque, magis caelo digna puella, sequor.
digna quidem caelo es – sed adhuc tellure morare,
   aut dic, ad superos et mihi qua sit iter!                      170
hic es et exigue misero contingis amanti
   cumque mea fiunt turbida mente freta.
quid mihi, quod lato non separor aequore, prodest?
   num minus haec nobis tam brevis obstat aqua?
an malim, dubito, toto procul orbe remotus                       175
   cum domina longe spem quoque habere meam.
quo propius nunc es, flamma propiore calesco
   et res non semper, spes mihi semper adest.
paene manu quod amo, tanta est vicinia, tango;
   saepe sed, heu, lacrimas hoc mihi «paene» movet.              180
velle quid est aliud fugientia prendere poma
   spemque suo refugi fluminis ore sequi?
ergo ego te numquam, nisi cum volet unda, tenebo
   et me felicem nulla videbit hiems,

Ich bedarf keiner Hilfe, denn ist es mir möglich zu schwimmen,
    werde ich gleichzeitig Schiff, Fahrgast und Steuermann sein.
Weder Hélice folg ich, noch Arctos, dem Leitstern von Tyros,
    meine Liebe benützt keinen gewöhnlichen Stern.
Soll man Andromeda, soll man die leuchtende Krone beschauen,
    Bärin Parrhasias auch, funkelnd am eisigen Pol!
Doch daß mir, was Perseus, was Liber und Jupiter liebten,
    Wegweiser sei in Gefahr, das ist mir gar nicht genehm.
Ich hab ein anderes Licht, viel sicherer als die genannten,
    führt mich dies, irrt mein Gefühl auch in der Dunkelheit nicht.
Schau ich auf dieses, so ging ich nach Colchis, ans Ende des Pontus,
    dort, wo die Fichte einst fuhr, die in Thessalien man schlug.
Ja, im Schwimmen könnt ich den jungen Palaemon besiegen;
    ihn auch, den seltsames Kraut plötzlich zur Gottheit gemacht.
Oft erlahmen auch vom stetigen Schwung meine Arme,
    kaum mehr schleppe ich sie müd durch die riesige Flut.
Sag ich zu ihnen: «Der Mühe Lohn ist nicht zu verachten,
    bald umschlingt ihr ja jetzt meiner Geliebten den Hals»,
gleich gewinnen sie Kraft und eilen zu ihrer Belohnung,
    wie in Elis das Pferd flink aus den Schranken sich stürzt.
So denn blick ich auf dich, meine Liebste, von der ich entbrannt bin,
    Mädchen, ich folge nur dir, die du den Himmel verdienst –
ja, den Himmel verdienst, doch verweile jetzt noch auf der Erde,
    oder sag, wie auch ich hin zu den Göttern gelang.
Ja, du bist hier, doch spärlich beglückst du den armen Verliebten,
    und zugleich mit dem Sinn tobt die geschwollene See.
Doch was hab ich davon, daß das Meer, das uns trennt, nicht so breit ist?
    Steht denn der schmale Streif weniger etwa im Weg?
Besser wäre ich wohl durch den ganzen Erdkreis geschieden
    und mit der Liebsten mein Traum weit in die Ferne gerückt.
Nun, je näher du bist, erglüh ich im näheren Feuer,
    ist auch die Sache nicht nah, ist doch mein Traumbild stets nah.
Fast mit Händen zu greifen – so nah ist's – ist das, was ich liebe,
    doch hat, ach, dieses «fast» oft mich zu Tränen gerührt.
Ist's nicht dasselbe, nach fliehenden Äpfeln greifen zu wollen,
    dürstend am flüchtenden Fluß trockenen Mundes zu stehn?
Werd ich dich, wenn nicht die Wellen es wollen, denn niemals umarmen?
    Und wird glücklich mit dir niemals ein Winter mich sehn?

cumque minus firmum nil sit quam ventus et unda,                    185
    in ventis et aqua spes mea semper erit?
aestus adhuc tamen est. quid, cum mihi laeserit aequor
    Plias et Arctophylax Oleniumque pecus?
aut ego non novi, quam sim temerarius, aut me
    in freta non cautus tum quoque mittet amor;                    190
neve putes id me, quod abest, promittere, tempus,
    pignora polliciti non tibi tarda dabo.
sit tumidum paucis etiamnunc noctibus aequor,
    ire per invitas experiemur aquas;
aut mihi continget felix audacia salvo                             195
    aut mors solliciti finis amoris erit.
optabo tamen ut partis expellar in illas
    et teneant portus naufraga membra tuos.
flebis enim tactuque meum dignabere corpus
    et «mortis», dices, «huic ego causa fui!»                      200
scilicet interitus offenderis omine nostri
    litteraque invisa est hac mea parte tibi.
desino – parce queri! sed uti mare finiat iram,
    accedant, quaeso, fac tua vota meis.
pace brevi nobis opus est, dum transferor isto;                    205
    cum tua contigero litora, perstet hiems!
istic est aptum nostrae navale carinae
    et melius nulla stat mea puppis aqua.
illic me claudat Boreas, ubi dulce morari est!
    tunc piger ad nandum, tunc ego cautus ero,                     210
nec faciam surdis convicia fluctibus ulla
    triste nataturo nec querar esse fretum.
me pariter venti teneant tenerique lacerti,
    per causas istic inpediarque duas!
cum patietur hiems, remis ego corporis utar;                       215
    lumen in adspectu tu modo semper habe!
interea pro me pernoctet epistula tecum,
    quam precor ut minima prosequar ipse mora!

Nichts war unbeständiger je als Winde und Wellen.
　Wird nur auf Wasser und Wind stets meine Hoffnung beruhn?
Sommer ist's noch, doch wie, wenn die Sterne das Meer mir verwüsten,
　Plias und Arctophylax und die olenische Geiß?
Entweder weiß ich noch nicht, wie verwegen ich bin, oder alsdann
　sendet mich ohne Bedacht Amor hinaus auf das Meer.
Glaub ja nicht, ich verspreche das nur, weil die Zeit noch nicht da ist,
　vielmehr löse ich bald dir das Versprochene ein.
Möge die wenigen Nächte das Meer so geschwollen noch bleiben,
　dennoch, ich wag mich hinaus, will auch das Wasser es nicht.
Entweder winkt mir das Glück und verwegen bleib ich am Leben
　oder die Liebesqual findet ihr Ende im Tod.
Wünschen will ich indes, ich würde dorthin getrieben,
　mein schiffbrüchiger Leib lande im Hafen bei dir.
Denn meine Leiche beweinst du dann ohne Scheu vor Berührung
　und wirst sagen: «Ich war Todesverhängnis für den.»
Sicher bist du beleidigt, wenn ich dir mein Verderben verkünde,
　unerfreulich ist dir in meinem Brief dieser Teil.
Schluß damit, klage nicht mehr! Daß das Toben des Meers jedoch ende,
　füge du meinem Gebet bitte auch deines hinzu!
Kurze Stille ist not, solang ich dorthin unterwegs bin;
　hab ich dein Ufer erreicht, daure der Sturm wieder fort!
Dort bei dir ist für unseren Kiel die richtige Schiffswerft,
　nirgends ist für mein Heck besser gesorgt als bei dir.
Boreas schließe dort mich ein, wo es schön ist zu weilen,
　dann bin zum Schwimmen ich faul, dann werd ich vorsichtig sein.
Nicht mehr werde ich die tauben Fluten beschimpfen,
　klage nicht mehr, daß das Meer grimmig den Schwimmer bedroht.
Mögen die Winde zugleich und zarte Arme mich halten,
　beides ist Grund genug, halte mich drüben zurück.
Wenn es der Sturm gestattet, benütz ich die Ruder des Körpers.
　Halte die Lampe nur stets, um mir zu leuchten, bereit!
Dieser Brief übernachte bei dir statt mir unterdessen;
　könnt ich ihm, dies ist mein Wunsch, folgen in kürzester Frist!

Quam mihi misisti verbis, Leandre, salutem
  ut possim missam rebus habere, veni!
longa mora est nobis omnis, quae gaudia differt.
  da veniam fassae! non patienter amo.
urimur igne pari, sed sum tibi viribus inpar:                  5
  fortius ingenium suspicor esse viris.
ut corpus, teneris ita mens infirma puellis –
  deficiam, parvi temporis adde moram!
vos modo venando, modo rus geniale colendo
  ponitis in varia tempora longa mora.                         10
aut fora vos retinent aut unctae cura palaestrae,
  flectitis aut freno colla sequacis equi;
nunc volucrem laqueo, nunc piscem ducitis hamo;
  diluitur posito serior hora mero.
his mihi summotae, vel si minus acriter urar,                  15
  quod faciam, superest praeter amare nihil.
quod superest facio, teque, o mea sola voluptas,
  plus quoque, quam reddi quod mihi possit, amo.
aut ego cum cara de te nutrice susurro,
  quaeque tuum, miror, causa moretur iter;                     20
aut mare prospiciens odioso concita vento
  corripio verbis aequora paene tuis;
aut, ubi saevitiae paulum gravis unda remisit,
  posse quidem, sed te nolle venire, queror;
dumque queror lacrimae per amantia lumina manant,             25
  pollice quas tremulo conscia siccat anus.
saepe tui specto si sint in litore passus,
  inpositas tamquam servet harena notas;
utque rogem de te et scribam tibi, siquis Abydo
  venerit, aut, quaero, siquis Abydon eat.                     30
quid referam, quotiens dem vestibus oscula, quas tu
  Hellespontiaca ponis iturus aqua?
sic ubi lux acta est et noctis amicior hora
  exhibuit pulso sidera clara die,

Komm, Leander, bring her das Glück, das mit Worten du sandtest,
daß ich in Wahrheit genieß, den du mir sandtest, den Gruß.
Jede Frist dünkt mich lang, die unser Vergnügen hinausschiebt.
Daß ich es sage, verzeih! Liebe kennt keine Geduld.
Gleiches Feuer verbrennt uns, an Kraft bin ich dir nicht gewachsen,
stärker ist, so vermut ich, doch wohl der männliche Sinn.
Schwach ist bei zarten Mädchen so wie der Leib auch die Seele.
Aus ist's mit mir, wenn du jetzt nur noch ein wenig verweilst.
Ihr setzt bald auf der Jagd, bald beim Ackerbau euere Zeit ein;
bald braucht ihr länger dazu, dann wieder habt ihr es bald.
Bald hält das Forum euch fest, bald die Liebe zum öligen Ringkampf,
oder ihr lenkt mit dem Zaum folgsame Pferde am Bug.
Bald fliegt der Vogel ins Netz, bald habt ihr den Fisch an der Angel,
abends vertreibt ihr die Zeit, vor euch den Wein auf dem Tisch.
Davon hält man mich fern; doch wär meine Liebe auch kühler,
bliebe noch weiter zu tun, außer zu lieben, mir nichts.
Was mir noch bleibt, wird getan, und dich, meine einzige Freude,
liebe ich weitaus mehr als du zurückgeben kannst.
Entweder tuschle ich über dich mit der Amme, der lieben,
was denn der Grund sei, der dich hindert, wie seltsam, am Weg,
oder ich blicke aufs Meer, wo Winde haßerfüllt stürmen,
mit deinen Worten beinah schelt ich die tobende See.
Oder sobald die schwere Woge im Toben wenig nur nachläßt,
klag ich, du könntest ja wohl kommen, doch wollest du nicht.
Und wie ich klage, rinnt vom verliebten Auge die Träne,
die die vertraute Frau trocknet mit zittriger Hand.
Häufig schaue ich nach, ob am Strand deine Spuren sich finden,
so als würden im Sand Zeichen von Tritten bewahrt.
Um dir zu schreiben, von dir zu hören, frag ich, ob jemand
schon aus Abydos kam, sich nach Abydos begibt.
Was bericht ich, wie oft deinem Kleide ich Küsse gab, das du
von dir wirfst, wenn du steigst ins hellespontische Meer!
Ist der Tag dann vorbei und führt die mir liebere Nachtzeit
nach der Vertreibung des Lichts helle Gestirne herbei,

protinus in summo vigilantia lumina tecto          35
  ponimus, adsuetae signa notamque viae,
tortaque versato ducentes stamina fuso
  feminea tardas fallimus arte moras.
quid loquar interea tam longo tempore, quaeris?
  nil nisi Leandri nomen in ore meo est.          40
«iamne putas exisse domo mea gaudia, nutrix,
  an vigilant omnes et timet ille suos?
iamne suas umeris illum deponere vestes,
  Pallade iam pingui tinguere membra putas?»
adnuit illa fere; non nostra quod oscula curet,   45
  sed movet obrepens somnus anile caput.
postque morae minimum «iam certe navigat», inquam,
  «lentaque dimotis bracchia iactat aquis.»
paucaque cum tacta perfeci stamina terra,
  an medio possis, quaerimus, esse freto.          50
et modo prospicimus, timida modo voce precamur,
  ut tibi det faciles utilis aura vias;
auribus incertas voces captamus, et omnem
  adventus strepitum credimus esse tui.
sic ubi deceptae pars est mihi maxima noctis       55
  acta, subit furtim lumina fessa sopor.
forsitan invitus mecum tamen, inprobe, dormis
  et, quamquam non vis ipse venire, venis.
nam modo te videor prope iam spectare natantem,
  bracchia nunc umeris umida ferre meis,           60
nunc dare, quae soleo, madidis velamina membris,
  pectora nunc iuncto nostra fovere sinu
multaque praeterea linguae reticenda modestae,
  quae fecisse iuvat, facta referre pudet.
me miseram! brevis est haec et non vera voluptas;  65
  nam tu cum somno semper abire soles.
firmius, o, cupidi tandem coeamus amantes,
  nec careant vera gaudia nostra fide!
cur ego tot viduas exegi frigida noctes?
  cur totiens a me, lente morator, abes?           70
est mare, confiteor, nondum tractabile nanti;
  nocte sed hesterna lenior aura fuit.

stellen wir auf den Dachfirst sogleich die wachsamen Lichter,
    daß sie als Zeichen dir weisen den üblichen Weg,
spinnen gezwirnte Fäden sodann an wirbelnder Spindel
    und vertreiben die Zeit uns mit der weiblichen Kunst.
Was ich indessen den ganzen Tag so plaudere, fragst du?
    Um Leander allein dreht sich stets unser Gespräch.
«Sag, liebe Amme, glaubst du, mein Schatz sei schon fort von zu Hause?
    Oder sind alle noch wach? Machen die Seinen ihm Angst?
Glaubst du, er nehme bereits seine Kleider sich von den Schultern,
    und mit palladischem Öl salbe die Glieder er ein?»
Meistens nickt sie dazu, nicht daß meine Küsse sie rühren,
    sondern von schleichendem Schlaf wackelt das ältliche Haupt.
Kurze Zeit später sage ich: «Jetzt ist er sicher im Wasser,
    schwingt seine Arme im Takt, langsam zerteilt er die Flut.»
Hab ich nur wenig Garn, bis die Spindel am Boden, gesponnen,
    frag ich mich, bist du im Meer schon bis zur Hälfte gelangt?
Und bald schau ich hinaus, bald bet ich mit ängstlicher Stimme,
    daß dir der Weg übers Meer leicht wird dank günstigem Wind.
Unbestimmte Geräusche vernehm ich und denke bei jedem
    Plätschern, es komme von dir, zeige dein Kommen mir an.
Wenn dann die Nacht zu meiner Enttäuschung beinahe vorbei ist,
    kommt verstohlen der Schlaf, nick ich vor Müdigkeit ein.
Ohne zu wollen wirst du, du Böser, vielleicht mit mir schlafen,
    und obschon du nicht selbst kommen willst, kommst du dann doch.
Denn bald meine ich dich in der Nähe schwimmen zu sehen,
    bald wie die Arme du feucht auf meine Schultern mir legst,
jetzt wie den nassen Leib ich wie sonst dir mit Kleidern umhülle,
    jetzt aneinander geschmiegt wärmt mir dein Busen die Brust.
Was dann alles noch folgt, muß die sittsame Zunge verschweigen,
    das, was zu tun uns wohl freut, was zu berichten man scheut.
Weh mir! Das alles währt kurz und ist nicht das wahre Vergnügen,
    denn zugleich mit dem Schlaf machst du dich immer davon.
Oh, wenn doch endlich wir sehnlich Verliebten uns fester vereinten,
    wär unsrer Liebe Bund sicher und wahrhaft bewährt!
Warum verbringe ich frierend so viele einsame Nächte?
    Warum bleibst du so oft, langsamer Zauderer, fern?
Noch ist, ich geb es ja zu, das Meer nicht für Schwimmer passierbar,
    doch in der gestrigen Nacht herrschte ein milderer Wind.

cur ea praeterita est? cur non ventura timebas?
    tam bona cur periit, nec tibi rapta via est?
protinus ut similis detur tibi copia cursus,           75
    hoc melior certe, quo prior, illa fuit.
«at cito mutata est iactati forma profundi.»
    tempore, cum properas, saepe minore venis.
hic, puto, deprensus nil, quod querereris, haberes
    meque tibi amplexo nulla noceret hiems.        80
certe ego tum ventos audirem laeta sonantis
    et numquam placidas esse precarer aquas.
quid tamen evenit, cur sis metuentior undae
    contemptumque prius nunc vereare fretum?
nam memini, cum te saevum veniente minaxque     85
    non minus, aut multo non minus, aequor erat,
cum tibi clamabam: «sic tu temerarius esto,
    ne miserae virtus sit tua flenda mihi!»
unde novus timor hic quoque illa audacia fugit?
    magnus ubi est spretis ille natator aquis?     90
sis tamen hoc potius, quam quod prius esse solebas,
    et facias placidum per mare tutus iter,
dummodo sis idem, dum sic, ut scribis, amemur
    flammaque non fiat frigidus illa cinis.
non ego tam ventos timeo mea vota morantes,     95
    quam similis vento ne tuus erret amor,
ne non sim tanti superentque pericula causam
    et videar merces esse labore minor.
interdum metuo, patria ne laedar et inpar
    dicar Abydeno Thressa puella toro.       100
ferre tamen possum patientius omnia, quam si
    otia nescio qua paelice captus agis,
in tua si veniunt alieni colla lacerti
    fitque novus nostri finis amoris amor.
a, potius peream, quam crimine vulnerer isto     105
    fataque sint culpa nostra priora tua!
nec, quia venturi dederis mihi signa doloris,
    haec loquor aut fama sollicitata nova.
omnia sed vereor – quis enim securus amavit!
    cogit et absentes plura timere locus.      110

Doch warum ging sie vorbei? Warum fürchtetest du, was nicht eintrat?
  Prächtige Nacht – verpaßt! Günstige Bahn – nicht erfaßt!
Käme sogleich die Gelegenheit wieder, herüberzukommen,
  jene war besser gewiß, denn sie war früher schon da.
»Doch verändert sich rasch die Gestalt der wogenden Tiefe.«
  Oft, wenn du dich beeilst, kommst du in kürzerer Zeit.
Hier überrascht, so mein ich, hättest du nichts mehr zu klagen,
  und wenn du mich umarmst, schadet dir niemals ein Sturm.
Freudig hörte ich dann gewiß die heulenden Winde,
  nie mehr bät ich das Meer, je wieder ruhig zu sein.
Doch was ist denn geschehn, daß du nun die Wellen mehr fürchtest,
  daß du dich scheust vor dem Meer, das du verachtet zuvor?
Denn ich weiß noch, du kamst, als das Meer noch wild und bedrohlich,
  keineswegs schlimmer als jetzt oder viel schlimmer nicht war.
Und dann rief ich dir zu: «Sei bitte nur so verwegen,
  daß nicht mir Armen dein Mut nur zu beweinen noch bleibt!»
Woher kommt diese Angst? Wo ist jene Kühnheit geblieben?
  Wo ist der Schwimmer, der kühn über die Wogen nur lacht?
Dennoch bleib lieber so, als wie du sonst einst gewesen,
  nimm den sicheren Weg nur durch das ruhige Meer,
wenn du derselbe nur bleibst, mich noch liebst so, wie du geschrieben,
  und dein Feuer nicht kalt dereinst zur Asche erstarrt.
Weniger fürcht ich die Winde, die mir meine Wünsche durchkreuzen,
  als daß ähnlich dem Wind sich deine Liebe verirrt,
daß ich dir nicht so viel zähle, der Grund die Gefahren nicht wert ist,
  und ich selbst, so sieht's aus, lohne den Aufwand nicht mehr.
Manchmal fürcht ich, die Heimat errege Anstoß, es heiße:
  Paßt eine thressische Frau ins abydenische Bett?
Alles kann ich mit größerer Fassung ertragen, als wenn du
  von einem Flittchen betört schäkernd die Freizeit verbringst,
wenn um deinen Hals einer Freundin Arme sich schlingen,
  wenn ein neuer Schwarm unsere Liebe zerstört.
Ach, lieber sterben, als daß mich solch ein Verbrechen verwundet!
  Ehe du mich betrügst, raffe das Schicksal mich hin!
Nicht daß du Zeichen gegeben hättest künftigen Kummers,
  sag ich das, oder erregt von einem neuen Gerücht,
doch ich befürchte alles – wer konnte denn sorglos je lieben!
  Größer wird sicher die Angst, sind wir nicht selber dabei.

felices illas, sua quas praesentia nosse
  crimina vera iubet, falsa timere vetat!
nos tam vana movet, quam facta iniuria fallit,
  incitat et morsus error uterque pares.
o utinam venias, aut ut ventusve paterve                        115
  causaque sit certe femina nulla morae!
quodsi quam sciero, moriar, mihi crede, dolendo;
  iamdudum pecca, si mea fata petis!
sed neque peccabis frustraque ego terreor istis,
  quoque minus venias, invida pugnat hiems.                     120
me miseram! quanto planguntur litora fluctu
  et latet obscura condita nube dies!
forsitan ad pontum mater pia venerit Helles
  mersaque roratis nata fleatur aquis.
an mare ab inviso privignae nomine dictum                       125
  vexat in aequoream versa noverca deam?
non favet, ut nunc est, teneris locus iste puellis;
  hac Helle periit, hac ego laedor aqua.
at tibi flammarum memori, Neptune, tuarum
  nullus erat ventis inpediendus amor –                         130
si neque Amymone nec, laudatissima forma,
  criminis est Tyro fabula vana tui
lucidaque Alcyone Calyceque Hecataeone nata
  et nondum nexis angue Medusa comis
flavaque Laodice caeloque recepta Celaeno,                      135
  et quarum memini nomina lecta mihi.
has certe pluresque canunt, Neptune, poetae
  molle latus lateri conposuisse tuo.
cur igitur, totiens vires expertus amoris,
  adsuetum nobis turbine claudis iter?                          140
parce, ferox, latoque mari tua proelia misce!
  seducit terras haec brevis unda duas.
te decet aut magnas magnum iactare carinas
  aut etiam totis classibus esse trucem.
turpe deo pelagi iuvenem terrere natantem,                      145
  gloriaque est stagno quolibet ista minor.
nobilis ille quidem est et clarus origine, sed non
  a tibi suspecto ducit Ulixe genus.

Glücklich die, die dabei sind! Das führt uns zur Klarheit. So sind denn
  echte Verbrechen bekannt, unechte fürchtet man nicht.
Scheinbares Unrecht erregt mich, und wirkliches kann ich nicht sehen,
  beides täuscht gleich und stößt gleich mir den Dolch in mein Herz.
Wenn du doch kämst, oder wäre der Wind der Grund, daß du ausbleibst,
  oder der Vater, allein – hoffentlich ist's keine Frau!
Wenn ich es aber erfahre, so glaub mir, ich sterbe vor Kummer.
  Sündige endlich drauflos, wenn du mich umbringen willst!
Aber du sündigst ja nicht und grundlos laß ich mich schrecken,
  und damit du nicht kommst, wütet der neidische Sturm.
Weh mir! Wie schlagen die Wogen der Brandung an das Gestade!
  Wie den verborgenen Tag düstere Wolke verhängt!
Helles gütige Mutter trat wohl ans Ufer des Meeres,
  weint ihren Nieseldunst um das ertrunkene Kind.
Plagt die Stiefmutter sonst, zur Meeresgöttin verwandelt,
  etwa das Meer, das benannt nach jenem Kind, das sie haßt?
So wie's nun steht, ist der Ort nicht den zarten Mädchen gewogen,
  Helle ging unter darin, Opfer der Flut bin auch ich.
Wenn aber du, Neptun, noch dächtest an deine Geliebten,
  dürftest du keinesfalls Liebe verhindern mit Sturm –
wenn weder Amymóne noch, hochgepriesen als Schönheit,
  Tyro ein hohles Geschwätz, dich zu verunglimpfen, ist,
noch Alcyones Licht, Hecataeons Tochter Calyce,
  noch Medusa, ihr Haar war noch kein Schlangengeflecht,
noch Laodíce, die blonde, Celaeno, versetzt an den Himmel,
  und was an Namen mir auch sonst noch vom Lesen bekannt.
Diese gewiß, Neptun, und viele noch, singen die Dichter,
  haben den weichen Leib an deinen Körper geschmiegt.
Weshalb, da du so oft die Macht der Liebe erfahren,
  sperrst mit dem Wirbelsturm du uns den üblichen Weg?
Schon uns, du Wilder, und schlag auf der Weite des Meers deine Schlachten!
  Unsre zwei Länder trennt nur dieser schäbige Teich.
Schleudere große Schiffe umher, das ziemt deiner Größe,
  oder heimtückisch auch ganzen Geschwadern zu sein.
Schande ist's für den Meergott, den jungen Schwimmer zu schrecken.
  Weniger zählt solcher Ruhm als auf beliebigem See.
Edel ist er, von berühmtem Geschlecht, doch nicht auf Ulixes,
  der dir zutiefst verhaßt, führt er die Herkunft zurück.

da veniam servaque duos! natat ille, sed isdem
    corpus Leandri, spes mea pendet aquis.          150
sternuit en lumen! – posito nam scribimus illo –
    sternuit et nobis prospera signa dedit.
ecce, merum nutrix faustos instillat in ignes,
    «cras» que «erimus plures», inquit – et ipsa bibit.
effice nos plures evicta per aequora lapsus,          155
    o penitus toto corde recepte mihi!
in tua castra redi, socii desertor amoris;
    ponuntur medio cur mea membra toro?
quod timeas, non est. auso Venus ipsa favebit,
    sternet et aequoreas aequore nata vias.          160
ire libet medias ipsi mihi saepe per undas,
    sed solet hoc maribus tutius esse fretum.
nam cur hac vectis Phrixo Phrixique sorore
    sola dedit vastis femina nomen aquis?
forsitan ad reditum metuas ne tempora desint          165
    aut gemini nequeas ferre laboris onus.
at nos diversi medium coeamus in aequor
    obviaque in summis oscula demus aquis!
atque ita quisque suas iterum redeamus ad urbes;
    exiguum, sed plus quam nihil illud erit.          170
vel pudor hic utinam, qui nos clam cogit amare,
    vel timidus famae cedere vellet amor!
nunc male res iunctae, calor et reverentia, pugnant.
    quid sequar, in dubio est; haec decet, ille iuvat.
ut semel intravit Colchos Pagasaeus Iason,          175
    inpositam celeri Phasida puppe tulit;
ut semel Idaeus Lacedaemona venit adulter,
    cum praeda rediit protinus ille sua.
tu quam saepe petis, quod amas, tam saepe relinquis,
    et quotiens grave sit puppibus ire, natas.          180
sic tamen, o iuvenis tumidarum victor aquarum,
    sic facito spernas, ut vereare, fretum!
arte laboratae merguntur ab aequore naves:
    tu tua plus remis bracchia posse putas?
quod cupis, hoc nautae metuunt, Leandre, natare;          185
    exitus hic fractis puppibus esse solet.

Rette gnädig uns beide! Er schwimmt: Auf dem nämlichen Wasser
    hält sich Leanders Leib, ruht meine Hoffnung zugleich.
Sieh da, es knistert das Licht! denn ich hab es daneben beim Schreiben,
    knistert verheißungsvoll, deutet die Zukunft uns an.
Schau, die Amme träufelt den Wein ins prophetische Feuer.
    «Morgen sind wir dann mehr» sagt sie, nimmt selbst einen Schluck.
Mach, daß wir mehr sind, besiege das Meer und gleite hinüber,
    o du, den ich zutiefst in meinem Herzen bewahr!
Kehr in dein Lager zurück, Deserteur der gemeinsamen Liebe!
    Meine Glieder – warum liegen sie mitten im Bett?
Grundlos fürchtest du dich. Venus selbst wird dein Wagnis befördern,
    wird dir die Meeresbahn glätten als Meeresgeschöpf.
Oft gelüstet es mich auch selbst, durchs Wasser zu gleiten,
    aber das Meer pflegt doch sicherer für Männer zu sein.
Denn warum wird, seit Phrixus und Helle dies Meer überquerten,
    diese trostlose Flut nur nach der Schwester benannt?
Denkst du vielleicht, zurückzukehren reiche die Zeit nicht
    oder du hieltest die Last doppelter Mühe nicht aus?
Also treffen wir uns doch in der Mitte des Meeres,
    tauschen wir Küsse aus, hoch auf den Kämmen der Flut!
Und so kehre jeder von uns wieder heim in die eigene Burgstadt!
    Wenig ist's nur, doch es wird immer noch mehr sein als nichts.
Wären wir doch diese Scham, die uns zwingt, uns heimlich zu lieben,
    oder die Liebe gar los, die zu bekennen sich scheut.
Übel zusammengespannt kämpft feurige Liebe mit Anstand.
    Doch was ich soll, weiß ich nicht – schicklich ist *dies*, lustig *das*.
Kaum war Jason aus Págasae bei den Colchern gelandet,
    nahm er auf schnellem Schiff schon auch die Phasierin mit.
Kaum war der Freier vom Ida nach Lacedaemon gekommen,
    kehrte er alsbald nach Haus mit seiner Beute zurück.
Du jedoch verläßt, was du liebst, sooft du herbeikommst,
    und dann schwimmst du zurück, wenn's auf dem Schiffsweg nicht geht.
So, du junger Sieger über die brausenden Wogen,
    setz dich hinweg übers Meer, daß du die Angst nicht verlierst!
Schiffe, kunstvoll gefertigt, gehen unter im Meere:
    Meinst du, ein Ruder kann mehr als dein Arm je vermag?
Was du ersehnst, das befürchtet der Seemann, Leander: das Schwimmen;
    dies pflegt das Ende zu sein, wenn ein Geschwader zerschellt.

me miseram! cupio non persuadere, quod hortor,
    sisque, precor, monitis fortior ipse meis –
dummodo pervenias excussaque saepe per undas
    inicias umeris bracchia lassa meis!            190
sed mihi, caeruleas quotiens obvertor ad undas,
    nescio quae pavidum frigora pectus habent.
nec minus hesternae confundor imagine noctis,
    quamvis est sacris illa piata meis.
namque sub aurora, iam dormitante lucerna,        195
    somnia quo cerni tempore vera solent,
stamina de digitis cecidere sopore remissis
    collaque pulvino nostra ferenda dedi.
hic ego ventosas nantem delphina per undas
    cernere non dubia sum mihi visa fide;        200
quem postquam bibulis inlisit fluctus harenis,
    unda simul miserum vitaque deseruit.
quidquid id est, timeo; nec tu mea somnia ride
    nec nisi tranquillo bracchia crede mari!
si tibi non parcis, dilectae parce puellae,        205
    quae numquam nisi te sospite sospes ero!
spes tamen est fractis vicinae pacis in undis;
    tum placidas tuto pectore finde vias!
interea nanti, quoniam freta pervia non sunt,
    leniat invisas littera missa moras.        210

Weh mir! Hoffentlich gehst du nicht ein auf das, was ich rate!
    Sei bitte stärker, als ich's mit meinem Ansinnen bin –
wenn du nur kommst und die oft durch die Wogen geschwungenen Arme,
    von der Mühe erschöpft, um meine Schultern mir legst.
Doch sooft ich den blauen Wellen mich zuwende, greifen
    Schauer mich irgendwie an in meiner furchtsamen Brust.
Zudem verstört mich ein Traumbild, das gestern nacht mir erschienen,
    ist es nun auch bereits dank meinem Opfer gesühnt.
Denn vor Sonnenaufgang, als schon die Lampe erloschen,
    also zur Zeit, wo man meist wahrhafte Traumbilder sieht,
da entfielen vor Schlaf meinen schlaffen Fingern die Fäden,
    in meinen Nacken als Halt schob ich ein Kissen mir hin.
Ein Delphin kam entgegengeschwommen, so glaubt ich zu sehen,
    durch das stürmische Meer, ja doch, kein Zweifel, so war's.
Als die Fluten ihn auf den durstigen Sandstrand geschmettert,
    ließ den Armen im Stich Wasser und Leben zugleich.
Was es auch sei, ich hab Angst; und du verlach meinen Traum nicht
    und übergib deinen Arm nur noch dem ruhigen Meer!
Schonst du nicht dich, so schone dein Mädchen, von dem du geliebt wirst:
    Gibt's keine Rettung für dich, gibt's keine Rettung für mich.
Friede kehrt bald bei uns ein, so hoff ich bei Zähmung der Wogen;
    bahne mit sorglosem Herz dann einen ruhigen Weg!
Möge dem Schwimmer indes, da der Weg übers Meer ihm versperrt ist,
    dieser Brief, den ich send, lindern des Wartens Verdruß!

## XX (XIX)
## ACONTIUS CYDIPPAE

[Accipe, Cydippe, despecti nomen Aconti      a
  illius, in pomo qui tibi verba dedit.]      b
Pone metum! nihil hic iterum iurabis amanti;
  promissam satis est te semel esse mihi.
perlege! discedat sic corpore languor ab isto,
  quod meus est ulla parte dolere dolor!
quid pudor ante subit? nam, sicut in aede Dianae,      5
  suspicor ingenuas erubuisse genas.
coniugium pactamque fidem, non crimina posco;
  debitus ut coniunx, non ut adulter amo.
verba licet repetas, quae demptus ab arbore fetus
  pertulit ad castas me iaciente manus;      10
invenies illic, id te spondere, quod opto
  te potius, virgo, quam meminisse deam.
nunc quoque idem cupio, sed idem tamen acrius illud:
  adsumpsit vires auctaque flamma mora est,
quique fuit numquam parvus, nunc tempore longo      15
  et spe, quam dederas tu mihi, crevit amor.
spem mihi tu dederas, meus hic tibi credidit ardor;
  non potes hoc factum teste negare dea.
adfuit et, praesens ut erat, tua verba notavit
  et visa est mota dicta tulisse coma.      20
deceptam dicas nostra te fraude licebit,
  dum fraudis nostrae causa feratur amor.
fraus mea quid petiit, nisi uti tibi iungerer, unum?
  id te, quod quereris, conciliare potest.
non ego natura nec sum tam callidus usu;      25
  sollertem tu me, crede, puella, facis.
te mihi conpositis – siquid tamen egimus – a me
  adstrinxit verbis ingeniosus Amor.
dictatis ab eo feci sponsalia verbis
  consultoque fui iuris Amore vafer.      30
sit fraus huic facto nomen dicarque dolosus,
  si tamen est, quod ames, velle tenere dolus!

# BRIEF 20 (19)
## ACONTIUS AN CYDIPPE

[Höre, Cydippe, dir an des verschmähten Acontius Namen,
 jenes, der dich betrog, als auf den Apfel er schrieb.]
Nur keine Angst! Hier wirst du nicht nochmals dem Liebenden schwören;
 daß du mir's einmal versprachst, mir zu gehören, genügt.
Lies nur zu Ende! Die Krankheit soll nur deinen Körper verlassen,
 der auch mich selber schmerzt, wenn er dich irgendwo schmerzt!
Was errötest du schon? Denn wie im Tempel Dianas
 wurde, so nehme ich an, rot nun dein feines Gesicht.
Daß du dein Eheversprechen hältst, nichts Böses, verlang ich,
 liebe als Frauenheld nicht, sondern zum Gatten bestimmt.
Sprich nur die Worte nochmals, die die Frucht, die vom Baume ich pflückte,
 dir in die ledige Hand, auf meinen Wurf hin, gespielt.
Finden wirst du dort, daß du versprichst, wovon ich mir wünsche,
 daß du, Mädchen, dran denkst, mehr als die Göttin es tut.
Jetzt noch wünsch ich dasselbe, doch dringender wünsch ich dasselbe:
 Glut hat die Kräfte verzehrt, Zeit hat die Liebe vermehrt,
und die niemals gering war, die Liebe, sie ist nun gewachsen;
 Hoffnung, die du mir gabst, wirkte, und Länge der Zeit.
Hoffnung gabst du mir mit, mein Feuer hier durfte dir glauben;
 dies steht unleugbar fest, zeugt doch die Göttin davon.
Sie war dabei, und darum merkte sie sich deine Worte,
 billigt dein Wort, wie es schien, schüttelte sie doch ihr Haar.
Sag nur ruhig, ich hätte dich mit meiner Arglist betrogen,
 wenn, dies der Grund des Betrugs, du nur die Liebe erträgst!
Was war das Ziel des Betrugs? Doch nur eins, dich mit mir zu verbinden;
 das, worüber du klagst, söhnt dich doch wohl mit mir aus.
Nicht von Natur bin ich schlau, noch hab ich da allzuviel Übung;
 glaub mir, zum findigen Kopf machst du mich, Mädchen, ja noch.
Amor hat einfallsreich dich an mich mit Worten gebunden,
 die ich mir ausgedacht – wenn ich es überhaupt tat.
*Er* diktierte die Worte, die ich zur Verlobung gebrauchte,
 Amor war Rechtsbeistand, als ich so scharfsinnig war.
Soll man dies Vorgehn Betrug und mich nur arglistig nennen,
 nennt man Arglist den Wunsch, daß man besitzt, was man liebt!

en, iterum scribo mittoque rogantia verba!
   altera fraus haec est, quodque queraris, habes.
si noceo, quod amo, fateor: sine fine nocebo                    35
   teque petam; caveas tu licet, usque petam.
per gladios alii placitas rapuere puellas;
   scripta mihi caute littera crimen erit?
di faciant, possim plures inponere nodos,
   ut tua sit nulla libera parte fides!                     40
mille doli restant – clivo sudamus in imo;
   ardor inexpertum nil sinet esse meus.
sit dubium, possisne capi – captabere certe.
   exitus in dis est, sed capiere tamen.
ut partem effugias, non omnia retia falles,                    45
   quae tibi, quam credis, plura tetendit Amor.
si non proficient artes, veniemus ad arma,
   inque tui cupido rapta ferere sinu.
non sum, qui soleam Paridis reprehendere factum
   nec quemquam, qui vir, posset ut esse, fuit.              50
nos quoque – sed taceo! mors huius poena rapinae
   ut sit, erit, quam te non habuisse, minor.
aut esses formosa minus, peterere modeste;
   audaces facie cogimur esse tua.
tu facis hoc oculique tui, quibus ignea cedunt                 55
   sidera, qui flammae causa fuere meae;
hoc faciunt flavi crines et eburnea cervix,
   quaeque, precor, veniant in mea colla manus,
et decor et vultus sine rusticitate pudentes,
   et, Thetidis qualis vix rear esse, pedes.                 60
cetera si possem laudare, beatior essem;
   nec dubito, totum quin sibi par sit opus.
hac ego conpulsus, non est mirabile, forma
   si pignus volui vocis habere tuae.
denique dum captam tu te cogare fateri,                        65
   insidiis esto capta puella meis.
invidiam patiar; passo sua praemia dentur.
   cur suus a tanto crimine fructus abest?
Hesionen Telamon, Briseida cepit Achilles;
   utraque victorem nempe secuta virum.                      70

Sieh da, schon schreibe ich wieder und sende dir bittende Worte;
   das ist schon wieder Betrug – Grund zur Beschwerde genug!
Schad ich dir, weil ich dich liebe, gesteh ich: Ich schade dir endlos;
   meine Sehnsucht bist du; magst du dich hüten, du bleibst's.
Andere raubten mit Schwertern die Mädchen, die ihnen gefielen;
   wird da ein listiger Brief denn zum Verbrechen gemacht?
Geben die Götter, ich könnte mit weiteren Knoten dich binden,
   und du fändest dich nicht aus der Verpflichtung heraus!
Tausend Listen sind übrig – Ich schwitz noch am Fuße des Hügels;
   dafür sorgt meine Glut, daß ja nichts unerprobt bleibt.
Zweifelhaft sei's, ob du zu erobern – doch wirst du erobert!
   Liegt's in der Götter Hand auch – dennoch, erobert wirst du!
Einigen Netzen entrinnst du, doch kannst du nicht allen entrinnen,
   denn es hat Amor dir mehr, als du vermutest, gespannt.
Bringen die Kunstgriffe nichts, so werd ich die Waffen ergreifen,
   raub dich und trag dich davon an meiner Brust, die dich liebt.
Ich bin nicht einer von denen, die tadeln, was Paris getan hat,
   keinen auch, der sich als Mann zeigte, um Mann auch zu sein.
Ich auch – doch still! Ist der Tod für den Raub auch die Strafe,
   ist das noch weniger schlimm, als wenn ich dich nicht besäß.
Wärest du weniger schön, meine Werbung wäre ganz schüchtern,
   doch dein schönes Gesicht zwingt mich, verwegen zu sein.
Du bist schuld, deine Augen, die feuriger sind als die Sterne,
   sie sind's, welche in mir feurige Liebe erweckt.
Schuld ist dein blondes Haar und dein elfenbeinerner Nacken
   und deine Arme, ach, lägen sie mir um den Hals!
Und deine Anmut, dein Blick, so scheu, ohne bäurische Plumpheit,
   Füße, wie Thetis sie kaum, glaube ich, vorzeigen kann.
Noch weit glücklicher wäre ich, könnt ich das übrige loben,
   doch daran zweifle ich nicht: alles ist gleich schön an dir.
Da mich deine Schönheit begeistert, ist nicht zu verwundern,
   wenn ich mir auch ein Pfand von deiner Stimme gewünscht.
Kannst du dann schließlich noch anders, als dich geschlagen zu geben,
   hab ich mit meinem Geschick, Mädchen, ins Garn dich gelockt?
Vorwürfe nehm ich noch hin, doch will ich den Lohn dafür haben –
   weshalb verweigert man mir trotz solchem Vorwurf den Lohn?
Telamon griff nach Hesíone, nach Briseis Achilles –
   Beide liefen doch her hinter dem siegreichen Mann.

quamlibet accuses et sis irata licebit,
  irata liceat dum mihi posse frui.
idem, qui facimus, factam tenuabimus iram,
  copia placandi sit modo parva tui:
ante tuos liceat flentem consistere vultus           75
  et liceat lacrimis addere verba sua,
utque solent famuli, cum verbera saeva verentur,
  tendere submissas ad tua crura manus!
ignoras tua iura? voca! cur arguor absens?
  iam dudum dominae more venire iube.           80
ipsa meos scindas licet imperiosa capillos
  oraque sint digitis livida nostra tuis.
omnia perpetiar; tantum fortasse timebo,
  corpore laedatur ne manus ista meo.
sed neque conpedibus nec me conpesce catenis!     85
  servabor firmo vinctus amore tui.
cum bene se quantumque volet satiaverit ira,
  ipsa tibi dices: «quam patienter amat!»
ipsa tibi dices, ubi videris omnia ferri:
  «tam bene qui servit, serviat iste mihi!»        90
nunc reus infelix absens agor, et mea, cum sit
  optima, non ullo causa tuente perit.
hoc quoque – quantumvis sit scriptum iniuria nostrum,
  quod de me solo nempe queraris, habes.
non meruit falli mecum quoque Delia; si non      95
  vis mihi promissum reddere, redde deae.
adfuit et vidit, cum tu decepta rubebas,
  et vocem memori condidit aure tuam.
omina re careant! nihil est violentius illa,
  cum sua, quod nolim, numina laesa videt.     100
testis erit Calydonis aper, sic saevus, ut illo
  sit magis in natum saeva reperta parens.
testis et Actaeon, quondam fera creditus illis,
  ipse dedit leto cum quibus ante feras;
quaeque superba parens saxo per corpus oborto    105
  nunc quoque Mygdonia flebilis adstat humo.
ei mihi! Cydippe, timeo tibi dicere verum,
  ne videar causa falsa monere mea;

Klage mich an, so viel du willst, und bleibe verstimmt nur,
    wenn ich dich nur genieß, bist du auch noch so verstimmt.
Ich bin zwar schuld, doch ich kann den verschuldeten Unwillen dämpfen,
    etwas Gelegenheit nur brauch ich, dein Tröster zu sein:
Laß mich unter Tränen doch nur vor dein Angesicht treten,
    und gewähre die Gunst, gönne den Tränen ihr Wort,
wie die Sklaven es tun, wenn sie bittere Streiche befürchten:
    Demütig strecken die Hand nach deinen Knien sie aus.
Kennst du dein Recht nicht? Ruf mich! Was willst du von fern mich ver-
    Ruf mich doch endlich herbei, wie eine Herrin es tut!    [klagen?
Herrisch darfst du mit eigener Hand meine Haare zerzausen,
    schlag mit den Fingern, du darfst's, mir meine Wangen doch blau!
Alles will ich erdulden, nur habe ich dann zu befürchten,
    daß deine Hand sich vielleicht an meinem Körper verletzt.
Doch mit Fesseln fessle mich nicht und auch nicht mit Ketten!
    Ewig bindet mich fest innige Liebe zu dir.
Wenn dein Unmut, soviel er will, sich tüchtig gerächt hat,
    sprichst du dereinst zu dir selbst: »Wie er geduldig mich liebt!«
Dereinst sprichst du zu dir, wenn du siehst, daß ich alles ertrage:
    «Ist er als Diener so gut, soll er mein eigener sein!»
Ach, abwesend erhalt ich mein Urteil, und meine Sache,
    ist sie auch bestens bestellt, läuft ohne Anwalt doch schief.
Doch wie sehr auch dieses mein Schreiben ein Unrecht bedeutet,
    Grund hast du wirklich genug, daß gegen mich du nur klagst.
Freilich verdient' es die Delierin nicht, daß mit mir du sie täuschtest;
    hältst du *mir* nicht dein Wort, halte der Göttin es doch!
Sie war dabei, sie sah es, als überlistet du rot warst,
    und sie bewahrte dein Wort unwiderruflich im Ohr.
Treffe kein Unheil ein! Ihr Wüten kennt keine Grenzen,
    sieht sie sich, was ich nicht will, in ihrem Wesen verletzt.
Zeuge ist der Eber von Calydon, nicht so verheerend,
    wie sich die Mutter erwies gegen den eigenen Sohn.
Zeuge ist auch Actaeon, für Jagdwild von jenen gehalten,
    die zuvor ihm das Wild einst ins Verderben gejagt;
sie auch, die stolze Mutter, ihr Leib vom Felsen durchwachsen,
    die im mygdonischen Wald jetzt noch beweinenswert steht.
Weh mir, Cydippe, ich scheue mich, dir die Wahrheit zu sagen,
    daß es nicht etwa scheint, mir zulieb rat ich dir falsch.

dicendum tamen est. hoc est, mihi crede, quod aegra
    ipso nubendi tempore saepe iaces:                 110
consulit ipsa tibi, neu sis periura, laborat,
    et salvam salva te cupit esse fide.
inde fit ut, quotiens exsistere perfida temptas,
    peccatum totiens corrigat illa tuum.
parce movere feros animosae virginis arcus!          115
    mitis adhuc fieri, si patiare, potest.
parce, precor, teneros corrumpere febribus artus;
    servetur facies ista fruenda mihi.
serventur vultus ad nostra incendia nati,
    quique subest niveo lenis in ore rubor.         120
hostibus et siquis, ne fias nostra, repugnat,
    sic sit ut – invalida te – solet esse mihi!
torqueor ex aequo vel te nubente vel aegra
    dicere nec possum, quid minus ipse velim.
maceror interdum, quod sim tibi causa dolendi,      125
    teque mea laedi calliditate puto.
in caput ut nostrum dominae periuria quaeso
    eveniant; poena tuta sit illa mea!
ne tamen ignorem, quid agas, ad limina crebro
    anxius huc illuc dissimulanter eo.          130
subsequor ancillam furtim famulumque requirens,
    profuerint somni quid tibi quidve cibi.
me miserum, quod non medicorum iussa ministro
    effingoque manus insideoque toro!
et rursus miserum, quod me procul inde remoto,     135
    quem minime vellem, forsitan alter adest!
ille manus istas effingit et adsidet aegrae,
    invisus superis cum superisque mihi,
dumque suo temptat salientem pollice venam,
    candida per causam bracchia saepe tenet     140
contrectatque sinus et forsitan oscula iungit.
    officio merces plenior ista suo est! –
quis tibi permisit nostras praecerpere messes?
    ad saepem alterius quis tibi fecit iter?
iste sinus meus est! mea turpiter oscula sumis!     145
    a mihi promisso corpore tolle manus!

Sagen muß ich es doch. Ich kenne die Ursache, glaub mir,
　　daß du immer erkrankst dann, wenn du heiraten sollst:
Sie selbst sorgt sich um dich, will verhindern, daß du den Eid brichst,
　　wünscht, wie den Eid gewahrt, so auch dich selber bewahrt.
Und so kommt's, daß, sooft du versuchst, eidbrüchig zu werden,
　　sie jeweils dafür sorgt, daß du nicht sündigen kannst.
Hüte dich, reiz nicht der reizbaren Jungfrau furchtbaren Bogen!
　　Läßt du gewähren sie nur, wird sie noch milde gestimmt.
Laß bitte auch nicht das Fieber die zarten Glieder entstellen;
　　bleibe dein Antlitz gesund, daß ich daran mich erfreu.
Auch dein Blick bleib erhalten, der mich zu begeistern geschaffen,
　　und das Rot, das sich leis legt auf die schneeweiße Haut.
All meinen Feinden und jedem, der hintertreibt, daß du mein wirst –
　　weiß ich, du bist nicht gesund – gehe es so, wie sonst mir!
Beides foltert mich gleich, ob du heiratest, ob du erkrankt bist,
　　und ich weiß wirklich nicht recht, was ich selbst weniger will.
Bisweilen quäl ich mich ab, daß ich Anlaß dir gebe zu leiden,
　　denke, du werdest gewiß durch meine Schlauheit verletzt.
Möge, so bet ich, das falsche Versprechen meiner Geliebten
　　treffen mein eigenes Haupt! Ich sei bestraft, sie sei frei!
Doch daß ich weiß, wie's dir geht, geh ich öfters vor deiner Schwelle
　　auf und ab voller Angst, tue so, als ob nichts wär.
Heimlich folg ich der Magd und dem Diener und frage sie heimlich,
　　was dir der Schlaf genützt, was dir das Essen gebracht.
Ach, daß ich nicht, was die Ärzte befehlen, als Diener besorge,
　　nicht dir streichle die Hand, an deinem Lager nicht sitz!
Und nochmals ach! Wenn von dort ich so weit dann entfernt bin,
　　ist wohl der andere da, was ich am wenigsten mag.
Er ist's, der die Hände dir streichelt, er sitzt bei der Kranken,
　　er, den Göttern verhaßt und mit den Göttern auch mir.
Während er mit seinem Daumen die pochende Ader betastet,
　　hält er den weißen Arm, da er ja Grund dazu hat,
und befingert den Busen, ja tauscht mit dir vielleicht Küsse.
　　Das ist ein üppiger Lohn, mehr als die Dienstleistung wert! –
Wer erlaubte dir denn, meine Ernte im voraus zu pflücken?
　　Wer gab den Weg dir frei zu eines andern Revier?
Dieser Busen ist mein! Du raubst ihr frech meine Küsse!
　　Weg mit der Hand von dem Leib, den sie mir selber versprach!

inprobe, tolle manus! quam tangis, nostra futura est;
   postmodo si facies istud, adulter eris.
elige de vacuis, quam non sibi vindicet alter;
   si nescis, dominum res habet ista suum.         150
nec mihi credideris! recitetur formula pacti!
   neu falsam dicas esse, fac ipsa legat!
alterius thalamo, tibi nos, tibi dicimus, exi!
   quid facis hic? exi! non vacat iste torus!
nam quod habes et tu gemini verba altera pacti,    155
   non erit idcirco par tua causa meae.
haec mihi se pepigit, pater hanc tibi, primus ab illa;
   sed propior certe, quam pater, ipsa sibi est.
promisit pater hanc, haec et iuravit amanti;
   ille homines, haec est testificata deam.      160
hic metuit mendax, haec et periura vocari;
   an dubitas, hic sit maior an ille metus?
denique, ut amborum conferre pericula possis,
   respice ad eventus: haec cubat, ille valet.
nos quoque dissimili certamina mente subimus;    165
   nec spes par nobis nec timor aequus adest.
tu petis ex tuto; gravior mihi morte repulsa est
   idque ego iam, quod tu forsan amabis, amo.
si tibi iustitiae, si recti cura fuisset,
   cedere debueras ignibus ipse meis. –      170
nunc, quoniam ferus hic pro causa pugnat iniqua,
   ad quid, Cydippe, littera nostra redit?
hic facit, ut iaceas et sis suspecta Dianae;
   hunc tu, si sapias, limen adire vetes.
hoc faciente subis tam saeva pericula vitae –    175
   atque utinam pro te, qui movet illa, cadat!
quem si reppuleris, nec, quem dea damnat, amaris,
   tu tunc continuo, certe ego salvus ero.
siste metum, virgo! stabili potiere salute,
   fac modo polliciti conscia templa colas!    180
non bove mactato caelestia numina gaudent,
   sed, quae praestanda est et sine teste, fide.
ut valeant aliae, ferrum patiuntur et ignes,
   fert aliis tristem sucus amarus opem.

Schurke, weg mit der Hand! Die du anrührst, wird mir einst gehören.
　　Wenn du das noch einmal tust, wird es ein Ehebruch sein.
Lies eine Ledige aus, die kein anderer für sich beansprucht.
　　Falls du's nicht weißt, dieses Gut hat schon den eigenen Herrn.
Doch du mußt mir nicht glauben. Zitier den Vertrag nur im Wortlaut!
　　Daß du nicht sagst, er sei falsch, mach, daß sie selber ihn liest!
Raus aus dem fremden Ehegemach, dir sag ich's, dir sag ich's!
　　He, was treibst du hier? Raus! Nein, dieses Bett ist nicht frei.
Denn wenn auch du einen Pakt hast, den Abklatsch des meinen,
　　wird drum dein Anspruch noch nicht meinem auch gleichwertig sein.
Sie hat sich selbst mir verlobt, der Vater sie dir, der ihr Nächste;
　　doch sie ist näher sich selbst, als es ihr Vater ihr ist.
Dir versprach sie der Vater, doch sie schwor ihrem Verehrer;
　　Menschen zum Zeugnis rief er, sie rief die Göttin herbei.
Er befürchtet als Lügner, sie als eidbrüchig zu gelten;
　　zweifelst du wohl, welche Furcht größer ist, die oder die?
Schließlich, um die Gefahren der beiden vergleichen zu können,
　　schau das Ergebnis dir an: Sie ist im Bett, er gesund.
Auch wir nehmen den Kampf mit unterschiedlichem Sinn auf:
　　Weder die Hoffnung ist gleich, noch ist vergleichbar die Angst.
Du verlierst nichts, doch für mich ist Ablehnung schlimmer als Sterben,
　　und das, was du vielleicht lieben wirst, liebe ich schon.
Hätten dir Recht und Gerechtigkeit am Herzen gelegen,
　　räumtest du besser von selbst meinem Entzücken den Platz. –
Nun, da sich dieser Klotz für die unrechte Sache zur Wehr setzt,
　　ja, Cydippe, worauf läuft denn mein Schreiben hinaus?
Er ist schuld, daß du krank bist und von Diana beargwöhnt.
　　Hast du Verstand, so verbiet, daß er die Schwelle betritt!
Seinetwegen gehst du die schreckliche Lebensgefahr ein;
　　ginge statt deiner doch er, der sie verursacht, zugrund!
Weisest du diesen zurück, liebst nicht, den die Göttin mißbilligt,
　　wirst du alsdann sogleich, ich aber sicher gesund.
Mädchen, vergiß deine Angst, du wirst dauernd Gesundheit erwerben,
　　gib nur dem Tempel die Ehr, der dein Gelöbnis bewahrt!
Nicht ein geschlachtetes Rind erfreut die himmlischen Götter,
　　sondern daß man sein Wort, auch wenn es keiner sieht, hält.
Messer und Feuer leiden zum Teil die Frauen für ihre Gesundheit,
　　andern bringt bitterer Saft Hilfe nicht ohne Verdruß.

nil opus est istis; tantum periuria vita                              185
   teque simul serva meque datamque fidem!
praeteritae veniam dabit ignorantia culpae:
   exciderant animo foedera lecta tuo.
admonita es modo voce mea modo casibus istis,
   quos, quotiens temptas fallere, ferre soles.             190
his quoque vitatis in partu nempe rogabis,
   ut tibi luciferas adferat illa manus!
audiet haec – repetens, quae sunt audita, requiret,
   iste tibi de quo coniuge partus eat.
promittes votum – scit te promittere falso;                          195
   iurabis – scit te fallere posse deos.
non agitur de me; cura maiore laboro.
   anxia sunt vitae pectora nostra tuae.
cur modo te dubiam pavidi flevere parentes,
   ignaros culpae quos facis esse tuae?                      200
et cur ignorent? matri licet omnia narres.
   nil tua, Cydippe, facta pudoris habent.
ordine fac referas ut sis mihi cognita primum,
   sacra pharetratae dum facit ipsa deae;
ut te conspecta subito, si forte notasti,                            205
   restiterim fixis in tua membra genis;
ut, te dum nimium miror, nota certa furoris,
   deciderint umero pallia lapsa meo;
postmodo nescio qua venisse volubile malum
   verba ferens doctis insidiosa notis,                     210
quod quia sit lectum sancta praesente Diana,
   esse tuam vinctam numine teste fidem.
ne tamen ignoret, scripti sententia quae sit,
   lecta tibi quondam nunc quoque verba refer.
«nube, precor», dicet, «cui te bona numina iungunt;                  215
   quem fore iurasti, sit gener ille mihi.
quisquis is est, placeat, quoniam placet ante Dianae!»
   talis erit mater, si modo mater erit.
sed tamen ut quaerat, quis sim qualisque, videto.
   inveniet vobis consuluisse deam.                         220
insula, Coryciis quondam celeberrima nymphis,
   cingitur Aegaeo, nomine Cea, mari.

All dies benötigst du nicht; allein vermeide den Meineid,
    wahre so dich und mich und den geleisteten Eid.
Für die vergangene Schuld wird dir Unkenntnis Gnade erwirken:
    Den gelesnen Vertrag hattest du nicht mehr im Kopf.
Bald hat mein Wort dich ermahnt, bald eine Krankheit wie diese,
    welche dich jeweils befällt, wenn du zu täuschen versuchst.
Wirst du jene dann los, kannst du, wenn du gebärst, sie ja bitten,
    daß sie mit leuchtender Hand dir ihre Hilfe dann bringt!
Hören wird sie das schon, überdenkt, ob sie richtig gehört hat,
    fragt dann, von welchem Gemahl du einen Nachkommen hast.
Ein Gelöbnis versprichst du – sie weiß, dein Wort ist verlogen;
    schwören wirst du – sie weiß, daß du die Götter belügst.
Mich betrifft es ja nicht; eine größere Sorge bedrückt mich.
    Ängstlich ist nämlich mein Herz nur um dein Leben besorgt.
Warum weinen die Eltern jetzt bange, du könntest noch sterben,
    sie, die ahnungslos sind, da deine Schuld du verschweigst?
Und warum heimlich? Der Mutter kann man doch alles erzählen.
    Nichts, Cydippe, ist doch peinlich von dem, was du tust.
Zähl es der Reihe nach auf, wie du mir zum ersten Mal auffielst,
    als sie die Göttin verehrt, die mit dem Köcher bewehrt;
wie ich, sobald ich dich sah, falls du dies etwa bemerkt hast,
    stockte, auf deine Gestalt starrte, die Augen gebannt;
wie, als ich dich so bestaunte, ein klarer Beweis des Entzückens,
    sich mein Mantel gelöst und meiner Schulter entglitt;
wie darauf von irgendwoher der Apfel gerollt kam,
    der dir in kunstvoller Schrift tückisch den Spruch überbracht;
weil du den im Beisein der heilgen Diana gelesen,
    sei dein Versprechen dir Pflicht, da es die Gottheit bezeug'.
Doch damit sie erfährt, wie der Inhalt des Briefs genau lautet,
    lies die Worte nochmals, die du einst lasest, ihr vor!
«Heirate, bitte», spricht sie, «dem die guten Götter dich geben;
    der sei mein Schwiegersohn, den du zu heiraten schwurst.
Wer es auch ist, sei genehm, da er vorher Diana genehm war!»
    So wird die Mutter sein, wenn eine Mutter sie ist.
Dennoch schau, daß sie fragt, wer ich bin und was denn für einer;
    daß die Göttin für euch gut gesorgt, wird ihr dann klar.
Einst bei corycischen Nymphen äußerst beliebt, eine Insel
    wird vom ägäischen Meer, Cea, so heißt sie, gesäumt.

illa mihi patria est; nec, si generosa probatis
  nomina, despectis arguor ortus avis.
sunt et opes nobis, sunt et sine crimine mores;          225
  amplius utque nihil, me tibi iungit Amor.
appeteres talem vel non iurata maritum;
  iuratae vel non talis habendus erit.
haec tibi me in somnis iaculatrix scribere Phoebe,
  haec tibi me vigilem scribere iussit Amor;          230
e quibus alterius mihi iam nocuere sagittae,
  alterius noceant ne tibi tela, cave!
iuncta salus nostra est – miserere meique tuique!
  quid dubitas unam ferre duobus opem?
quod si contigerit, cum iam data signa sonabunt        235
  tinctaque votivo sanguine Delos erit,
aurea ponetur mali felicis imago
  causaque versiculis scripta duobus erit:
«Effigie pomi testatur Acontius huius,
  quae fuerint in eo scripta, fuisse rata.»         240
longior infirmum ne lasset epistula corpus
  clausaque consueto sit sibi fine: vale!

Das ist das Land meiner Väter; doch wenn ihr Wert legt auf edle
  Namen: Aus achtbarem Haus stamme ich, wie man bezeugt.
Reichtümer haben wir auch, unsre Sitten sind ohne Tadel;
  und hätt ich weiter auch nichts: Amor verbindet mich dir.
Schworest du nicht, sogar dann ersehntest du solch einen Gatten;
  jetzt, wo du schworst, mußt du ihn nehmen, auch wär er nicht so.
Phoebe, die Jägerin, hieß im Traum mich dieses zu schreiben,
  dies dir zu schreiben, gebot Amor am heiteren Tag.
Einer von beiden hat mir bereits mit den Pfeilen geschadet.
  Hüte dich, daß sie nicht dir schadet mit ihrem Geschoß!
Unser Geschick ist verknüpft – erbarme dich meiner und deiner!
  Was verweilst du und bringst nicht *eine* Hilfe für zwei?
Wenn ich's erlebe, daß die gegebenen Zeichen ertönen,
  Delos getränkt ist vom Blut, das ich zu opfern versprach,
weih ich des glückverheißenden Apfels goldenes Abbild,
  und in zwei Verschen steht darauf verzeichnet der Grund:
«Mit diesem Abbild des Apfels gibt Acontius Zeugnis,
  dass in Erfüllung ging, was man verzeichnet drauf fand.»
Daß nicht ein langerer Brief deinen schwachen Körper ermüde,
  sei er beendet wie sonst mit dem gewohnten «Leb wohl!»

## CYDIPPE ACONTIO

[Littera pervenit tua quo consuevit, Aconti,       a
   et paene est oculis insidiata meis.]       b
Pertimui scriptumque tuum sine murmure legi,
   iuraret ne quos inscia lingua deos.
et, puto, captasses iterum, nisi, ut ipse fateris,
   promissam scires me satis esse semel.
nec lectura fui, sed, si tibi dura fuissem,      5
   aucta foret saevae forsitan ira deae.
omnia cum faciam, cum dem pia tura Dianae,
   illa tamen iusta plus tibi parte favet,
utque cupis credi, memori te vindicat ira;
   talis in Hippolyto vix fuit illa suo.      10
at melius virgo favisset virginis annis,
   quos vereor paucos ne velit esse mihi.
languor enim causis non apparentibus haeret;
   adiuvor et nulla fessa medentis ope.
quam tibi nunc gracilem vix haec rescribere quamque      15
   pallida vix cubito membra levare putas?
nunc timor accedit, ne quis nisi conscia nutrix
   colloquii nobis sentiat esse vices.
ante fores sedet haec quid agamque rogantibus intus,
   ut possim tuto scribere, «dormit», ait.      20
mox, ubi, secreti longi causa optima, somnus
   credibilis tarda desinit esse mora,
iamque venire videt, quos non admittere durum est,
   excreat et dicta dat mihi signa nota.
sicut erant, properans verba inperfecta relinquo      25
   et tegitur trepido littera coepta sinu.
inde meos digitos iterum repetita fatigat;
   quantus sit nobis adspicis ipse labor.
quo peream, si dignus eras, ut vera loquamur!
   sed melior iusto quamque mereris ego.      30
ergo te propter totiens incerta salutis
   commentis poenas doque dedique tuis?

# BRIEF 21 (20)
## CYDIPPE AN ACONTIUS

[An den gewohnten Ort erhielt ich dein Schreiben, Acontius,
  wiederum fielen darauf fast meine Augen herein.]
Ängstlich hab ich dein Schreiben und ohne zu flüstern gelesen,
  daß ich nicht bei einem Gott wiederum ahnungslos schwor.
Sicher hättest du's nochmals versucht, wenn du nicht, wie du selbst sagst,
  wüßtest, daß das genügt, was ich dir einmal versprach.
Also wollt ich nicht lesen, doch hätt ich dich grausam behandelt,
  wäre die Göttin vielleicht grimmiger in ihrem Zorn.
Mag ich auch alles tun, fromm Weihrauch spenden Diana,
  bleibt sie doch dir mehr geneigt, als es gerecht ist und gut,
und wie du wünschst, daß man's glaubt: Mir zürnt sie und wahrt deinen
  So verfuhr sie ja auch mit ihrem Hippolyt kaum.          [Anspruch.
Doch als Mädchen hätte sie besser des Mädchens Jahre begünstigt;
  leider, fürcht ich, sie wünscht, wenige hätte ich noch.
Ohne ersichtlichen Grund hat mich lahmende Krankheit befallen;
  hilflos und matt lieg ich da, beistehen kann mir kein Arzt.
Nun, was denkst du, wie hager ich bin, dir mit Mühe dies schreibe,
  wie diesen blassen Leib kaum mehr der Ellbogen stützt?
Dazu tritt noch die Angst, daß außer der kundigen Amme
  jemand anders es merkt, daß wir im Zwiegespräch sind.
Jene sitzt vor der Tür, wenn man fragt: «Wie geht es ihr drinnen?»
  sagt sie einfach: «Sie schläft.» Ungestört schreib ich drauf los.
Wenn dann der Schlaf, der beste Vorwand für langes Alleinsein,
  aufhört, glaubhaft zu sein, da es zu lange schon ging,
und sie erscheinen sieht, dessen Einlaß der Anstand erfordert,
  räuspert sie sich und gibt so mir den vereinbarten Wink.
Mitten im Wort laß ich rasch, wie es ist, alles unfertig liegen,
  berge an bebender Brust, was ich zu schreiben begann.
Nehm ich es dann wieder vor, ermüden erst recht meine Finger;
  welche Mühe ich hab, siehst du ja selber vor dir.
Wenn du's verdienst, will ich sterben darob, um es offen zu sagen!
  Doch ich bin netter als recht, netter, als du es verdienst.
So bist du denn der Grund, daß so oft ich schon rang mit dem Tode,
  daß ich für deinen Betrug Qualen noch leide und litt?

haec nobis formae te laudatore superbae
  contingit merces? et placuisse nocet?
si tibi deformis, quod mallem, visa fuissem,                    35
  culpatum nulla corpus egeret ope.
nunc laudata gemo, nunc me certamine vestro
  perditis et proprio vulneror ipsa bono.
dum neque tu cedis nec se putat ille secundum,
  tu votis obstas illius, ille tuis.                            40
ipsa velut navis iactor, quam certus in altum
  propellit Boreas, aestus et unda refert,
cumque dies caris optata parentibus instat,
  inmodicus pariter corporis ardor adest.
ei mihi, coniugii tempus crudelis ad ipsum                      45
  Persephone nostras pulsat acerba fores!
iam pudet et timeo, quamvis mihi conscia non sim,
  offensos videar ne meruisse deos.
accidere haec aliquis casu contendit, at alter
  acceptum superis hunc negat esse virum.                       50
neve nihil credas in te quoque dicere famam,
  facta veneficiis pars putat ista tuis.
causa latet, mala nostra patent: vos pace movetis
  aspera submota proelia, plector ego!
dic age nunc solitoque tibi ne decipe more:                     55
  quid facies odio, sic ubi amore noces?
si laedis, quod amas, hostem sapienter amabis;
  me, precor, ut serves, perdere, dire, velis!
aut tibi iam nulla est speratae cura puellae,
  quam ferus indigna tabe perire sinis,                         60
aut, dea si frustra pro me tibi saeva rogatur,
  quid mihi te iactas? gratia nulla tua est!
elige, quid fingas: non vis placare Dianam –
  inmemor es nostri; non potes: illa tui est!
vel numquam mallem vel non mihi tempore in illo                 65
  esset in Aegaeis cognita Delos aquis!
tunc mea difficili deducta est aequore navis
  et fuit ad coeptas hora sinistra vias.
quo pede processi! quo me pede limine movi!
  picta citae tetigi quo pede texta ratis!                      70

Ist das der Lohn, daß du meine prachtvollen Formen gepriesen?
  Habe ich dies verdient? Schadet es, daß ich gefiel?
Wäre ich dir – das wünscht ich mir eher! – häßlich erschienen,
  keinerlei Hilfe wär not meinem bemängelten Leib.
Nun muß ich seufzen, daß man mich preist, denn mit euerem Wettstreit
  bringt ihr mich um, und ich selbst leide am eigenen Wert.
Wenn weder du nachgibst, noch er als zweiter will gelten,
  stehst seinen Wunschträumen du, er aber deinen im Weg.
Ich selbst treib wie ein Schiff, das die steife Bise hinausstieß
  auf die See, doch zurück tragen es Wogen und Wind;
jetzt, wo der Tag anbricht, der den lieben Eltern erwünscht ist,
  ist mein Körper zugleich heftig vom Fieber gepackt.
Weh mir, zur Zeit, wo ich erst meine qualvolle Hochzeit erlebe,
  pocht Persephone schon grausam an unsere Tür!
Schon ist's mir peinlich, ich fürchte, obschon ich mir gar nicht bewußt bin,
  daß ich den göttlichen Zorn scheinbar mit Recht auf mich zog.
Zufall, behauptet der eine, sei hier am Werk, doch der andre
  sagt überzeugt, dieser Mann sei nicht den Göttern erwünscht.
Doch damit du nicht meinst, das Geschwätz lasse dich aus dem Spiele,
  einige glauben, daß du dieses bewirktest mit Gift.
Dunkel die Ursache, klar mein Leiden: Ihr nahmt mir den Frieden,
  grausam führt ihr den Krieg, ich bin das Opfer von euch!
Sag mir nun und täusche mich nicht nach deiner Gewohnheit:
  Was beginnst du aus Haß, wenn du aus Liebe so quälst?
Wenn du quälst, was du liebst, liebst den Feind du notwendigerweise;
  willst du mich retten, so bring, Grausamer, lieber mich um!
Entweder sorgst du dich nicht mehr um deine ersehnte Geliebte,
  welche du unverdient krank rücksichtslos umkommen läßt,
oder du bittest die grausame Göttin vergebens, warum dann
  spielst du dich auf vor mir? Deine Beziehung gilt nichts!
Wähl dir dein Märchen aus: Du *willst* nicht Diana versöhnen –
  gleichgültig bin ich dir dann; *kannst* du's nicht, bist du es ihr!
Hätt ich doch nie oder wenigstens nicht zum damaligen Zeitpunkt
  Delos kennen gelernt dort im ägäischen Meer!
Damals lief unser Schiff aufs Meer aus bei stürmischem Wetter,
  und die Stunde war schlecht für einen Reisebeginn.
Aufgestanden mit falschem Fuß übertrat ich die Schwelle,
  trat in den farbigen Bau unseres hurtigen Schiffs.

bis tamen adverso redierunt carbasa vento –
   mentior, a, demens! ille secundus erat!
ille secundus erat, qui me referebat euntem
   quique parum felix inpediebat iter.
atque utinam constans contra mea vela fuisset –                    75
   sed stultum est venti de levitate queri.
mota loci fama properabam visere Delon
   et facere ignava puppe videbar iter.
quam saepe ut tardis feci convicia remis
   questaque sum vento lintea parca dari!                         80
et iam transieram Myconon, iam Tenon et Andron
   inque meis oculis candida Delos erat.
quam procul ut vidi, «quid me fugis, insula», dixi,
   «laberis in magno numquid, ut ante, mari?»
institeram terrae, cum iam prope luce peracta                      85
   demere purpureis Sol iuga vellet equis.
quos idem solitos postquam revocavit ad ortus,
   comuntur nostrae matre iubente comae.
ipsa dedit gemmas digitis et crinibus aurum
   et vestes umeris induit ipsa meis.                             90
protinus egressae superis, quibus insula sacra est,
   flava salutatis tura merumque damus;
dumque parens aras votivo sanguine tingit
   sectaque fumosis ingerit exta focis,
sedula me nutrix alias quoque ducit in aedes                       95
   erramusque vago per loca sacra pede.
et modo porticibus spatior modo munera regum,
   miror et in cunctis stantia signa locis;
miror et innumeris structam de cornibus aram,
   et de qua pariens arbore nixa dea est,                        100
et quae praeterea – neque enim meminive libetve,
   quidquid ibi vidi, dicere – Delos habet.
forsitan haec spectans a te spectabar, Aconti,
   visaque simplicitas est mea posse capi.
in templum redeo gradibus sublime Dianae –                        105
   tutior hoc ecquis debuit esse locus?
mittitur ante pedes malum cum carmine tali –
   ei mihi, iuravi nunc quoque paene tibi!

Zweimal jedoch bei widrigem Winde drehten die Segel –
    Unsinn, ich lüge, oh weh! Günstig war vielmehr der Wind!
Günstig war er, er trieb von der Reise mich wieder nach Hause,
    wollte verhindern die Fahrt, die mich ins Unglück gestürzt.
Hätt er darauf beharrt, meinen Segeln den Meister zu zeigen, –
    doch es ist dumm, wenn man klagt über den fahrigen Wind.
Weltruhm der Stätte bewog mich zur eiligen Reise nach Delos,
    und auf dem Schiff, wie mir schien, schleppte die Fahrt sich dahin.
Wie oft lästerte ich die Ruder, sie seien zu träge,
    klagte, die Segel im Wind würden zu spärlich gesetzt!
Schon an Myconos war ich vorbei, an Tenos und Andros,
    und meinen Augen bot schimmernd schon Delos sich dar.
Als ich's von weitem erblickte, rief ich: «Was fliehst du mich, Insel?
    Schwimmst du etwa wie einst wieder im riesigen Meer?»
Und so trat ich an Land, der Tag war schon beinah vorüber,
    und Sol wollte vom Joch lösen das Purpurgespann.
Als er zum üblichen Aufgang die Rosse wieder gerufen,
    kämmte ich eben mein Haar, wie es die Mutter befahl.
Ringe steckt sie mir selbst an die Hand, in die Haare den Goldschmuck,
    und um die Schultern legt sie mir dann selbst das Gewand.
Alsbald gehen wir, grüßen die Götter, denen die Insel
    heilig, und spenden gleich gelblichen Weihrauch und Wein.
Während die Mutter Blut auf Altären vergießt mit Gebeten
    und auf den rauchenden Herd Stücke des Opferfleischs wirft,
führt mich die rührige Amme noch weiter zu anderen Tempeln,
    durch den heiligen Ort schlendern wir ziellos dahin.
Bald durchwandle ich Hallen, bald sehe ich Fürstengeschenke
    staunend, die Statuen auch, welche da überall stehn.
Und ich bestaun den Altar, der aus zahllosen Hörnern errichtet,
    und der Göttin Baum, Stütze einst, als sie gebar,
und was Delos sonst bietet, ich weiß nicht mehr alles und sag nicht,
    was ich alles dort sah, da ich nicht aufgelegt bin.
Da, Acontius, sahst du mich wohl, als ich all das beschaute,
    und meine Arglosigkeit war zu erobern, wie's schien.
Wieder betret ich auf hohen Stufen den Tempel Dianas –
    Sollte etwa ein Ort sicherer sein noch als der?
Vor die Füße fliegt mir ein Apfel mit folgenden Versen: –
    Weh mir! Jetzt hätt ich dir fast nochmals den Eid abgelegt!

sustulit hoc nutrix mirataque «perlege!» dixit.
    insidias legi, magne poeta, tuas!          110
nomine coniugii dicto confusa pudore
    sensi me totis erubuisse genis
luminaque in gremio veluti defixa tenebam –
    lumina propositi facta ministra tui.
inprobe, quid gaudes? aut quae tibi gloria parta est?    115
    quidve vir elusa virgine laudis habes?
non ego constiteram sumpta peltata securi,
    qualis in Iliaco Penthesilea solo.
nullus Amazonio caelatus balteus auro,
    sicut ab Hippolyte, praeda relata tibi est.    120
verba quid exsultas tua si mihi verba dederunt
    sumque parum prudens capta puella dolis?
Cydippen pomum, pomum Schoeneida cepit;
    tu nunc Hippomenes scilicet alter eris.
at fuerat melius, si te puer iste tenebat,    125
    quem tu nescioquas dicis habere faces,
more bonis solito spem non corrumpere fraude;
    exoranda tibi, non capienda fui!
cur, me cum peteres, ea non profitenda putabas,
    propter quae nobis ipse petendus eras?    130
cogere cur potius quam persuadere volebas,
    si poteram audita condicione capi?
quid tibi nunc prodest iurandi formula iuris
    linguaque praesentem testificata deam?
quae iurat, mens est. nil nos iuravimus illa;    135
    illa fidem dictis addere sola potest.
consilium prudensque animi sententia iurat
    et nisi iudicii vincula nulla valent.
si tibi coniugium volui promittere nostrum,
    exige polliciti debita iura tori!    140
sed si nil dedimus praeter sine pectore vocem,
    verba suis frustra viribus orba tenes.
non ego iuravi – legi iurantia verba;
    vir mihi non isto more legendus eras.
decipe sic alias – succedat epistula pomo!    145
    si valet hoc, magnas ditibus aufer opes;

«Lies das!» sagte die Amme, welche ihn aufhob, verwundert.
  Großer Dichter, ich las, was du mir heimtückisch schriebst!
Als ich nun «Heirat» las, geriet ich vor Scham in Verwirrung,
  spürte, ich wurde rot über das ganze Gesicht,
und ich hielt wie gebannt auf den Schoß gesenkt meine Augen –
  meine Augen, die dir dienten als Helfer des Plans.
Unmensch, was freut dich denn das? Welchen Ruhm hast du damit errungen?
  Was bist du stolz als Mann, legst du ein Mädchen herein?
Nicht mit Schild und mit Axt bin ich dir entgegengetreten,
  wie in Ilions Land Penthesilea es tat.
Kein aus amazonischem Gold getriebener Gürtel,
  wie's bei Hippólyte war, lag dir als Beute bereit.
Was frohlockst du, wenn deine Worte mir Worte verliehen,
  wenn ich Mädchen zu kühn mich in der Falle verfing?
Trog ein Apfel Cydippe, ein Apfel die Tochter des Schoeneus,
  wird es dir folglich genau gleich wie Hippómenes gehn.
Besser wär's doch gewesen – falls jener Knabe dich festhielt,
  der, nach dem, was du sagst, etwelche Fackeln besitzt, –
wie sich's für Bessere schickt, die Ersehnte nicht zu betrügen.
  Kniefall war deine Pflicht, doch nicht ein Anschlag auf mich!
Als du mich damals umwarbst, warum konntest du mir nicht erklären,
  was an dir selber für mich etwa begehrenswert war?
Warum wolltest du mich nicht überreden statt zwingen,
  wenn ich mich einnehmen ließ, hätt ich den Antrag gehört?
Sag, was nützt dir jetzt die Formel, die ich geschworen,
  und die Zunge, die dort sich auf die Göttin berief?
Das, was schwört, ist der Geist. Mit dem hab ich niemals geschworen.
  Er kann wirklich allein Gültigkeit Worten verleihn.
Einsicht ist es, was schwört, und vernünftiges Urteil des Herzens,
  und wenn die Urteilskraft keinerlei Fessel beschränkt.
Wenn es mein Wille war, die Heirat dir zu versprechen,
  halte dich an das Recht, das die Verlobung verlangt!
Wenn aber nur meine Stimme sprach, und dies nicht von Herzen,
  klammerst vergebens du dich an jenes kraftlose Wort.
Ich hab nicht geschworen – ich las nur Worte, die schworen;
  nicht auf solche Art durft ich dich wählen zum Mann.
Täusche andere so – ein Brief ersetze den Apfel.
  Gilt das, so hol doch zuhauf Geld bei den Reichen dir ab!

fac iurent reges sua se tibi regna daturos
   sitque tuum toto quidquid in orbe placet!
maior es hoc ipsa multum, mihi crede, Diana,
   si tua tam praesens littera numen habet.       150
cum tamen haec dixi, cum me tibi firma negavi,
   cum bene promissi causa peracta mei est,
confiteor, timeo saevae Latoidos iram
   et corpus laedi suspicor inde meum.
nam quare, quotiens socialia sacra parantur,      155
   nupturae totiens languida membra cadunt?
ter mihi iam veniens positas Hymenaeus ad aras
   fugit et a thalami limine terga dedit
vixque manu pigra totiens incensa resurgunt
   lumina, vix moto corripit igne faces.      160
saepe coronatis stillant unguenta capillis
   et trahitur multo splendida palla croco.
cum tetigit limen, lacrimas mortisque timorem
   cernit et a cultu multa remota suo,
proicit ipse sua deductas fronte coronas      165
   spissaque de nitidis tergit amoma comis;
et pudet in tristi laetum consurgere turba,
   quique erat in palla, transit in ora rubor.
at mihi, vae miserae! torrentur febribus artus
   et gravius iusto pallia pondus habent      170
nostraque plorantes video super ora parentes
   et face pro thalami fax mihi mortis adest.
parce laboranti, picta dea laeta pharetra,
   daque salutiferam iam mihi fratris opem!
turpe tibi est, illum causas depellere leti,      175
   te contra titulum mortis habere meae.
numquid, in umbroso cum velles fonte lavari,
   inprudens vultus ad tua labra tuli?
praeteriive tuas de tot caelestibus aras
   ave mea spreta est vestra parente parens?      180
nil ego peccavi, nisi quod periuria legi
   inque parum fausto carmine docta fui.
tu quoque pro nobis, si non mentiris amorem,
   tura feras! prosint, quae nocuere, manus!

Mach, daß Könige schwören, sie würden ihr Reich dir verschenken,
  daß auf der ganzen Welt, dein ist, was dir nur gefällt!
So hast du weit größere Macht als Diana, das glaub mir,
  wenn deine Schrift so wirkt wie ein anwesender Gott!
Wie ich das jedoch gesagt, wie ich dir mich standhaft verweigert,
  und was mein Jawort betrifft, zu meinen Gunsten plädiert,
habe ich Angst, ich gesteh's, Letos Tochter dürste nach Rache,
  und ich vermute, von dort sei mir mein Leiden verhängt.
Denn weshalb, sooft man die Hochzeitsriten bereitet,
  fallen die Glieder mir schlaff, geht es zur Hochzeit, herab?
Dreimal schon kam Hymenaeus zum Altar, den man errichtet,
  floh von des Ehegemachs Schwelle, lief dreimal davon,
und kaum flackern die Lichter, die er mehrfach verdrossen
  zündet, kaum facht er den Brand, nimmt er die Fackeln zur Hand.
Mehrmals trieft von den Locken schon, die er bekränzte, der Balsam,
  leuchtend von Safrangelb schleppt er sein langes Gewand.
Wenn er die Schwelle betritt, sieht er Todesängste und Tränen,
  vieles, was schlecht sich verträgt mit dem sonst üblichen Kult,
dann entfernt er den Kranz von der Stirn und wirft ihn zu Boden,
  wischt aus dem glänzenden Haar triefendes Salböl sich weg,
schämt sich, fröhlich aufzutreten bei traurigen Menschen,
  und das Rot seines Kleids zeigt sich auf seinem Gesicht.
Doch weh mir! Das Fieber läßt meine Glieder verdorren,
  Decken lasten auf mir, schwerer, als ich's gewohnt,
und ich sehe die Eltern sich weinend über mich beugen,
  statt zum Ehegemach leuchtet die Fackel zum Tod.
Schone die Kranke, o Göttin, du Freundin des farbigen Köchers,
  bring mir Hilfe und Heil, wie es dein Bruder sonst bringt!
Schmachvoll wär es für dich, er behöbe die Gründe des Sterbens,
  du aber hättest den Ruhm, Grund meines Todes zu sein.
Hab ich denn, als du an schattigem Quell zu baden gedachtest,
  etwa den Blick am Teich unklug geworfen auf dich?
Ging ich an deinem Altar vorbei unter so vielen Göttern?
  Hat meine Mutter denn etwa die deine geschmäht?
Keinen Fehler beging ich, als daß ich den Meineid gelesen,
  zeigte am Unheilsgedicht, daß ich einst lesen gelernt.
Du auch opfre für mich, wenn du Liebe nicht lediglich vorlügst,
  Weihrauch! Es nütze die Hand, die mir geschadet bisher.

cur, quae succenset, quod adhuc tibi pacta puella      185
    non tua sit, fieri ne tua possit, agit?
omnia de viva tibi sunt speranda; quid aufert
    saeva mihi vitam, spem tibi diva mei?
nec tu credideris illum, cui destinor uxor,
    aegra superposita membra fovere manu!      190
adsidet ille quidem, quantum permittitur, ipse,
    sed meminit nostrum virginis esse torum.
iam quoque nescioquid de me sensisse videtur;
    nam lacrimae causa saepe latente cadunt
et minus audacter blanditur et oscula rara      195
    subripit et timido me vocat ore suam.
nec miror sensisse, notis cum prodar apertis;
    in dextrum versor, cum venit ille, latus
nec loquor et tecto simulatur lumine somnus,
    captantem tactus reicioque manum.      200
ingemit et tacito suspirat pectore, me quod
    offensam, quamvis non mereatur, habet.
ei mihi, quod gaudes, et te iuvat ista voluntas!
    ei mihi, quod sensus sum tibi fassa meos!
si mihi lingua foret, tu nostra iustius ira,      205
    qui mihi tendebas retia, dignus eras.
scribis, ut invalidum liceat tibi visere corpus.
    es procul a nobis, et tamen inde noces.
mirabar, quare tibi nomen Acontius esset;
    quod faciat longe vulnus, acumen habes.      210
certe ego convalui nondum de vulnere tali,
    ut iaculo scriptis eminus icta tuis.
quid tamen huc venias? sane miserabile corpus,
    ingenii videas bina tropaea tui!
concidimus macie; color est sine sanguine, qualem      215
    in pomo refero mente fuisse tuo,
candida nec mixto sublucent ora rubore.
    forma novi talis marmoris esse solet;
argenti color est inter convivia talis,
    quod tactum gelidae frigore pallet aquae.      220
si me nunc videas, visam prius esse negabis,
    «arte nec est», dices, «ista petita mea»,

Sie, die zürnt, daß das dir versprochene Mädchen nicht dein ist,
  warum verhindert sie es, daß sie die Deine auch wird?
Alles kannst du erhoffen, solange ich lebe. Was bringt mir
  zornig die Göttin den Tod, raubt dir die Hoffnung auf mich?
Glaub aber ja nicht, der Mann, dem ich zur Gattin bestimmt bin,
  lege die Hand auf mich, streichle den kränklichen Leib!
Allerdings sitzt er bei mir, soweit ich es jeweils gestatte,
  aber er weiß auch, er sitzt, bei einer Jungfrau am Bett.
Schon auch scheint er sich über mich Gedanken zu machen;
  ohne ersichtlichen Grund stürzen ihm Tränen herab,
und er schäkert schon weniger keck, und stiehlt mir nur selten
  Küsse, mit schüchternem Mund nennt er die Seinige mich.
Doch ich wundre mich nicht, wenn er's merkt, ich verrate mich deutlich,
  dreh mich nach rechts, wenn er kommt, wende den Rücken ihm zu,
spreche kein Wort, mit geschlossenen Augen täusche ich Schlaf vor,
  stoße die Hand weg, wenn er mich zu betasten versucht.
Er aber stöhnt und keucht aus wortloser Brust, denn er findet
  eine Gekränkte vor, wo er's doch gar nicht verdient.
Weh mir, daß du dich freust und dich meine Haltung begeistert!
  Weh mir, daß ich dir so meine Gefühle gestand!
Säße die Zunge mir lose, du hättest schon längst meinen Ärger,
  den du verdientest, verspürt, der du das Netz mir gespannt.
Um Erlaubnis schreibst du, die Kranke besuchen zu dürfen.
  Zwar bist du fern von mir; dennoch, du schadest von dort.
Lange schon wundre ich mich, warum du Acontius heißest.
  Eine Spitze hast du, die aus der Ferne verletzt.
Jedenfalls bin ich von jener Wunde bisher nicht genesen,
  seit von weitem dein Brief mir wie ein Wurfspieß sie schlug.
Doch wozu kämst du schon her? Gewiß das leibhaftige Elend
  sähst du, den Doppeltriumph, welchen dein Scharfsinn errang.
Eingefallen und mager, die Farbe blutleer, so wie ich,
  ja, ich weiß es noch gut, an deinem Apfel sie sah.
Weiß ist die Haut im Gesicht, und nirgends schimmert das Rot durch.
  So ist die Farbe des Steins, wenn man den Marmor neu bricht,
so ist die Farbe des silbernen Bechers an den Gelagen,
  grauweiß, wo ihn der Frost eisigen Wassers berührt.
Sähst du mich jetzt, wirst du leugnen, zuvor mich gesehen zu haben.
  «Die» sagst du, «hat meine Kunst nie zu erobern gewünscht.»

promissique fidem, ne sim tibi iuncta, remittes
  et cupies illud non meminisse deam.
forsitan et facies iurem ut contraria rursus,                    225
  quaeque legam, mittes altera verba mihi.
sed tamen adsideas velim, velut ipse rogabas,
  et discas sponsae languida membra tuae!
durius et ferro cum sit tibi pectus, Aconti,
  tu veniam nostris vocibus ipse petas!                          230
ne tamen ignores: ope qua revalescere possim,
  quaeritur a Delphis fata canente deo.
is quoque nescio quam, nunc ut vaga fama susurrat,
  neglectam queritur teste sorore fidem.
hoc deus, hoc vates, hoc et mea carmina dicunt –                 235
  at desunt voto carmina nulla tuo!
unde tibi favor hic? nisi quod nova forte reperta est,
  quae capiat magnos littera lecta deos.
teque tenente deos numen sequor ipsa deorum
  doque libens victas in tua vota manus;                         240
fassaque sum matri deceptae foedera linguae
  lumina fixa tenens plena pudoris humo.
cetera cura tua est; plus hoc quoque virgine factum,
  non timuit tecum quod mea charta loqui.
iam satis invalidos calamo lassavimus artus                      245
  et manus officium longius aegra negat.
quid, nisi quod cupio me iam coniungere tecum,
  restat? ut adscribat littera nostra: «VALE!»

Daß du mich ja loswirst, wirst du lieber den Schwur mir erlassen,
  wirst dich noch sehnen danach, daß ihn die Göttin vergißt,
bringst mich vielleicht dazu, daß ich wieder das Gegenteil schwöre,
  wirfst zum Lesen vielleicht andere Worte mir zu.
Dennoch möcht ich, du säßest nun hier, wie du selber es wünschtest,
  hättest den Leib deiner Braut krank und ermattet vor dir!
Ist deine Brust, Acontius, auch noch weit härter als Eisen,
  bitte für das, was ich sprach, du um Vergebung für mich!
Daß du es weißt: Wessen Hilfe mich wieder gesund machen könnte,
  fragt man in Delphi den Gott, welcher das Schicksal weissagt.
Denn auch er ist verstimmt, wie ein vages Gerede herumschwirrt,
  daß man sein Wort nicht hielt, wie seine Schwester bezeugt.
Dies sagt der Gott, dies der Dichter, auch meine Verse verkünden's,
  doch *deinem* Herzenswunsch stehn keine Verse im Weg.
Woher kommt diese Gunst? Weil du neu wohl ein Schreiben erfandest,
  das einen mächtigen Gott, liest er's, zu fesseln vermag.
Da du die Götter bestrickst, folg auch ich dem Willen der Götter,
  reich meine Hände dir gern, daß sich dein Wunsch so erfüllt.
Schon gestand ich der Mutter den Bund der verleiteten Zunge,
  richtete meinen Blick starr auf den Boden voll Scham.
Kümmre dich du um den Rest; schon dies ging zu weit für ein Mädchen,
  daß ich so offen mit dir redete auf dem Papier.
Schon genug von der Feder erlahmt sind die schwächlichen Glieder,
  und die ermattete Hand weigert den weiteren Dienst.
Was, als daß ich mich nun mit dir zu vereinigen strebe,
  bleibt mir zu schreiben? Der Brief braucht noch den Zusatz «Lebwohl!»

Eckart Peterich · Pierre Grimal

# Götter und Helden

## Die Mythologie der Griechen, Römer und Germanen

Götter, Göttinnen und Heroen der Griechen, Römer und Germanen
sind immer noch allgegenwärtig in der europäischen Kultur. Wir
sehen sie auf Gemälden und Vasen, lesen Anspielungen in literari-
schen Werken. Dichter von Shakespeare zu Joyce, Maler von Tizian
bis Picasso ließen sich vom tiefen Sinngehalt der alten Mythen
inspirieren.

Das um die neuesten Forschungsergebnisse bereicherte Standard-
werk gibt umfassende Auskunft über die gesamte griechische,
römische und germanische Mythologie und verhilft zum besseren
Verständnis eines grundlegenden Bereichs unserer Kultur.

368 Seiten
ISBN 978-3-491-96232-3

Alexander Demandt

# Sokrates
## antwortet

555 Sprüche aus dem Schatz
antiker Lebenskunst

Die 555 Sprüche und Anekdoten dieser erstmals aus dem
Griechischen übertragenen Sammlung vermitteln Lebensklugheit
in unterhaltender Weise. Nebenbei ergeben sich auch historische
Einblicke ins Leben der Antike mit ihren Philosophen, Staats-
männern, geistreichen Frauen und heroischen Feldherren; von
Alexander dem Großen bis Zenon, denen die Aussprüche in den
Mund gelegt sind. Ein Buch der Pointen und schnellen Antworten.

168 Seiten
ISBN 978-3-491-96139-5

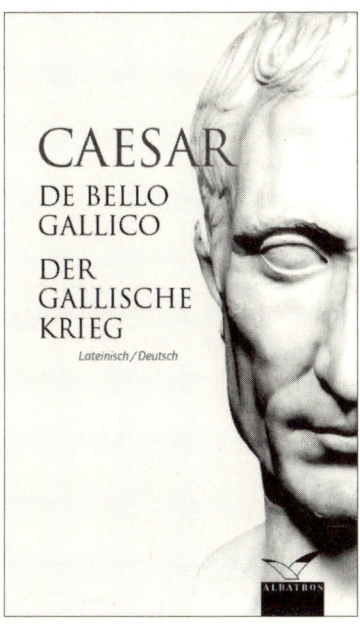

Mit dem Bericht über seine Eroberung Galliens in den Jahren 58
bis 51 v. Chr. verfolgt Caesar das Ziel, seine oft selbstherrlichen
Maßnahmen zu rechtfertigen. Seine unerreichte Schlichtheit im
Stil und die Klarheit der Sprache lassen den propagandistischen
Zweck der Schrift geschickt in den Hintergrund treten. Die
Beschreibungen von Sitten, Gewohnheiten und Leistungen der
Stämme Galliens, Germaniens und Britanniens sind gleichzeitig
die ältesten überlieferten Nachrichten über diese Volksgruppen.
Diese zweisprachige, leicht lesbare Ausgabe gehört zweifellos zu
den Standardwerken der Weltliteratur.

488 Seiten
ISBN 978-3-491-96228-6